Геннадий Малахов

# ПОЛНАЯ ЭНЦИКЛОПЕДИЯ ОЗДОРОВЛЕНИЯ

Санкт-Петербург
«Крылов»
2006

ББК 53.59
М 18

**Малахов Г. П.**

М 18    Полная энциклопедия оздоровления. — СПб.: «Крылов»,
2006. — 400 с.

ISBN 5-9717-0223-8

Все САМОЕ ЛУЧШЕЕ, ВАЖНОЕ и ПОЛНОЕ от классика оздоровления Геннадия Малахова — в ОДНОЙ КНИГЕ.

Оригинальная система восстановления и сохранения здоровья — итог многолетней практики и скрупулезных исследований, сплав древних знаний и новейших разработок современной медицины.

На страницах книги читатели найдут исчерпывающие рекомендации по проведению очищения организма, голодания, лечебного дыхания.

Приведенный в соответствие с природными ритмами образ жизни, следование духовным и нравственным законам и физическая активность помогут читателям обрести здоровье и открыть в себе великие возможности человеческого организма.

Геннадий Малахов желает вам здоровья и счастья!

ISBN 5-9717-0223-8

# СОДЕРЖАНИЕ

# ПРИНЦИПЫ НАУКИ ОЗДОРОВЛЕНИЯ

## ОСНОВЫ ЗДОРОВЬЯ

**Основы здоровья.** Здоровье человека держится на трех основах — духовности, психике и физиологии. Каждая из этих тем требует специфического подхода и знания средств, с помощью которых решаются возникшие проблемы. Духовность — это соблюдение нравственных законов. Здоровье психики человека поддерживается с помощью знания устройства и работы его сознания. Здоровье физического тела основано на физиологии. Надо знать основы человеческой физиологии, соблюдать и уважать ее законы. Без гармоничной работы в этих трех направлениях человек не обретет желаемого здоровья.

Следует запомнить, что занятие самооздоровлением должно стать вашим нормальным образом жизни. Нельзя проводить отдельные оздоровительные мероприятия в течение какого-то отрезка времени, после которых можно вновь жить «самотеком», «наслаждаться» дурными привычками, потакать избалованным органам чувств.

Только при соблюдении законов оздоровления вы сможете обрести желаемое здоровье и счастье Земной Жизни.

**Основные составляющие человеческого организма.** Выполнение законов оздоровления требует знания человеческого организма. В первую очередь необходимо сказать **о двух основных составляющих:** информационно-энергетической форме и физическом теле. При этом информационно-энергетическое тело (назовем его «полевая форма жизни» человека) — первичное и главное, а физическое — вторичное и управляемое. Таким образом, следует говорить о двух совершенно разных подходах к оздоровительному и лечебному процессам.

**Полевая форма жизни человека первична по отношению к физическому телу.** Более того, полевая форма жизни с помощью своих энергий формирует, или «лепит» под себя, физическое тело. В результате наше тело является отражением нашей же полевой формы жизни (рост, телосложение и т. д.). Если происходят изменения в полевой форме жизни, то через некоторое время они проявляются и в физическом теле.

Жизнь и личность заключены в полевой форме жизни, которая существует самостоятельно (в виде информационно-энергетического образования), но в таком виде, который недоступен обычным органам чувств человека.

Человек представляет собой союз полевой формы жизни с физическим телом. Физическое тело является тем материальным элементом, за счет которого полевая форма может проявлять свои воздействия в физическом мире. Если по какой-либо причине утрачивается часть человеческого тела, то утрачивается способность полевой формы жизни проявляться через эту часть.

# ЗАКОНЫ ОЗДОРОВЛЕНИЯ ОРГАНИЗМА

Чтобы правильно проводить оздоровление организма, преодолеть оздоровительные кризисы, необходимо соблюдать следующие **законы оздоровления** организма.

*Первый (главный) закон:* **правильно взаимодействовать с Богом, исполняя религиозные и нравственные законы.**

*Второй закон:* **уметь контролировать свои мысли, эмоции и желания; научиться различать, где ты истинный, а где — ложный.**

*Третий закон:* **познать устройство собственной индивидуальной конституции; лечиться и оздоравливаться в соответствии с ее особенностями.**

*Четвертый закон*: согласовывать жизнь и оздоровительные мероприятия с биологическими ритмами.

*Пятый закон*: преодолевать оздоровительные кризисы как естественную часть лечебного и оздоровительного процесса.

*Шестой закон*: не создавать дефицита энергии в организме, препятствовать болезням и преждевременной старости.

*Седьмой закон*: поддерживать биосинтетические процессы на должном уровне.

## НАРУШЕНИЕ ЗАКОНОВ ОЗДОРОВЛЕНИЯ

Причины возникновения многих заболеваний, а также неэффективность оздоровительных мероприятий лежат в нарушении законов оздоровления.

**Несоблюдение нравственных законов** приводит к тому, что от самооздоровления получается мизерный результат либо временное и незначительное улучшение.

**Неумение контролировать свои мысли, желания и чувства** приводит к тому, что блестящие результаты, полученные в процессе оздоровительных мероприятий, правильной и грамотной оздоровительной работы, будут разрушены. В результате те болезни, от которых вы смогли избавиться, возвращаются.

**Оздоровление и лечение без учета индивидуальной** конституции может привести к следующему. После более или менее длительного периода улучшения в здоровье от выполняемых оздоровительных процедур наступает постепенное ухудшение состояния. Или после применения той или иной оздоровительной процедуры, мероприятия становится резко плохо. В первом случае вы начали оздоровление верно, но, продолжая его, перевозбудили противоположные жизненные принципы. Во втором случае вы усугубили перевозбуждение, стимулируя и без того перевозбужденный жизненный принцип.

**Несогласование своей жизни с биологическими ритмами.** Тем самым вы нарушаете и разрушаете биологические процессы в организме. Оздоровление при таком образе жизни будет давать крайне незначительные и нестабильные результаты.

**Оздоровительные кризисы** указывают на то, что выбранные вами лечебные и оздоровительные мероприятия очень хорошо влияют на вас и исцеление наступит быстро. Незнание законов оздоровления приводит к тому, что человек пугается и прерывает оздоровительные процедуры, в результате не получая желаемого результата.

**Дефицит энергии в организме** происходит тогда, когда вы нерегулярно и несвоевременно выполняете оздоровительную программу. Это не позволит вам получить стабильного результата оздоровления.

**Поддержание биосинтетических процессов на должном уровне** возможно лишь при регулярном применении оздоровительных мероприятий. Если этого не делать, то биологические процессы затормозятся, что приведет к угасанию жизненных функций и старению.

# КРИЗИСЫ В ПРОЦЕССЕ ОЗДОРОВЛЕНИЯ

Сильнейшие оздоровительные средства вызывают сильные и резкие изменения в организме. Как результат таких воздействий неизбежно появление различных кризисов. Однако, пройдя кризис, вы выходите на новый уровень оздоровления.

Чтобы грамотно бороться с кризисами, надо знать причины появления и физиологию кризисов. Правильное применение процедур, варьирование нагрузки, а главное, предварительное очищение организма помогут значительно уменьшить их силу.

Все кризисы можно разделить на три группы: **очистительные, оздоровительные** и **энергетические.**

Очистительные, оздоровительные и энергетические кризисы у каждого человека будут протекать строго индивидуально, в зависимости от конституции, возраста, тяжести заболевания и ряда других причин. Преодолев их, вы выйдете на совершенно новые, небывалые рубежи здоровья и творчества.

# ОЧИСТИТЕЛЬНЫЕ КРИЗИСЫ

Наш организм в результате неправильного образа жизни и загрязнения окружающей среды постепенно накапливает шлаки. Когда человек начинает активно двигаться, правильно дышать, голодать, закаляться, все шлаки, «рассованные» по укромным уголкам организма, приходят в движение. Они лавинообразно начинают поступать в кровь, изменяя ее состав. Включаются все органы выделения: почки, носоглотка, желудочно-кишечный тракт, кожа.

Однако органы выделения не успевают выводить шлаки и яды из кровяного русла, что может вызвать общее недомогание. В некоторых случаях это бывает опасно для жизни. Как правило, после выхода «порции» шлаков состояние здоровья резко улучшается, чувствуется прилив сил.

Удаление шлаков из организма происходит послойно и постепенно — сначала они вымываются из мест залегания, скапливаются вокруг органов выделения и, наконец, выбрасываются вон. Очистительные кризисы могут наблюдаться в течение первых 3—8 лет выполнения оздоровительной программы.

Проведение очистительных процедур, строгое питание, закаливание, бег значительно сокращают эти сроки.

Нерегулярность, беспорядочность в проведении оздоровительных мероприятий, несоблюдение правил питания значительно удлиняют сроки, а в некоторых случаях вообще не дают достигнуть желаемого.

# ОЗДОРОВИТЕЛЬНЫЕ КРИЗИСЫ

Оздоровительные кризисы имеют несколько другую природу, хотя сильно напоминают очистительные. Начав выполнять программу оздоровления, вы будете постепенно улучшать состояние своего здоровья. С ростом внутренней энергетики начнется выравнивание всех процессов, происходящих в организме.

Однако на фоне общего хорошего самочувствия будет происходить ухудшение состояния здоровья. Это указывает на выход из тела хронических заболеваний.

Оздоровительный кризис обычно идет путем, обратным заболеванию, только раз в 10 быстрее. Например, если была пневмония, то оздоровительный кризис может проходить с температурой до 40 ˚С. Он может длиться от 1 до 8 суток. За это время от повышенной температуры ускоряются обменные процессы, больше вырабатывается иммунных тел. Повышенная температура указывает на активизацию защитных сил и успешное течение оздоровительного процесса. Если температуру сбить медикаментозно, можно сорвать естественный процесс оздоровления. Однако, если температура поднимается выше 40 ˚С, — это опасно для жизни.

Симптоматика оздоровительных кризисов проявляется в зависимости от вида болезни.

Сильные проявления болезни могут наблюдаться сутки, двое, трое, неделю. У легкобольных людей такого сильного проявления вообще может не быть. У среднетяжелых все реакции сглажены. Но чем тяжелее была болезнь, тем ярче будут все реакции оздоровления. Ни в коем случае не бросайте на полпути, доведите дело до конца — ликвидируйте болезнь.

## ЭНЕРГЕТИЧЕСКИЕ КРИЗИСЫ

К энергетическим кризисам можно отнести ряд специфических явлений, возникающих в организме при достижении определенного уровня тренированности. К этим явлениям в первую очередь можно отнести «вспышки», как от удара электрического тока, и самопроизвольные движения в виде подергиваний, иногда человек может судорожно биться, бегать, прыгать, плакать, смеяться.

Причина подобных явлений проста. В результате регулярных занятий сильно возрастает циркулирующая по каналам энергия. В тех областях организма, где имеется очаг болезни, каналы, как правило, непроходимы или труднопроходимы. Возросшая «приливная волна» энергии ударяет в место такой закупорки, что и приводит к появлению спонтанных движений. В результате каналы становятся проходимыми, и болезнь изгоняется.

Когда такой «пробой» каналов происходит в области головы (часто во время голодания, дыхания и т. д.), то в этот момент человек ощущает «вспышку» внутри головы, словно разряд молнии.

При артритах, онемении нижних конечностей удар энергии проявляется как желание ходить на пятках или на носках, бегать, прыгать. Если забиты верхние каналы (шеи, туловища), то человек крутит головой, делает наклоны, вращает плечами и производит ряд других движений.

Некоторые люди плачут. Это результат того, что в печени имеется застой — закупорка канала печени. Другим людям хочется смеяться. Радость и смех указывают на то, что различные виды энергии начали свободно циркулировать и взаимно отрегулированы. Это внешний знак рассасывания закупорки, ухода болезни и наступления долгожданного здоровья.

## НРАВСТВЕННЫЕ КРИЗИСЫ

Во многих случаях первопричина болезни заключается в нарушении человеком нравственных принципов. Нравственные кризисы означают нравственные переживания. Человек очищается от разного рода умственной скверны, кармических долгов.

**Внимание!** Энергетических кризисов, как и очистительных, оздоровительных и нравственных, не следует бояться. Наоборот — приветствуйте их: это вехи вашего самооздоровления. Но чтобы избежать травм, контролируйте спонтанные движения, когда они чересчур сильны. Насильно их не прерывайте и искусственно не вызывайте.

# ОЗДОРОВЛЕНИЕ С УЧЕТОМ ИНДИВИДУАЛЬНОЙ КОНСТИТУЦИИ

**Знание полевой формы жизни — основа определения индивидуальной конституции.** Знание индивидуальной конституции человека, его физиологических и психологических особенностей вытекает из **знания полевой формы жизни.** Сознание, или полевая форма жизни, является первичным образованием и руководит постройкой и функциями физического тела. Устройство и функции полевой формы жизни объясняют явления жизни в физическом теле и причины возникновения разнообразных болезней.

## УСТРОЙСТВО ПОЛЕВОЙ ФОРМЫ ЖИЗНИ ЧЕЛОВЕКА

**Устройство полевой формы жизни с точки зрения древних мудрецов.** Мудрецами древности был давно замечен закон построения любого живого организма. В самую первую очередь должна появиться «полость», получившая название Пространство (эфир), в которой начинают развиваться жизненные процессы. В Пространстве происходят процессы, разного рода перемещения, которые получили название Воздух. Влияние Пространства и Воздуха друг на друга вызывает Огонь. Дальнейшее действие между собой этих трех составляющих ведет к появлению четвертого качественного отличия — Воды. Дальнейшее совместное действие теперь уже четырех составляющих друг на друга приводит к движению, теплоте, сгущению, сцеплению, в результате чего образуется пятое качественное отличие — Земля. Эти пять качественных взаимосочетаний и переходов материи из одного в другое получили название «первоэлементов» — Пространство, Воздух, Огонь, Вода и Земля.

В главных чертах подобный процесс лежит в образовании как Вселенной, так и человека.

Согласно утверждению древних целителей, элемент **Пространство** представлен самыми различными полостями в организме — во рту, в носу, желудочно-кишечном тракте, дыхательных путях, грудной клетке, капиллярах и т. д.

Элемент **Воздух** в человеческом теле проявляется в многообразных движениях мышц, пульсации сердца, расширении и сокращении легких, движении стенок желудка и перистальтике желудочно-кишечного тракта. Элемент **Огонь** действует в системе пищеварения, проявляется как интеллект в сером веществе клеток мозга, задействован в сетчатке глаз, воспринимающих свет. От него зависят устойчивость нашей иммунной системы, обмен веществ. Элемент **Вода** проявляется в секреции желудочного сока, слюнных желез, в плазме крови, протоплазме клеток. Элемент **Земля** — это твердые структуры тела: кости, хрящи, ногти, волосы, сухожилия, мускулы и кожа.

Человеческое тело как живой организм существует в виде гармонично уравновешенной системы из 5 элементов.

**Современная точка зрения на устройство полевой формы жизни человека.** Человек, а следовательно, и его полевая форма жизни, занимают определенный объем в пространстве. В этом пространстве протекают присущие этому объему временны́е процессы, которые выражаются в виде определенного движения (вращательно-колебательного и циркуляторного). Это пространство насыщено разного рода энергиями и излучениями: световой, электромагнитной, гравитационной, тепловой, плазмой (смесь электронов и протонов) и многим другим.

В качестве первоосновы образования полевой формы жизни человека является универсальная жизненная энергия (Кундалини). Именно она в первую очередь возбуждающе действует на вакуум и образует в нем полость, объем, в котором и происходят все жизненные процессы человеческого организма. Вначале она строит человеческий организм, потом его поддерживает. С ее истощением начинаются процессы старения в организме. «Заряд» жизненной энергии у каждого человека строго индивидуален и зависит от кармических наработок.

# ЖИЗНЕННЫЕ ПРИНЦИПЫ — ДОШИ

Феномен воздействия жизненной силы (Кундалини) на пространство и ответ пространства в виде появления полости с различными энергиями был подмечен древними мудрецами и назван «дошами». **Доша** в переводе с индийского означает «выпот». Элементы Пространство и Воздух, соединяясь, образуют в нашем организме «телесный ветер» (по аюрведической терминологии — дошу Вата). Элементы Огонь и Вода при соединении образуют «желчь», или телесный огонь (дошу Питта). Элементы Земли и Воды — принцип «слизи» (дошу Капха).

Понятие «доша» я заменил на более ясное и отвечающее сути дела словосочетание **«жизненный принцип»**, от которого зависит индивидуальная конституция (рис. 1). Таким образом, существуют три основополагающих жизненных принципа — «Ветра», «Желчи» и «Слизи».

**Внимание!** Любая патология, возникающая в организме человека, в подавляющем большинстве случаев образуется в полевой форме жизни. В результате этого происходит подавление и искажение составляющих полевой формы жизни.

Например, когда человек набирает избыточный вес, это приводит к увеличению инертной массы вещества, повышенному сцеплению, которое затрудняет протекание циркуляторных процессов, и искажению формы его тела. В результате этого в организме затрудняется любой двигательный процесс: снижается активность умственных процессов, движение перистальтики, возникают застойные области. Если чрезмерно вырабатывается тепловая энергия, то она разрушает ткани самого организма. Если человек худеет и появляется «много пространства», то усиливаются двигательные процессы — пища не успевает перевариваться и усваиваться, а тело быстро теряет воду.

**Жизненный принцип «Ветра».** Этот жизненный принцип отвечает за циркуляцию в организме, то есть за всю совокупность движений: движение воздуха во время

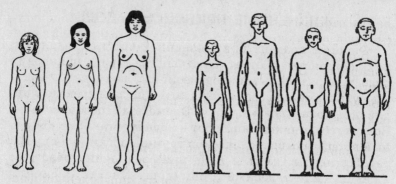

Рис. 1. Типы конституции

вдоха и выдоха, движение крови, лимфы и других жидкостей, скорость протекания химических реакций в клетках, удаление кала, мочи, слизи и т. д.

Ввиду того что жизненный принцип «Ветра» состоит из первоэлементов Пространство и Воздух, которые не имеют никаких твердых либо жидких субстанций, но обладают качествами «сухости» и «холода», жизненный принцип «Ветра» при своем избытке производит иссушающее и охлаждающее действие на организм.

«Опорой» (основным месторасположением) этого жизненного принципа считается нижняя часть тела: от пупка до ступней ног (в основном прямая кишка).

Если «Ветер» в норме, — наше мышление хорошее, много энергии, кишечник функционирует хорошо, все циркуляции в организме в норме.

**Жизненный принцип «Желчи».** Жизненный принцип «Желчи» отвечает за поддержание температуры тела и протекание всех физиологических реакций: пищеварение, обмен веществ, иммунитет и т. д. Это абстрактная теплота, оторванная от материального тела. Это «огонь» организма.

Ввиду того что «Желчь» состоит из первоэлементов Огонь и Вода, она является «горячим» и «влажным» образованием с преобладанием «горячих» свойств над «водными». При чрезмерном увеличении этого доши в организме скапливается «жар», поднимается температура тела, расстраивается пищеварение. Поэтому его «опорой» считают среднюю часть тела от диафрагмы до пупка.

Вот как тибетцы отзываются об этом жизненном принципе. «От тепла зависят здоровье, бодрость, цвет, долголетие и мощь сил тела... Это тепло — основа, которая всякую пищу использует на усиление и развитие сил тела и цвета».

**Жизненный принцип «Слизи».** Жизненный принцип «Слизи» отвечает за материальную часть тела, то есть за сцепление молекул и придание им определенной формы. Причем этот принцип работает на уровне молекулы, клетки, органа и всего тела в целом. Это — «опора» организма.

Ввиду того что «Слизь» состоит из первоэлементов Земля и Вода, она является «холодным» и «слизистым» образованием. При чрезмерном увеличении этого жизненного принципа в организме скапливается холодная слизь, в первую очередь в верхней части тела — от макушки до диафрагмы. Поэтому эти места считаются «опорой» жизненного принципа «Слизи».

Вот как тибетцы отзываются об этом жизненном принципе: «Слизь приумножает тело и ум; препятствует засыпанию; сочетая суставы костей, обеспечивает их связь; продлевая чистую нить сознания, увеличивает терпение в делах и способность переносить причиняемый человеку вред; обеспечивает белизну и мягкость внешних и внутренних частей тела».

# ОСНОВЫ ИНДИВИДУАЛЬНОЙ КОНСТИТУЦИИ ЧЕЛОВЕКА

Индивидуальные различия людей заключаются во внешних данных, физиологических и психических особенностях организма. Основаны они на различных пропорциях трех жизненных принципов — «Ветра», «Желчи» и «Слизи».

Комбинация жизненных принципов у каждого человека своя и определяется при зачатии.

Разнообразные излучения и прочие влияния из внешней среды (положение Солнца, Луны и других планет, время года и др.) накладываются на комбинацию жизненных принципов.

Жизненные принципы определяют костяк и форму тела человека, умственные задатки и черты характера, вкусовые привычки, продолжительность жизни и многое другое. В аюрведической терминологии это называется «истинная природа человека» (Пракрити).

В зависимости от того, какой из жизненных принципов преобладает в человеке, складывается его **индивидуальная конституция**.

## КОНСТИТУЦИЯ «ВЕТРА»

Люди с сильно выраженной конституцией этого типа обычно физически слабо развиты. Они имеют плоскую грудную клетку, под кожей хорошо просматриваются вены и сухожилия. Они смуглы, кожа их холодная, грубая, сухая и в трещинах.

Рост у них либо слишком низок, либо высок (длинные), телосложение тонкое, хорошо проступают суставы и кости из-за слабого развития мышц. Волосы редкие, вьющиеся, ресницы тонкие. Глаза могут быть впалые, маленькие, сухие, с мутными и сухими внешней и внутренней оболочками. Ногти грубые и хрупкие. Кончик носа изогнутый и вздернутый.

Физиологические процессы протекают быстро. С пищеварением часто бывают проблемы. Поправляются очень плохо. Они обожают сладкое, кислое и соленое, любят горячие напитки и спиртное. Выработка мочи недостаточная, стул сухой, затрудненный и в малом количестве. Имеют склонность к испарине (особенно летом) больше, чем люди других типов конституций. Сон быстрый, поверхностный и занимает меньше времени, чем у других. Руки и ноги часто холодные.

Им свойственны энтузиазм и живость, бдительность и беспокойство. Они ходят и говорят быстро, но легко устают.

Психологически они характеризуются быстрым восприятием, но плохой памятью. У них небольшая сила воли со склонностью к психической неуравновешенности, мало уверенности, терпимости и смелости.

Деньги стараются заработать быстро, сразу и так же быстро их тратят. Предпочитают заниматься теми видами спорта, где требуется быстрота, чередующаяся с отдыхом.

## КОНСТИТУЦИЯ «ЖЕЛЧИ»

Эти люди среднего роста, стройны, изящного сложения. Их грудная клетка более широка, чем у людей «Ветра». Вены и сухожилия у них менее выражены. По некоторым данным, у них много родинок или веснушек, синеватых или коричнево-красных. Мышечное развитие у них среднее, отчего костяк менее выступает по сравнению с людьми «Ветра».

Цвет лица у них может быть желтоватый, красноватый, медного оттенка, а может быть и светлым. Кожа мягкая, теплая, приятная на ощупь. Волосы тонкие, шелковистые, рыжие или коричневые, с тенденцией к ранней седине и выпадению. Глаза могут быть серые, зеленые или медно-коричневые; взгляд острый, проницательный. Глазные яблоки выявлены умеренно. Конъюнктива влажная, красноватая. Ногти мягкие. Форма носа заостренная, кончик носа с тенденцией к покраснению.

Физиологические процессы в организме протекают лучше, чем у лиц с конституцией «Ветра». Обмен веществ в основном активный. Лица с этой конституцией склонны к поглощению большого количества пищи и напитков. Пищу предпочитают сладкого, горького и вяжущего вкуса, в прохладном виде, а также охлаждающие напитки. Сон средней продолжительности и нормальный. Температура тела у них слегка повышена, руки и ноги обычно теплые (даже в сильный мороз). Они не выносят много солнечного света, не любят жару (баню) и отлынивают от тяжелой работы.

Люди с указанной конституцией честолюбивы, интеллигентны, остроумны, склонны быть хорошими ораторами. Свою эмоциональность они проявляют бурно, особенно эмоции гнева, ненависти и злости.

Они любят демонстрировать свое материальное процветание, хотя большими ценностями не обладают. Предпочитают заниматься такими видами спорта, где проявляются индивидуальные качества личности (красота тела, волевые качества, мыслительные способности): культуризм, бокс, автогонки, теннис, фигурное катание, шахматы.

# КОНСТИТУЦИЯ «СЛИЗИ»

Тело у людей этой конституции хорошо развито. Грудная клетка широкая, вены и сухожилия не видны, мускулатура хорошо развита, кости не проступают. Они, как правило, имеют склонность набирать лишний вес.

Их лица оживленны и светлы, кожа мягкая, блестящая, маслянистая (может быть холодной и бледной). Волосы густые, мягкие, темного цвета. Глаза у них голубые или коричневые, белки очень большие, белые и привлекательные. Конъюнктива без тенденции к покраснению.

Физиологические процессы протекают в организме этих людей замедленно, аппетит умеренный. Они любят пищу острого, горького и вяжущего вкуса (не прочь выпить спиртное и покурить). Испарина у них умеренная. Сон здоровый и продолжительный. Руки на ощупь прохладные и влажные. Они обладают большой жизнеспособностью, обнаруживают хорошее самообладание.

Любят процедуры, связанные с теплом: парная, массажи. Ко многим лишениям (бытовым, пищевым), тяжелой работе относятся более сдержанно, чем люди предыдущих типов. Они обычно здоровы, счастливы и миролюбивы.

Психологически люди этого типа конституции склонны к терпимости, спокойствию, прощению и любви. Но у них имеется склонность к алчности, привязанность к собственности. Их понимание медленнее, чем у предыдущих типов конституций, но зато, раз поняв что-либо, они запоминают это на всю жизнь.

Они умеют зарабатывать деньги и разумно их тратить. Физической культурой и спортом они очень мало занимаются, предпочитая наблюдать со стороны.

## СМЕШАННЫЕ ТИПЫ КОНСТИТУЦИЙ

1. **«Желчный» + «Слизистый» тип.** Эти люди соединяют в себе все преимущества и недостатки этих типов. Они высоки ростом, прекрасны телосложением. Именно такое сочетание дает способность длительным трудом удовлетворить свое тщеславие.

2. **«Желчный» + «Ветреный» тип.** В основном это люди среднего роста (подавляющее большинство населения), их легко увлечь. Они довольствуются малым, но сейчас.

3. **«Ветреный» + «Слизистый» тип.** Как правило, это сильные личности, на изменение обстановки реагируют быстро, неуклонно проводят свою линию, держат ситуацию (и людей) в своих руках.

4. **«Уравновешенный тип».** Древние мудрецы считали наилучшим тот, в котором жизненные принципы «Ветра», «Желчи» и «Слизи» примерно равны. Это, как правило, долгожители, которые интуитивно чувствуют и живут, не вдаваясь ни в какие крайности. Они прекрасно чувствуют природу, космос, предпочитают гармонию во всем. Многие духовные учителя человечества обладали этим типом конституции.

## ЧЕТЫРЕ СТУПЕНИ ОЗДОРОВЛЕНИЯ ОРГАНИЗМА

### Практические рекомендации

Для успешного начала естественного оздоровления организма необходимо нейтрализовать вредное воздействие геопатогенных зон; наладить социальные отношения (в семье, на работе и т. п.); вести нравственную жизнь; перестать разрушать себя неконтролируемыми эмоциями; определить свою индивидуальную конституцию; жизнь и оздоровительную программу строить с учетом биоритмов.

Это **первая ступень** вашей оздоровительной работы над собой.

**Вторая ступень** работы над собственным здоровьем — очищение организма на полевом и физическом уровнях.

**Третья ступень** — питание с учетом индивидуальной конституции (применять параллельно с первой и второй ступенями оздоровления).

**Четвертая ступень** — различные оздоровительные мероприятия (движение, дыхание, водные процедуры и закаливание, голод, уринотерапия и т. д.). Если проводить оздоровление организма, используя четыре ступени оздоровления с учетом особенностей индивидуальной конституции, то успех обеспечен.

# ПСИХИЧЕСКАЯ АКТИВНОСТЬ И ЭНЕРГЕТИЧЕСКИЙ БАЛАНС

## ПСИХИКА ЧЕЛОВЕКА И ЕГО ФИЗИЧЕСКОЕ ЗДОРОВЬЕ

Под психической активностью мы будем понимать энергетические процессы, происходящие между **полевой формой** жизни человека и его **сознанием**, а также те, которые происходят в самом сознании. Эти энергетические процессы выражаются в чувствовании, эмоциях, мыслях, образах, настроениях, желаниях и т. д.

Для нормальной жизнедеятельности необходим определенный уровень психической активности. Если он недостаточен, жизненные проявления человека вялы, он апатичен, но если уровень чрезмерено высок, то быстро приводит к уменьшению жизненного ресурса.

Видный канадский ученый Г. Селье говорил о том, что нормальная жизнедеятельность человека немыслима **без нервно-психического напряжения** (стресса). Однако каждому человеку свойствен свой оптимальный психический тонус. Отсюда следует: каждый человек должен изучить себя и найти тот уровень психической активности, при котором он чувствует себя комфортно. В противном случае может развиться дистресс **безделья** или дистресс **перегрузки**, которые отрицательно скажутся на здоровье человека.

## ПСИХИЧЕСКАЯ АКТИВНОСТЬ С ТОЧКИ ЗРЕНИЯ ЭНЕРГЕТИЧЕСКИХ ПРОЦЕССОВ

**Уровни психической активности.** Рассмотрим уровни психической активности с точки зрения энергетических процессов, происходящих в сознании и полевой форме жизни.

*Пониженный уровень.* Вялотекущие энергетические процессы в сознании называются **депрессией.** Уровень энергообмена между сознанием и полевой формой жизни человека понижен, в связи с этим ничем не стимулируемые жизненные проявления крайне слабы. Пребывание в таком состоянии опасно для организма человека тем, что он ослабляется и легко может погибнуть от возникших на этом фоне болезней. Депрессией часто страдают те люди, которые чрезмерно пресытились чувственными наслаждениями и не видят стимула и новизны для жизни.

*Нормальный уровень.* Нормально текущий уровень энергетических процессов в сознании складывается из следующих составляющих: чувственных ощущений, мыслей, образов, эмоций и настроений. Грубо говоря, указанные составляющие являются «пищей» для сознания. Если их не будет, то сознание деградирует.

**Чувственные ощущения.** Они являются тем стимулом, который поддерживает сознание в активном состоянии. От органов чувств в мозг постоянно поступают электрические сигналы. Именно они задают «рабочие частоты» мозга и сознания. Как только они исчезают, у человека развивается сонное состояние и он погружается в сон.

Таким образом, чувственные ощущения представляют энергетический поток. Если он слаб, то человеку недостаточно энергии для создания и поддержания сознания в активном состоянии, если чрезмерен, — человек ослабляется, угнетается, разрушается жизненный стимул.

**Мысли.** Мышление подразделяется на образное и логическое. В первом случае человек оперирует абстрактной информацией, а во втором — образами, которые он может «видеть» внутренним зрением как различные картины.

Мысли человека имеют более сложную природу, чем ощущения, идущие от органов чувств. Они состоят из некоторого запаса энергии, которая занимает какую-то часть пространства и существует какое-то время. Особенно это касается образного мышления.

**Образное мышление.** Для самоизлечения с помощью образного мышления необходимо создать яркий, возможно более «живой» и устойчивый чувственный образ. Для этого мысленно воспроизводите необходимые форму, цвет, звук, запах, консистенцию, свойства воображаемого органа или всего человеческого организма. В результате такой работы ваш мыслеобраз приобретет активные свойства, которыми обладает живой орган или организм, и вызовет те реальные изменения в вашем организме, которые вы вложили в него.

Возникшая мысль должна быть четкой и ясной. Далее ее необходимо реализовать посредством воли в виде какого-то физического акта — то есть вывести из сознания.

Если мысль «размазана» или по какой-то причине не реализуется в виде физического действия, то в полевой форме жизни появляются «вкрапления», **«раковины»**, которые наполнены энергетическим содержанием, составляющим тот или другой информационный смысл этих мыслей. Затем «раковины» объединяются между собой по принципу подобия энергий, образуют более обширные объемы (или уплотнения) и располагаются в области чакр, производящих аналогичную энергию. В итоге это приводит к сильному искажению внутренней структуры полевой формы жизни.

Мысленные «шлаки» необходимо обязательно удалять с помощью особых методик, которые приведены в моих книгах.

**Эмоции** воспринимаются человеком как качественное ощущение чувственного или мыслительного процесса с подключением аналитического механизма ума, который вызывает в сознании волну возбуждения. Эмоция вызывает в сознании не образ предмета или явления, а переживание.

Эмоции принято делить на **стенические** (от греч. «стенос» — сила) и **астенические** (приставка «а» означает отрицание). Стенические эмоции обеспечивают организм энергией, тонизируют нервную систему, возбуждают защитные силы. Астенические эмоции, наоборот, подавляют активность человека, расслабляют, тормозят. К стеническим эмоциям относятся: радость, злость, гнев; к астеническим: тоска, тревога, благодушие.

Эмоции можно подразделять на **простые** и **сложные**. Сложные эмоции принято называть **чувствами** (не путать с органами чувств и идущими от них ощущениями): чувство любви, сострадания, чести, стыда, нежности, солидарности и т. д. Чувства существуют более длительно, чем простые эмоции, и определяются нашим интеллектуальным развитием. Они отражают наши высшие потребности, осуществляя взаимодействие личности с окружающими людьми, природой.

**Настроение.** Под настроением подразумевается эмоциональное состояние, которое обычно не бывает чрезмерно ярким, но зато характеризуется относительной устойчивостью в течение какого-то времени. Настроение может быть грустным или спокойно-умиротворенным, тревожным или тоскливым, торжественным или веселым.

В энергетическом плане под настроением мы будем понимать тот энергетический обмен между сознанием и полевой формой жизни, который стимулирует весь организм. Если этот энергетический поток нормален, то говорят о ровном настроении (жизненный уровень организма нормален), если понижен, — настроение понижено (депрессия — жизненный уровень понижен), если повышен, — настроение приподнято (жизненный уровень повышен).

Настроение можно охарактеризовать и как своеобразный эмоциональный фон, отражающий, насколько человек уравновесил свои биологические и социальные потребности.

**Аффекты.** Под ними понимают кратковременные, но предельно яркие, бурные эмоциональные вспышки (восторг, гнев, ярость, ужас и т. п.), состояния эмоционального возбуждения высшей степени. Аффекты возникают в связи с определенными раздражителями и поэтому всегда конкретно направлены. Как правило, в состоянии аффекта человек действует под влиянием мощнейшего энергетического потока, протекающего в его сознании и направленного наружу. В связи с этим он не отдает себе отчета в своих действиях, пока энергия не выплеснется наружу.

**Страсть.** Это понятие включает в себя сильное и длительное эмоциональное состояние. Страсть подчиняет себе основную направленность мыслей и поступков человека, стимулируя его к активной деятельности, целью которой является удовлетворение совершенно определенных желаний. При этом в сознании личности постоянно главенствуют не столько содержание движущего мотива страсти, а эмоции, ее поддерживающие.

В результате сильной и длительной энергетической работы в организме человека образуется устойчивый энерго-информационный очаг страсти, который, подобно живому существу, начинает сосать энергию из организма, создавая соответствующий настрой с целью получения энергии нужного ему качества и достаточного количества. В зависимости от длительности «выгорания» в организме появляются те или иные расстройства.

**Состояние «тупика»** в мышлении характеризуется тем, что человек никак не может решить проблему. Мыслительный процесс идет то в одном, то в другом направлении, но, в конце концов, «упирается в тупик». В основном это происходит тогда, когда человеку не хватает информации на данную тематику. В результате подобного мыслительного процесса энергетический заряд мышления тлеет в сознании человека и в конце концов может прорваться нестандартным, оригинальным решением проблемы.

**Состояние «круга»** в мышлении характеризуется тем, что одна и та же мысль постоянно вертится в сознании человека, мешая ему нормально думать. Например, модный мотивчик песни или какая-нибудь бытовая проблема. Состояние «круга» в мышлении означает, что человек на его поддержание тратит собственную жизненную энергию. Подобное навязчивое мышление крайне неблагоприятно действует на организм человека. От него надо избавляться.

**Состояние «взвинченности» (доминанты)** характеризуется тем, что мышление идет «по кругу», но с каждым новым витком оно все больше энергетически насыщается. В конце концов, подобное нагнетание энергии мыслительного процесса приводит к ее неконтролируемому прорыву в какие-то конкретные действия. Помимо сильнейшего выжигания жизненной энергии этот процесс обычно приводит к каким-то кармическим и судьбоносным поступкам. Знание этого процесса позволит человеку избежать больших неприятностей в жизни.

В обыденное понятие «стресс» — «напряжение» — можно включить все три вышеописанных состояния («тупика», «круга» и «взвинченности»). Ибо мыслительная энергия застаивается в полевой форме жизни, что приводит к возникновению в ней напряжения, закупорки, «раковины» и последующей «поломки» той или иной функции организма. Я считаю это главным механизмом в возникновении психосоматических (болезней тела из-за неправильного мышления) заболеваний.

# БИОРИТМОЛОГИЧЕСКИЕ ФАКТОРЫ

## ВЛИЯНИЕ БИОРИТМОВ НА ФИЗИОЛОГИЧЕСКИЕ ПРОЦЕССЫ В ОРГАНИЗМЕ

Самые главные физиологические процессы организма синхронизированы с периодическими солнечно-лунно-земными, а также космическими влияниями. И это неудивительно, ведь любая живая система, в том числе и человек, постоянно находится в состоянии обмена — информационного, энергетического и материального — с окружающей средой. Если по каким-либо причинам этот обмен (на любом уровне) нарушается, то это отрицательно сказывается на развитии и жизнедеятельности организма.

**Внимание!** Следует выделить влияние на организм человека суточных, недельно-месячных и годовых биоритмов. Оздоровительные мероприятия следует проводить с учетом биоритмических процессов, которые руководят жизнедеятельностью человеческого организма.

# СУТОЧНЫЕ БИОРИТМЫ

## Внутриклеточные биоритмы

Содержимым клетки является протоплазма, в которой постоянно идут два противоположных процесса: анаболизм и катаболизм.

**Анаболизм** — это биологический процесс, при котором простые вещества соединяются между собой и образуют более сложные, что приводит к построению новой протоплазмы, росту и накоплению энергии.

**Катаболизм** — это противоположный анаболизму процесс расщепления сложных веществ на более простые, при этом ранее накопленная энергия освобождается и производится внешняя или внутренняя работа.

Анаболические процессы ведут к наращиванию протоплазмы, а катаболические, наоборот, — к ее уменьшению и разрушению. Но эти два процесса, сочетаясь, взаимно усиливают друг друга. Так, процессы распада клеточных структур стимулируют их последующий синтез, а чем больше сложных структур накапливается в протоплазме, тем активнее может идти последующее расщепление с высвобождением большого количества энергии. В этом случае наблюдается максимальная жизнедеятельность клетки, а следовательно, всего организма в целом.

Руководят этим ритмом свет и температура. Светлое время суток способствует активизации катаболических процессов в каждой клетке человеческого организма.

С уменьшением освещения и понижением температуры уменьшается и физическая активность. Клетки переходят в неактивное состояние.

Таким образом, главным водителем и синхронизатором внутриклеточных биоритмов является смена дня и ночи.

Для выравнивая внутриклеточных биоритмов необходимо поступать следующим образом.

• Соблюдать ритм бодрствования и сна. Вовремя ложиться спать, а на рассвете просыпаться. Умеренная физическая нагрузка в течение дня будет дополнительно стимулировать внутриклеточные процессы распада.

• Необходимо регулировать в течение дня общий заряд организма. Для этого надо меньше лежать днем, ибо в человеческом организме хорошая циркуляция энергетики возможна в вертикальном положении. Утром и вечером необходимо принимать ванны (необязательно холодные), душ, обливания, что позволяет равномерно распределять заряд по телу. Этому же способствует заземление организма — ходьба босиком, натирание тела обычной или упаренной уриной (сильнейшая процедура из всех в энергетическом плане), ножные ванночки с соленой водой.

В результате применения этих простых и естественных мероприятий вы сможете избавиться от массы болезней и расстройств и даже вылечить медикаментозно «неизлечимые» (рис. 2).

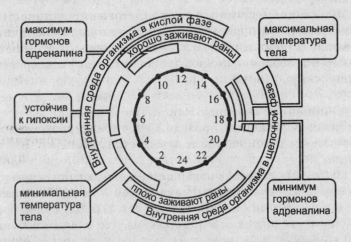

Рис. 2. Диаграмма влияния кислой и щелочной фаз на протекание различных процессов в течение суток

# БИОРИТМЫ И ЗДОРОВЬЕ ЧЕЛОВЕКА

Днем активность вызывается световым и тепловым излучением Солнца, а ночью охлаждением, которые по-разному влияют на жизнедеятельность организма. Днем это приводит к активности организма, распаду его структур, добыванию и перевариванию пищи, то есть к трате энергии — катаболизму. Ночью происходит противоположный процесс — переход организма в пассивное состояние, восстановление разрушенных за день структур и усвоение ранее поглощенной пищи — анаболизм.

Все, что происходит в природе (смена потоков воздушных масс, сухости, влажности и т. д.), происходит и в нашем организме. Это качество — синхронизация процессов, происходящих в природе, и их отражение в организме было подмечено риши (древними мудрецами Индии), создавшими науку о жизни — Аюрведу.

Риши выделили три периода, которые в течение суток дважды повторяются, примерно по 4 ч каждый. Так, ими был выделен период «тяжести, покоя и влаги», который они назвали «Слизь» и который соответствует утру перед восходом Солнца, когда выпадает роса. В дни весеннего и осеннего равноденствия, когда день и ночь равны, этот период равняется 4 ч и длится **с 6 до 10 ч утра**. На жизнедеятельности этот период отражается покоем и тяжестью. Если проснуться в этот период, то ощущение тяжести и инерции остается на весь день. В это время активизируется слизь в желудке, которая способствует разложению пищи и превращению ее в густую, клейкую массу. Это наиболее благоприятный период дня для первого приема пищи.

Следующий период, **с 10 до 14 ч**, характеризуется как наиболее энергетический и называется «Желчь». В этот период под воздействием тепла, испарения, движения, легкости, пронизывающей наше тело, активизируются процессы пищеварения. В это время нам особенно хочется есть, и пища, принятая в этот период, будет полноценно переварена. Таким образом, это время наиболее благоприятно для приема большого количества пищи и ее переработки.

Период с **14** до **18** ч характеризуется повышенным движением, легкостью перемещения воздушных масс и т. д. Подобные процессы происходят и в нашем организме. Это период проявления наивысшей работоспособности, двигательной активности, и называется он «Ветер». К тому же, как было подмечено древними мудрецами, «Ветер» снаружи активизирует два функциональных «ветра» внутри организма: желудочного «огненно-побуждающего», который локализуется в желудке, двенадцатиперстной кишке и движется по тонкому кишечнику; его функция — переваривание пищи, разделение соков и осадков, всасывание в тонком кишечнике, и «ветра», «очищающего низ», находящегося в анусе, мочевом пузыре и в некоторых других органах; его функции: удаление кала, мочи и некоторые другие. Даже плод в утробе матери к вечеру делает больше движений, чем днем. Таким образом, это наиболее благоприятное время для проявления физической активности, занятий спортом, которые также будут способствовать заключительным фазам пищеварения и очищения организма.

Далее идет повторение периодов, но действие свое на организм они оказывают несколько другое. Период «Слизи» длится с **18** до **22** ч. Опять конденсируется влага, воздух становится сырым, прохладным. Природа успокаивается, наступает тихий и спокойный вечер. На уровне физиологии организма после предыдущего бурного периода «Ветра» возникает торможение. В это время активизируется «удовлетворяющая» слизь в голове. Человек получает удовлетворение от прошедшего дня, голова полна впечатлений от прошедших событий. Все это сказывается в виде сложного психологического состояния удовлетворения и покоя.

С **22** до **2** ч ночи наступает энергетический период «Желчи» со знаком минус. В это время появляется аппетит, если не лечь спать. Поэтому без нужды не дожидайтесь этого периода, а вовремя ложитесь спать.

С **2** до **6** ч утра идет повторение периода движения «Ветра». Теперь это движение возникает от охлаждения. На физиологическом уровне, если человек бодрствует, это самое тяжелое, истощающее организм время. Как правило, в это время снятся утренние сны, человек легко выходит из своего физического тела. Если вставать под конец этого периода, то легкость и свежесть, свойственные ему, останутся в организме на весь день.

## Влияние Луны на суточные биоритмы

Процессы, происходящие в природе и организме человека, непосредственно связаны со временем обращения Луны вокруг Земли.

**Первый эффект** влияния Луны и Солнца на Землю — **гравитационный.** Под действием притяжения Луны твердая поверхность Земли деформируется, растягивается по направлению к Луне. Гравитационное воздействие сказывается на водной оболочке Земли, вызывая приливы и отливы, а также на поведении атмосферы.

Приливно-отливное воздействие гравитационного поля Луны испытывают и жидкостные среды нашего организма. Это особенно сказывается на распределении крови в организме человека. Древняя китайская медицина говорит, что 12 органов, связанных с соответствующими энергетическими каналами, раз в сутки испытывают двухчасовую приливную волну активности и противоположную — отливную волну (рис. 3).

**Второй эффект** влияния Луны на Землю выражен также в воздействии гравитации, но механизм действия его иной. Земную поверхность, как и все, что на ней есть, необходимо рассматривать как кристаллические образования. Под действием гравитации Луны изменяется состояние кристаллических решеток, из которых состоит вещество земной поверхности. В кристаллических решетках возникает упругое напряжение, которое тесно взаимодействует с электрическими и магнитными полями. Изменение магнитного поля влияет на скорость протекания биохимических процессов.

Магнитоэлектрические эффекты наиболее выражены в жидкокристаллической среде, насыщенной микроэлементами. Основу жидкокристаллической среды, на-

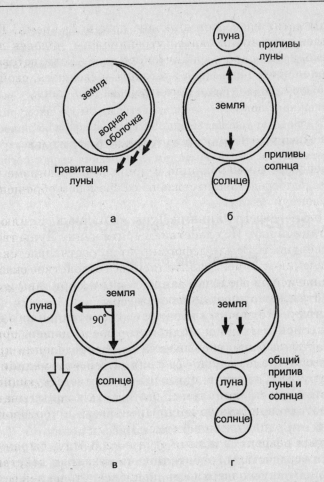

Рис. 3. Воздействие Луны и Солнца на поверхность Земли

сыщенной микроэлементами в теле человека, составляют кровь, межклеточная и внутриклеточная жидкости.

Мы знаем, что суточные ритмы активности человеческого организма складываются под воздействием процессов, протекающих на поверхности Земли. Луна, в свою очередь, дает силу этим процессам, наполняя работающий орган питательными веществами и магнитоэлектрической энергией, активизирующей биологические процессы данного органа.

**Внимание!** Солнечная погода оказывает на организм человека возбуждающий, тонизирующий эффект, который наиболее выражен при видимом восходе Солнца. Зимой в солнечную погоду происходит сочетание светового и холодового возбуждения, усиленное отражением солнечного света от снежного покрова и легким ветром. Сырой пасмурный день действует успокаивающе, но густая низкая облачность несколько угнетает. Облака, грозовые разряды действуют угнетающе на нервную систему. Морозная сырая погода, шторм способствуют депрессии.

# НЕДЕЛЬНО-МЕСЯЧНЫЕ БИОРИТМЫ

## Недельные биоритмы

Солнце испускает во все направления потоки заряженных частиц, которые называются «солнечной плазмой» (по-другому, «солнечный ветер»). Солнечная плазма «тянет» за собой магнитное поле, которое в итоге образует межпланетное магнитное поле. Учеными было установлено, что это поле, идущее от Солнца, имеет секторную структуру. Так, отрицательные частицы под его воздействием движутся к Солнцу, а положительные — наоборот. В результате этого скорость «солнечного ветра» и плотность летящих от Солнца частиц систематически меняются. Так как Солнце вращается вокруг собственной оси за 27 дней, то Земля в среднем пересекает различные сектора межпланетного магнитного поля в течение 7 дней. Через каждые 7 дней Земля оказывается то в положительном, то в отрицательном секторе этого поля. Все это отражается на магнитосфере Земли, от этого меняется и погода.

Изменения в магнитном поле Земли, воздействие положительного и отрицательного электричества на организм человека вызывают изменение pH внутренней среды на кислую и щелочную. Кислая среда связана с активностью организма, а щелочная — с его пассивностью. Изменение внешнего магнитного поля ориентирует молекулы организма определенным образом, что сказывается на их функциональном состоянии. Таким образом, получается, что организм человека в течение 7 дней пребывает в фазе повышенной активности. Этому благоприятствуют кислая среда и повышенный приток плазмы от Солнца; 7 дней приходится на угнетенную фазу, когда преобладают щелочная среда и пониженное поступление солнечной плазмы.

На практике изменение секторов межпланетного магнитного поля ощущается в следующем: одну неделю у вас повышенное настроение, легко даются физические и интеллектуальные нагрузки, вы легко переносите пищевое воздержание в течение 24—48 ч. И наоборот, в другую неделю вам очень трудно воздерживаться от пищи, настроение подавленное, а физические нагрузки даются со «скрипом». Особенно неблагоприятно действуют дни, когда происходит смена одного сектора межпланетного поля на другой. В эти дни, помогая организму перестроиться, необходимо вести очень умеренную жизнь: физическая нагрузка должна быть легкая, еда — небольшая по объему и легко усваиваемая и т. д.

> **Внимание!** Чтобы самостоятельно подобрать для себя ритм активной и пассивной недели, надо внимательно проследить за колебаниями своего настроения, физической и интеллектуальной активности. Для этого в течение 1—2 месяцев ведите дневник, куда записывайте свои физические нагрузки, как они вам даются, колебания настроения, половую активность и т. д. Далее, проанализировав эти показатели, вы увидите, что они меняются. Там, где вы более активны, вам помогает межпланетное поле магнитной «подкачкой», и наоборот.

## Месячные биоритмы

Наш календарный месяц, насчитывающий 30—31 день, никаким периодическим процессам природы не соответствует. Зато лунный месяц с продолжительностью в 29,5 дня есть естественный период, с которым связаны циклические изменения в природных процессах на Земле. В течение лунного месяца происходят приливы и отливы на морях и океанах, причем мощность их увеличивается и уменьшается в зависимости от дня лунного месяца; меняется поведение атмосферы, что, в свою очередь, отражается на многих метеорологических явлениях; прохождение Луны через магнитосферный шлейф Земли меняет параметры магнитосферы; отражение солнечного света от поверхности Луны также периодически меняется, и все эти изменения имеют свое отражение в организме растений, животных и человека.

Например, резкие колебания атмосферного давления нарушают стабильность кроветворных функций, приводя к таким заболеваниям, как гипертония, различным рецидивам сердечно-сосудистых нарушений. Мозг весьма чувствительно реагирует на изменение влажности атмосферы, что сказывается на его активности.

При своем движении относительно Солнца Луна то приближается к нему, то удаляется. Возврат Луны в одно и то же положение космического пространства относительно Солнца — **лунный цикл** — происходит за 29,5 суток. Этот период называется «синодический месяц» (от лат. «сближение»). Но существует «сидерический» («звездный») месяц, который равен 27,3 суток. В течение этого времени Луна делает полный оборот вокруг Земли. Ввиду того что период обращения Луны вокруг Земли и оборота Луны вокруг своей оси совпадают, Луна повернута к Земле всегда одной и той же стороной. Эта сторона Луны в зависимости от движения освещается Солнцем по-разному: то видна увеличивающаяся день ото дня правая половина, пока не станет полностью освещенной — круглой; далее начинается уменьшение освещенной поверхности Луны и освещается только левая половина, пока совсем не исчезнет. Изменение освещенности Луны указывает на ее фазы, которых четыре, и равняются они 7,4 суток.

**Внимание!** Оздоровительные мероприятия следует проводить с учетом лунного цикла, так как активность органов изменяется в зависимости от лунной фазы. Конкретные рекомендации по оздоровлению с учетом влияния Луны на организм человека приведены в разделах «Очищение организма — путь к оздоровлению» и «Лечебное голодание».

# ГОДОВЫЕ БИОРИТМЫ

Земля описывает вокруг Солнца эксцентрические круги, то есть не имеет с Солнцем общего центра. Поэтому в начале января Земля ближе всего расположена к Солнцу, а в начале июля — дальше всего. В результате расстояние между Солнцем и Землей меняется в течение года. Отсюда меняются и два наиболее главных солнечных влияния: гравитационное и световое.

## Особенности сезонов года и их влияние на организм человек

Смена сезонов года происходит из-за изменения количества энергии, поступающей от Солнца. В дни летнего солнцестояния световой день самый длинный и на поверхность Земли падает максимум солнечной энергии. В дни зимнего солнцестояния Земля хотя и находится наиболее близко к Солнцу, но солнечный поток падает на нее таким образом, что дни самые короткие и поверхность получает минимум энергии. В дни весеннего и зимнего равноденствия дни и ночи равны. Количество солнечной энергии, получаемое Землей, имеет средние величины — между максимумом и минимумом, что наиболее оптимально для живых организмов.

Древние индусы и тибетцы весь год, аналогично суткам, разделили на три сезона: «Слизи» (Капха), «Желчи» (Питта) и «Ветра» (Вата) (рис. 4). Для того чтобы быть здоровым и успешно противостоять неблагоприятным воздействиям каждого сезона года, предписывается вести особый образ жизни, питаться пищей с соответствующими вкусами, консистенцией и т. д.

Сезон «Слизи» характеризуется влажностью и прохладой, то есть сыростью; сезон «Желчи» — теплотой и влажностью, а сезон «Ветра» противоположен «Слизи», он сух и холоден. Так как климатические условия средней полосы России далеки от тибетских и индийских, я привел характеристику сезонов в соответствии с нашими широтами.

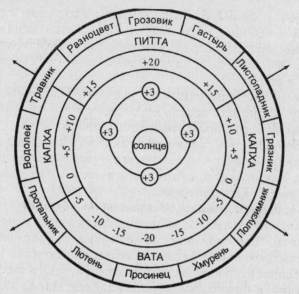

Рис. 4. Сезоны года

**«Питта».** а) Подъем температуры летом приводит к сильному испарению воды. Происходит интенсификация природных процессов. Само испарение забирает часть тепла, а испаренная вода конденсируется в тучи, которые не пропускают солнечных лучей. В результате в середине периода «Питта» (или, по-нашему, «Желчи») разыгрывается сильный энергетический процесс (летние грозы). б) На уровне физического тела человека это проявляется в виде озноба и расстройства пищеварения. в) Рост растений стабилизируется. г) Гравитация Солнца наименьшая, что приводит к ослаблению собственной гравитации человека.

**«Капха» весенняя.** а) Весной, с подъемом температуры, происходит растапливание льда и образуется вода. В это время прохладно и сыро. б) Начинают расти растения; весенний гон животных. в) В это время наблюдается простудные заболевания, то есть налицо перевозбуждение «жизненного принципа» (или «доши», по-аюрведовски) «Капха» («Слизи»). г) Гравитация Солнца уравновешена.

**«Капха» осенняя.** а) С похолоданием происходит конденсирование влаги и выпадают дожди. В это время прохладно и сыро. б) Семена растений начинают прорастать, созревает второй урожай; осенний гон у животных. в) Опять возрастают простудные заболевания. г) Гравитация Солнца благоприятствует всем жизненным проявлениям.

**«Вата».** а) С понижением внешней температуры происходит кристаллизация воды. Все высушивается от ветра и холода. Внешние факторы приводят в перевозбуждению жизненного принципа «Вата» («Ветра»). б) Вся растительная жизнь прекращается. Организм человека находится в наиболее неблагоприятных внешних условиях. в) Сильнейшее сжатие от солнечной гравитации и внешнего холода приводит к разнообразным спазмам в организме: прострелы, инсульты, инфаркты, регидность, тугоподвижность и т. д. Часть болезней проявляется остро в виде резкого подъема температуры.

Сезон «Слизи» у нас наблюдается дважды в году — весной и осенью. Весной в сезон «Слизи» входят следующие месяцы: апрель с небольшим захватом марта и мая. Осенью это октябрь с небольшим захватом сентября и ноября.

Сезон «Желчи» занимает все лето и немного весны и осени. Сущность сезона отражает июль — бурное протекание атмосферных процессов в природе.

Сезон «Ветра» занимает всю зиму: декабрь, январь и февраль, а также прихватывает часть ноября и часть марта. Как правило, в этот сезон температура самая низкая в году, сухо и ветрено.

Каждый из указанных сезонов способствует тому, что в период их активности погодные условия влияют на организм. Так, под влиянием сезона «Слизи» холод и сырость постепенно накапливаются в организме и начинают мешать его нормальной жизнедеятельности. В сезон «Желчи» в организме накапливается жара, а в сезон «Ветра» — холод и сухость.

## ПРОФИЛАКТИКА ЗАБОЛЕВАНИЙ С УЧЕТОМ СЕЗОНОВ ГОДА

Чтобы предотвратить вредные влияния сезонов года на организм человека, народная мудрость предписывала следовать системе профилактических мероприятий с целью удалить из организма излишки слизи, желчи и сухости. Профилактика заболеваний складывается из следующих мероприятий.

• Очищение организма.

• Ведение свойственного данному сезону образа жизни: в сезон «Слизи» жить в теплом и сухом помещении, побуждать себя к активному образу жизни; в сезон «Желчи», наоборот, находиться в прохладном, проветриваемом помещении, распылять освежающие ароматы, физически сильно себя не утруждать; в сезон «Ветра» греться у огня, посещать влажную парную, натирать тело маслом (оливковым или топленым сливочным), чтобы организм не обезвоживался и сохранял тепло.

• Прием пищи в соответствии с данным сезоном: в сезон «Слизи» — сухая, теплая еда, сдобренная разогревающими специями, позволяющими предотвращать накопление слизи в организме человека; в сезон «Желчи» — прохладная, водянистая пища, без специй, кислого вкуса, которая способствует сохранению организмом влаги и предотвращает его перегрев; в сезон «Ветра» — горячая, водянистая, жирная пища, сдобренная разогревающими специями.

**Практические рекомендации**

1. Наиболее благоприятное время для лечения какого-либо органа — это время его наивысшей активности в году.

2. Профилактически поддерживайте свои слабые органы в периоды, противоположные активности. Например, сердце поддерживают зимой; почки — летом; печень — осенью; легкие — весной.

3. Очищение или восстановление органов проводите в самые активные для них периоды. Для печени — это весна, для сердца — лето, для почек — зима, для легких — осень, для желудка — межсезонье.

4. Никогда не стимулируйте сильный от природы орган, по закону антагонизма он будет еще более угнетать противоположный слабый. Например, стимуляция почек зимой еще более угнетает сердце и, наоборот, стимуляция сердца летом будет еще более угнетать слабые почки. Это же относится к печени и легким.

# ДЕФИЦИТ БИОЭНЕРГИИ — ПРИЧИНА БОЛЕЗНЕЙ

Дефицит энергии в организме человека — основная причина болезней. Чтобы не создавалось подобного дефицита, необходимо уяснить процессы выработки, поглощения, использования и сохранения энергии.

Чтобы усилить протекание в организме процессов обмена, подпитать энергией отдельные системы организма, создать оптимальные условия для транспортных и биохимических процессов, исключить разобщенность работы отдельных органов и клеток, исключить появление в организме застойных областей, которые приводят к болезням, нужно сделать могучей собственную биоэнергетику. Тогда имеющиеся болезни сами исчезнут, а новые не получат доступа в организм.

## ЭНЕРГЕТИЧЕСКОЕ ТЕЛО ЧЕЛОВЕКА

Энергетическое тело человека состоит из плазмы, то есть положительно и отрицательно заряженных частиц. По форме оно напоминает яйцо, которое обволакивает человека и имеет резкие границы с окружающим пространством. В зависимости от плотности плазмы эти границы можно видеть и чувствовать.

Плазма внутри этого пространства находится в движении — от поверхности кожи к наружной оболочке яйца, и наоборот. В самом организме движение плазмы подчинено определенному порядку. Так, на поверхности кожи имеется 1—2-миллиметровый слой особенно уплотненной плазмы, которая в виде небольших факелов вырывается из пор кожи и защищает тело человека. Этот вид циркулирующей плазмы называется **защитной энергией**, движущейся вне каналов и сосудов по поверхности тела и под кожей, охраняя организм от **вредоносной энергии**.

Внутри организма по специальным каналам, соединяющим все важнейшие органы, циркулирует другой вид плазмы, которая образуется из воздуха, воды и пищи и носит название **основной энергии**. В зависимости от «прилива» или «отлива» энергии в канале соответствующего органа проявляется его максимальная активность или период покоя. Существует масса других циркуляций энергии в теле, но мы остановимся пока на этих двух — защитной и основной.

Все энергетические каналы, согласно воззрениям древних мудрецов, в организме соединяются в общий узел — корень, который расположен в области пупка, между почками.

Акупунктурные точки на коже (около 360 канальных и около 280 внеканальных) представляют собой «входные ворота» для частиц плазмы, электронов. Определенное соединение акупунктурных точек между собой и внутренним органом образует **энергетический канал.** Свойства этого канала таковы: когда электрон попадает в него через акупунктурную точку, он в нем разгоняется до сверхсветовых скоростей. В результате этого образуется ЭДС (электродвижущая сила) и увеличивается кинетическая энергия электронов, которые и приводят в действие все химические реакции в организме.

Протекание всех без исключения окислительно-восстановительных процессов в организме зависит от количества свободных электронов и степени их разгона в акупунктурной системе, что и определяет **общую энергетику организма.**

Итак, акупунктурная система организма — главный поставщик энергии.

Движущими силами возникновения, наполнения, переноса и перераспределения в организме значительных энергий являются ускоряющие электроны **электрические поля.** Человек сознательно может управлять этими электрическими полями. В зависимости от эмоционального настроя мы можем электрическое поле концентрировать (стабилизировать), рассеивать, перемещать в любом направлении.

## ОСОБЕННОСТИ ПОГЛОЩЕНИЯ ЭНЕРГИИ ТЕЛОМ

Мы схематично разобрали энергетическое тело. Теперь нам предстоит раскрыть ряд интереснейших особенностей, связанных с поглощением энергии кожей, переносом ее по каналу и распределением в организме.

**Поглощение энергии кожей и ее перенос.** На коже человека имеется бесчисленное количество рецепторов. Находятся они и в областях расположения точек акупунктуры. **Рецепторы** — это высокомолекулярные белки определенного строения, способные воспринимать, трансформировать и передавать информацию и энергию от внешнего раздражителя в акупунктурную систему.

Прекрасные условия для передачи свободных электронов с рецепторов кожи в акупунктурные каналы создаются при слегка влажной от пота и теплой коже, то есть после небольшой физической нагрузки. Еще лучше рецепторы будут передавать свободные электроны при специальной стимуляции: массаже, сильном тепловом или холодовом раздражении, наложении аппликаторов (иглы обязательно должны быть из металла), воздействии различных растирок, мазей и т. п.

Плохое поглощение и передача свободных электронов рецепторами кожи наблюдается при холодной, сухой коже и тогда, когда рецепторы блокируются шлаками. Зашлакованная кожа меняет свои электропроводящие качества и вместо активного забора попросту рассеивает энергию.

**Распределение энергии в организме.** Природа давно «выбрала» строго определенные типы микроскопических электрических контактов. Носителями их в организме являются мембраны, клетки, нервные стволы, волокна, кровеносные сосуды, а также жидкостные среды организма, насыщенные ионами. Все эти образования содержат цепочки электрических контактов. Такие цепочки, соединяясь, образуют более сильные цепи, а они, в свою очередь, объединившись, образуют мощный акупунктурный канал, выходящий на поверхность кожи и заканчивающийся точками акупунктуры.

Чтобы реакция протекала стабильно, в одном темпе, необходим постоянный приток «сильных» электронов. Координацию этого процесса осуществляет сама акупунктурная система за счет своих сверхпроводящих свойств. Электроны практически мгновенно перераспределяются в те места и органы, где они требуются в данный момент, то есть в места усиленного протекания химических реакций.

Во время выполнения интенсивной работы акупунктурная система «отключает» ряд органов и второстепенных функций с единственной целью — всю энергетику сосредоточить только на работающем в напряженном режиме органе или группе органов. Например, во время быстрого бега полностью останавливается пищеварение; когда происходит усиленная умственная деятельность, наблюдается относительный мышечный покой; после сытной еды, когда организм бросает всю энергию на переваривание пищи, тянет в сон.

**Циркуляция энергии в организме.** Энергия в организме постоянно циркулирует (электроны непрерывно движутся по каналам). Помимо циркуляции энергии в каналах наблюдаются «приливная» и «отливная» волны в течение суток и даже в течение года. «Приливная» волна наблюдается в каждом канале раз в сутки и длится она 2 ч. В это время канал и орган, с ним связанный, проявляют свою наивысшую активность. «Отливная» волна наблюдается в противоположное время суток от «приливной». Длится «отливная» волна также 2 ч, во время которых канал и орган, с ним связанный, наиболее пассивны.

Отсюда следует, что в течение суток нагрузку необходимо планировать так, чтобы она совпадала с активностью энергетики каналов и органов. Например, функция сердца сильна с 11 до 13 ч. Вот в это время и давайте наибольшую нагрузку в виде физических упражнений.

**Как организм запасает энергию.** Энергия в акупунктурной системе накапливается за счет переноса и ускорения электронов. Другими словами, в результате постоянных тренировок по энергонабору (или просто активной жизни) постепенно возрастает поток циркулирующей по каналам энергии, улучшается процесс ее набора из окружающей среды.

В акупунктурной системе имеются специальные образования, которые китайцами называются **«моря ци»** («моря энергии»), а индусами — **«чакры»** («колеса»). Эти чакры (моря ци) выглядят как вихри, имеющие форму спиралевидных конусов. Часть энергии, когда ее много, из акупунктурной системы попадает в эти «вихри», где она вращается. В разных чакрах энергия вращается по-разному: быстро, медленно, ритмично, резкими толчками. Когда в акупунктурной системе энергии становится мало (или неожиданно требуется ее повышенное количество), энергия одной из чакр поступает обратно. Вот так происходит процесс запасания, увеличения и потребления энергии.

**Что рассеивает энергию.** В зависимости от природных особенностей организма и образа жизни способность акупунктурных систем вырабатывать энергию отличается в 1,5—15 раз.

Акупунктурные системы людей, ведущих малоактивный образ жизни, генерируют наименьшие токи. Принятие алкоголя резко уменьшает активность акупунктурных систем — в 2—5 раз. Причем низкие значения выработки энергии могут сохраняться в течение нескольких дней. Через 15—40 мин после сытного обеда, а еще больше после праздничного переедания активность акупунктурной системы уменьшается в 1,5—2,5 раза. Постоянное нахождение человека в одежде, особенно синтетической, а также обуви значительно уменьшает энергонабор. Вместо того чтобы стекать в тело, заряд трибоэлектричества уходит в одежду.

## «РАКОВИНЫ» И ПОЛЕВЫЕ ПАРАЗИТЫ

Есть еще один важнейший аспект оздоровления и возможности накапливать энергию: человеку необходимо нормализовать связь полевой формы жизни (сознания) с физическим телом. Неправильный образ жизни, негативные мысли приводят к формированию отрицательного энергетического поля в полевой форме жизни, к которому прикрепляются полевые паразиты, образуются так называемые «раковины». Причины внедрения полевых паразитов в организм человека: отрицательные качества характера; сексуальные извращения, похоть; эгоизм; занятия магией; жажда превосходства.

Энергетика «раковины» может во много раз превосходить энергетику полевой формы жизни человека.

**Внимание!** Для того чтобы уничтожить «раковину», необходимо энергетику полевой формы жизни поднять до уровня энергетики «раковины» (это один из главных методов). Эмоциональная составляющая «раковины» переживается заново. Мощные энергии, ее составляющие, высвобождаются, по телу пробегают судороги, обдает жаром, холодом и т. п. Освободившись от «раковины», человек совсем по-другому себя чувствует, становится более работоспособны...

# ЗАКОН СВЕРТЫВАНИЯ И ТРЕНИРУЕМОСТИ ФУНКЦИЙ ЧЕЛОВЕЧЕСКОГО ОРГАНИЗМА

## ЖИЗНЬ ОТ ЗАЧАТИЯ ДО РОЖДЕНИЯ

После оплодотворения яйцеклетка переходит в активное состояние — в ней появляется центр формообразования и начинается деление. Зародышевая стадия продолжается от оплодотворения до 8 недель. За этот короткий период успевает образоваться тело.

Полностью все органы человеческого организма формируются к трем месяцам. По мере развития качественно изменяются масса тела, форма и положение плода. Необычайно сильно масса плода нарастает в первые 2 месяца.

Будущие матери должны помнить, что все, что способствует ускорению (усиление в организме матери жизненного принципа «Ветра», например, от волнения, пребывания в сухих, холодных условиях) или замедлению дробления яйца (усиление жизненного принципа «Слизи», например, от пассивного образа жизни, обилия потребления сладкого), приводит к аномалиям в развитии будущего ребенка. К этим факторам относятся: прием лекарств (абсолютно всех: антибиотиков, успокоителей, от тошноты и т. д.), искусственных витаминов, вредных пищевых веществ и добавок типа алкоголя, кофе; дурные привычки (курение и т. д.); работа с летучими веществами, шум, вибрации, лучистая энергия, ночные смены; неблагоприятное психологическое окружение в семье, на работе и т. д. Женщины, особенно берегите себя в первые три месяца беременности!

## ПЕРИОД ЖИЗНИ ОТ РОЖДЕНИЯ ДО ПОЛОВОГО СОЗРЕВАНИЯ

**Период новорожденности.** Он продолжается от момента первого вдоха до 3—4 недель жизни. Считается, что наиболее важны в этом периоде первые 3 часа и первые

3—4 дня. Именно на это время падает наибольшая нагрузка, связанная с переходом к новым условиям существования и работы основных физиологических систем: дыхания, кровообращения, питания, терморегуляции.

1. Ребенок начинает дышать посредством легких. Тип дыхания диафрагмальный и брюшной.

2. С удалением пуповины в организме меняется кровоток — появляется малый круг кровообращения, который снабжает организм артериальной кровью *сверху*, а не *снизу*, как это было раньше.

3. Включается пищеварительная функция. В первые 24—48 ч происходит заселение желудочно-кишечного тракта различными бактериями, поступающими в основном с пищей. (Искусственная пища, а не молозиво порождает в дальнейшем проблемы с пищеварением во взрослом возрасте.)

4. Новорожденный испытывает колоссальный стресс при рождении, так как лишается привычной для него среды существования — материнского организма.

**Грудной период.** Он начинается от окончания периода новорожденности и заканчивается к полутора годам. В этом возрасте продолжается интенсивное развитие организма — нарастает масса и совершенствуются все органы и системы. Потребность в пище повышена, функционирование желудочно-кишечного тракта еще недостаточно. Поэтому любое отклонение от вскармливания (как по количеству, так и по качеству) сразу же приводит к острым и хроническим расстройствам пищеварения, может вызвать дисбактериоз.

Следующий важный этап — переход на взрослое питание. При этом постепенно изменяются состав и активность пищеварительных ферментов. Синтез и активность одних ферментов усиливаются, других — ослабляются. Чрезвычайно важно, что в этот период подавляется синтез лактазы (пищеварительного фермента, расщепляющего молочный сахар); поэтому молоко матери и, естественно, молоко животных становится вредным. Оно перестает усваиваться. Ребенок начинает отказываться от молока и переходит на более взрослую пищу.

К концу 1-го года ребенок уже может обходиться без ферментов, гормонов, антител, которые он получает с материнским молоком. Они в достаточном количестве вырабатываются его собственным организмом. С этого возраста и надо начинать прикорм.

Пища должна быть в виде жидкой консистенции и включать в себя структурированную воду. Так как пищеварение у грудного ребенка еще слабое, ему нужна помощь в виде ферментов, витаминов, минеральных солей, содержащихся в пище. Пищеварение в значительной мере должно осуществляться за счет самих ферментов пищи. Для этой цели идеально подходят свежевыжатые фруктовые и овощные соки.

**Период от 1 года до 3 лет.** Этот период, когда осуществляется переход к взрослому питанию, таит в себе большие неприятности. Как правило, большинство желудочно-кишечных заболеваний закладывается в это время. Постарайтесь в данный период не кормить ребенка следующими продуктами.

1. Молоком. Уже указывалось, что сама природа прекращает выработку фермента лактазы, с тем чтобы ребенок сам отказался от молока.

2. Кашами, мучными изделиями. Пищеварительная система еще не имеет достаточно мощности для полноценного их усвоения.

3. Концентрированными белковыми продуктами. Мясо, творог (если часто кормить им), яйца не могут полноценно расщепляться слабыми пищеварительными ферментами ребенка.

4. Рафинированными и искусственными продуктами. Быстро всасываясь в кровь, они требуют к себе минеральные соли, витамины и т. д. Все это берется из тканей самого организма: кальций — из зубов, витамины — из печени.

5. Однако наибольшую угрозу в этот период представляет смешивание в одном приеме пищи разнохарактерных продуктов. Например, белковых и крахмалистых, белковых и сахаристых. Каждый продукт подвергается переработке в своей среде и своими ферментами. Давайте ребенку максимум 2—3 продукта за один прием пищи. Сначала давайте жидкости, затем — свежую пищу в ви-

де фруктов или овощных салатов и только затем что-либо вареное (белковое или крахмалистое), а лучше — проросшую пшеницу или орешки.

Откажитесь сами и никогда не давайте ребенку дрожжевого хлеба. Дрожжи подавляют нормальную микрофлору, подрывают наш иммунитет.

Если ребенок не будет питаться дрожжевыми продуктами до 4—5-летнего возраста, у него установятся здоровые вкусовые привычки и потребности.

**Период с 4 до 12 лет.** В этот период нужно выделить несколько этапов развития, каждый из которых оказывает существенное влияние на психическое и общее здоровье ребенка. После 4 лет у ребенка появляется осознанное отношение к жизни, а к 7—9 годам он полностью сформировывается как бесполое существо.

Примерно к этому времени выпадают молочные зубы и начинают расти постоянные. Если вместо ровных появляются кривые, в той или иной степени это указывает на то, что нормальная программа развития и роста организма стала сильно искажаться в полевой форме человека. Незрелая психика ребенка в это время очень травмируема. И если в возрасте от 5 до 12 лет переживается сильное эмоциональное потрясение, оно блокирует ту или иную функцию организма.

В этот период жизни надо беречь психику детей, укреплять ее. В более зрелом возрасте подобные заболевания от психического стресса возникают гораздо реже.

**Период полового созревания.** Следующий этап жизни ребенка — время полового созревания — с 12 до 16 лет. Для того чтобы сформировалась и включилась половая функция, должна тратиться соответствующая энергия. Трата энергии ослабляет организм. В психике также происходят процессы, формирующие соответствующее половое поведение, — от незаинтересованного, единообразного детского, к заинтересованному и разделенному женскому и мужскому. Связанные с изменением психики и физиологии срывы могут оставить глубокий след в организме. Чтобы этого не произошло, надо вовремя помочь ребенку разобраться с работой собственного сознания, организма и разумно относиться к происходящему.

## ЗРЕЛЫЙ ПЕРИОД ЖИЗНИ

После полового созревания начинается угасание физических качеств: снижается уровень иммунной защиты, вилочковая железа (тимус), которая в предполовом возрасте обеспечивала клеточный иммунитет, продуцируя Т-лимфоциты, атрофируется. И естественно, организм переходит на биополевую защиту. К этому времени энергетическое (плазменное) тело должно стать плотным, чтобы отталкивать, «отметать» от себя все патогенные начала. Необходимо укреплять и совершенствовать тело с помощью движений, питания, закаливающих процедур. Но вместо этого мы снижаем двигательную активность, переедаем, сидим в тепле, приобретаем вредные привычки. В результате в организме самопроизвольно включается **закон свертывания функций за ненадобностью.**

Этот закон гласит: если в процессе жизнедеятельности организма какая-то функция (орган) не используется, она (он) угасает, вплоть до исчезновения.

Противоположностью указанного закона является **закон тренируемости и укрепления функций,** который гласит: если в процессе жизнедеятельности организма какая-то функция (орган) регулярно и интенсивно используется, она (он) совершенствуется и укрепляется.

## ЗАКЛЮЧИТЕЛЬНЫЙ ПЕРИОД ЖИЗНИ

В возрасте 35—40 лет появляются морщины, а это говорит о том, что организм теряет воду и соли. Ведь эластичность ткани и упругость кожи зависят от тургора. Тургор — это давление воды в тканях. Если оно хорошее, наше тело упругое. Когда оно ослабевает, ткани опадают, подобно спущенному мячу, — появляются складки. Чтобы отодвинуть эти явления, надо регулярно, но понемногу пить структурированную воду — от 1 до 2 л в день. Количество зависит от конституции. В это время надо больше двигаться в умеренном темпе. Удержать воду в организме вам прекрасно помогут сокотерапия и уринотерапия. Такая программа надолго отодвинет вашу старость и продлит самый приятный творческий период.

После угасания половой функции ваша индивидуальная программа оздоровления должна строиться с учетом компенсации потерь структурированной воды и тепла. А вот тепло надо «разжигать» внутри себя умеренными, но длительными движениями. Выполнение этих двух пунктов позволит вам бороться с одеревенением сухожилий и суставов, будет поддерживать циркуляцию тепла на хорошем уровне. Шире используйте тепловые процедуры, которые расправляют суставы, подпитывают тело водой и теплом.

В пищу больше используйте свежевыжатые соки овощей и фруктов, продукты с повышенной биологической активностью (проросшее зерно, продукты пчеловодства). Меняйте климат на более влажный и теплый, место жительство — на наиболее энергонасыщенное (определяется биолокацией) либо такое, где вы чувствуете себя превосходно. Все это позволит вам прожить долго и не болеть.

**Оздоровительные рекомендации**

Чем вы старше, тем больше и регулярнее применяйте водные процедуры. Берегите влагу и тепло в организме. Голодайте только в теплое и влажное время года.

## ТРАНСФОРМАЦИЯ БИОСИНТЕЗА В ПРОЦЕССЕ ЖИЗНИ ЧЕЛОВЕКА

Действие закона тренируемости и укрепления функций проявляется в том, что механизмы биосинтеза мощно функционируют в один период жизни и свертываются или угнетаются — в другой.

**Первые два месяца.** В каждой клеточке нашего тела заключена генетическая информация, достаточная для того, чтобы воспроизвести весь организм. Поэтому, чтобы побудить клетку к делению, необходимо активизировать ее генетический аппарат, подать «строительный материал» и энергию.

Мощное энергетическое поле, которое сконцентрировано в полости матки, и сама кислая среда непрерывно снабжают клетки растущего организма энергией (свободными электронами), активизируют генетический аппарат клеток до предела. В результате начинается мощный биосинтез. Процесс биосинтеза требует энергии и кислорода. Расщепляющийся углекислый газ дает свободный кислород для дыхания и энергию. Все процессы не только предельно активизированы, но и сбалансированы между собой. Совокупность этих факторов способствует быстрому и мощному развитию плода.

**От двух месяцев до рождения.** Теперь будущий человек представляет собой не просто группу делящихся клеток, а сложный организм, в котором частности подчинены целому. Уже нет нужды в безудержном делении клеток, нужна целенаправленная, гармоничная работа по развитию целостного организма. Биосинтез сильно притормаживается, но еще достаточно силен. А тормозят его следующие факторы:

1. Раньше клетки были окружены кислой средой, а теперь плод плавает в амниотической жидкости, имеющей слабощелочную реакцию.

2. Кровь, которая окружает клетки тела, также далека от той кислой среды, которая была раньше.

3. Приток кислорода с кровью и ощелачивание межклеточной жидкости ухудшают процессы накопления и фиксации в них углекислого газа и азота. В итоге угнетается генетический аппарат клетки, тормозится биосинтез, в результате чего клетки перестают быстро делиться.

4. Централизованное поступление питательных веществ с кровью делает ненужным ферментативное расщепление их на поверхности мембран клеток. А внутри клетки атрофируется механизм по выработке белка и других веществ из растворенных в протоплазме клетки газов (углекислого и азота). Белок поступает из окружающей среды в виде аминокислот.

**От рождения до старости.** Природа весьма мудро поступила, свернув до минимума самостоятельную роль клеток, подчинив их работу единому контролю, который осуществляется с помощью нервной и эндокринной систем. Нервная система стимулирует клетки и управляет ими с помощью электрических импульсов. Так, от нервной клетки спинного мозга на периферию посылается в среднем до 50 импульсов в секунду. При этом в клетках увеличивается мембранный потенциал, что, в свою очередь, активизирует генетический аппарат клетки, который стимулирует биосинтез. В старости снижается количество посылаемых нервными клетками электрических импульсов, что приводит к угнетению биосинтеза.

### Оздоровительные рекомендации

Стройте свою оздоровительную программу так, чтобы нагружать главные функции организма. Не давайте им преждевременно ослабнуть.

Так как после прекращения роста организма в нем начинают незаметно скапливаться метаболические и другие шлаки, надо с 20—25 лет потихоньку выполнять очистительные процедуры, придерживаться постов. А после 30-летнего возраста должна быть выработана индивидуальная система очищения и необходимо проводить небольшие голодания от 1 до 8 суток. Двигательную активность не снижать. После 40-летнего возраста необходимо голодать до 7 суток и более.

# ОЧИЩЕНИЕ ОРГАНИЗМА — ПУТЬ К ОЗДОРОВЛЕНИЮ

## ОБЩЕЕ ОБ ОЧИЩЕНИИ

### ПЯТЬ ГЛАВНЫХ СОСТАВЛЯЮЩИХ ОЧИЩЕНИЯ ОРГАНИЗМА

Чтобы очистить организм, в первую очередь надо работать над собственным сознанием, стирая из него вредные черты характера. Одновременно с этим надо придерживаться такой последовательности очищения органов.

Ввиду того что полевая форма человека является основой его жизни и здоровья, любые нарушения в ней (в основном психические зажимы) резко сказываются на качестве здоровья человека. **Первоначально надо очищать полевую форму.**

**Внимание!** Основной источник загрязнения организма — это питание. От неправильного и неестественного питания в особенности страдает толстый кишечник. Именно в нем осуществляется наибольшее всасывание жидкости. Если в его полости идут гнилостные и бродильные процессы, то их токсическое содержимое поступает в кровь, а оттуда загрязняет и отравляет весь организм.

**Очищение толстого кишечника** — важнейшая очистительная процедура, позволяющая очищать не только весь организм в целом, но и полевую форму человека, ибо шлаки в жидкостных средах организма рассеивают, гасят жизненную энергию.

Человек на 60—70% состоит из жидкостных сред (кровь, лимфа, внеклеточная и внутриклеточная жидкости). Их тоже надо очистить, чтобы вывести токсическое содержимое. Без подобного **очищения и нормализации жидкостных сред организма** трудно ожидать оздоровительного эффекта.

Вся кровь от желудочно-кишечного тракта (со шлаками или без них) проходит через печень. За годы жизни человека «самотеком» она так засоряется, что перестает нормально работать и пропускать кровь. Возникает «портальная гипертония», приводящая к застою венозной крови и угасанию функций всех органов, в которых этот застой наблюдается. Надо обязательно **очищать печень**.

Следующим органом, который страдает от токсического и неестественного содержимого крови, являются почки. Надо очистить почки и укрепить.

Описанные **пять** составляющих процесса очищения являются **главными очистительными процедурами**.

Проведя такой цикл очищения, обратите внимание на те места в организме, с которыми необходимо еще поработать. Это можно сделать с помощью второстепенных очистительных процедур. Теперь вы можете приступать к таким мощнейшим очистительным средствам, как голодание, уриновое голодание, и добиваться великолепных результатов. Начинать голодание без очистительных процедур можно, но переносится оно в этом случае во много раз тяжелее.

### Дополнительные процедуры очищения

Эти процедуры являются **второстепенными очистительными процедурами**. Их проводят после основного цикла очищения, если есть необходимость дополнительной очистки организма.

1. Для современного человека весьма важна процедура очищения организма от простейших микроорганизмов — гноеродной инфекции.

2. Можно целенаправленно очищаться от отложения солей.

3. Важно очистить лобные и гайморовы пазухи от слизи.

4. Хорошо очищать организм через слюнные железы посредством сосания растительного масла.

5. Важно своевременно очищать организм от мертвых, старых и ослабленных клеток.

6. Желательно почистить капиллярное русло организма, что нормализует кровообращение во всем организме.

Существуют и другие второстепенные очистительные процедуры, но перечисленные — важнейшие из них.

## ОСОБЕННОСТИ ОЧИЩЕНИЯ ОРГАНИЗМА ПРИ РАЗЛИЧНЫХ ТИПАХ КОНСТИТУЦИЙ

У человека с выраженной конституцией «Слизи» в организме скапливаются и удерживаются шлаки слизистой природы. Располагаются они в основном в легких и полостях мозга. Таким людям необходимо отказаться от слизеобразующих продуктов и очищаться от шлаков с помощью паровых процедур и голодания.

У человека с выраженной конституцией «Желчи» от повышенной теплопродукции в печени образуется повышенное количество желчных шлаков, которые отравляют кровь и образуют высыпания на коже. Таким людям необходимо воздерживаться от острых, разогревающих блюд, не перегреваться, пить больше противовой воды, свежевыжатых соков и очищать печень.

Лица с выраженной конституцией «Ветра», у которых от обезвоживания и охлаждения образуются твердые шлаки в виде камней, полиартрита, песка, сгущений разного рода, должны изменить питание и образ жизни в целях насыщения тела водой и теплом. Для этого им необходимо как можно шире использовать теплые гидропроцедуры, пить в горячем виде отвары и без надобности не переохлаждаться.

Лицам с конституцией «Слизи» лучше делать клизмы с упаренной уриной и в малом количестве. Упаренная урина обезвоживает организм и положительно скажется на их здоровье. Лицам с конституцией «Желчи» не надо использовать кислые ингредиенты (лимон, яблочный уксус) и горячую воду. Для них хорошо подойдет теплая, свежая урина. Лицам с конституцией «Ветра» подойдут клизмы с кислыми ингредиентами, очень теплой водой. Нежелательны клизмы с сильно концентрированной уриной — это может перевозбудить жизненный принцип «Ветра».

**Порядок проведения очистительных процедур**

1. Очищение полевой формы жизни.

2. Смягчение организма — процедура, предшествующая очищению физического тела. Она заключается в том, чтобы «расшевелить» шлаки, залегшие в каждой клетке, «отквасить» накипь от слизистых оболочек и подвести все это к выделительным органам.

3. Очищение толстого кишечника одновременно с очищением жидкостных сред организма.

4. Посещение парной. Это необходимо делать после очищения толстого кишечника раза 2—3 в неделю.

5. Очищение печени. Если печень не больная, приступать к ее очищению (в среднем 4—7 раз) после очистки толстого кишечника. Если же больная, то чистить только весной.

6. Очищение почек. Проводить после очищения печени.

# ГЛАВНЫЕ ОЧИСТИТЕЛЬНЫЕ ПРОЦЕДУРЫ

## ОЧИЩЕНИЕ ПОЛЕВОЙ ФОРМЫ ЖИЗНИ

Любой психологический зажим, особенно страх, гнев, — это резкое повышение энергетики внутри полевой формы человека. Образуется «раковина», энергетика которой может во много раз превосходить энергетику полевой формы человека. Для того чтобы ее уничтожить, необходимо энергетику полевой формы человека поднять до уровня энергетики «раковины» (это один из главных методов). Когда энергетики станут равными, «раковина» уничтожается, но при этом мощные энергии, ее составляющие, высвобождаются и по телу пробегают судороги, обдает жаром, холодом и т. п. Эмоциональная составляющая «раковины» переживается заново. Человек как бы попадает в тот возрастной период, когда он получил этот психологический зажим, и переживает его заново. Освободившись от «раковины», человек совсем по-другому себя чувствует, становится более работоспособным и т. д. Через некоторое время незаметно проходит заболевание на физическом уровне.

## «СМЯГЧЕНИЕ ОРГАНИЗМА»

В ходе предварительной подготовки к любому виду физического очищения необходимо максимально «разжижать» коллоидные растворы, из которых состоят клетки организма и в которых происходит застревание шлаков, с целью вывести все лишнее в кровь, а с током крови — к выделительным органам.

Для разжижения и очищения коллоидных растворов используют различные прогревания: для общего прогрева организма — бани (парную), ванны; для локального — полуванны, припарки, грелки, пластыри, растирки. Эти же процедуры способствуют увеличению циркуляции жидкостных сред организма.

Принимают жидкости: дистиллированную воду, омагниченную дистиллированную воду, талую воду. Указанные виды воды благодаря своей чистоте, заряду и структуре прекрасно промывают организм, удаляют из него шлаки и нормализуют состав, свойства коллоидных растворов. Можно использовать отвары, настои, соки и т. д.

Главное, что вы должны почувствовать после данных процедур, — расслабление, прогрев и насыщенность водой организма. Обезвоженным, сухощавым людям больше подойдет горячая ванна, тучным — сухая сауна, а всем остальным — влажная парная. Длительность одной такой процедуры от 5 до 25 мин с обязательным заканчиванием ее кратким (5—10 с) прохладным или холодным душем (обливание). Таких процедур необходимо принять от 3 до 5 и более, в зависимости от степени загрязнения организма. Принимать одну процедуру в день или через день, в зависимости от индивидуальной переносимости.

Хорошо расслабляет, а значит «смягчает», тело использование масла. Так, топленое масло можно употреблять по 20 г утром, а в течение дня проделывать небольшой масляный массаж с топленым или оливковым маслом, затем смыть его под теплым душем без мыла. Но помните: лицам тучным, с жирной кожей и переизбытком слизи это не подходит. Им подойдет небольшой бег, прогревающий весь организм, усиливающий циркуляцию и отделение шлаков через кожу.

## ПРОЦЕДУРЫ, СИЛЬНОРАЗЖИЖАЮЩИЕ И КАМНЕДРОБЯЩИЕ ВЕЩЕСТВА

В особых случаях, когда затвердения приняли консистенцию тромбов, ксерогелей, камней и т. д., применяют сильноразжижающие, камнедробящие вещества и процедуры.

**К сильноразжижающим средствам** можно отнести жидкости, обладающие большой поверхностной активностью: спирт, водку, очищенный керосин. Урина — это наисильнейший и безопасный естественный растворитель. Она обладает сильным поверхностным натяжением. За счет этого свойства она не только смачивает, но и проникает внутрь вещества по микропорам. Это вызывает отбухание коллоидов с последующим их растворением.

Внутрь организма можно употреблять разнообразные специи, которые усиливают теплотворные, циркуляторные и разжижающие процессы в организме: черный перец, красный стручковый перец, корицу, гвоздику, имбирь.

**К камнедробящим средствам** относятся растения и вещества, обладающие сильным горьким вкусом и летучими свойствами (что выражается в охлаждающем эффекте). Для этой цели хорошо подходят: полынь, петрушка (все растение), пихтовое масло, хвоя.

Для выведения из организма раздробленного и растворенного камня используют мочегонные продукты — арбуз, мочегонный чай, потогонные продукты — потогонный чай, а также вещества, обладающие вяжущим вкусом и обволакивающим действием, — отвар хвои, овса.

## ОЧИЩЕНИЕ И ВОССТАНОВЛЕНИЕ ТОЛСТОГО КИШЕЧНИКА

Прежде всего необходимо **восстановить чистоту толстого кишечника** и нормализовать рН среды (слабокислую), что позволит ликвидировать главный очаг загрязнения организма — разгрузит системы очистки.

Кишечник загрязняется от неправильного сочетания пищевых продуктов, вареной и рафинированной пищи, неправильного приема жидкостей и неестественных напитков. Пища, вызывающая запоры и сильно закрепляющая: все виды мяса; шоколад, какао, сласти, белый сахар, коровье молоко, яйца, белый хлеб, пирожные и торты. Недопустимо потребление пищи больше того, чем необходимо для жизнеобеспечения организма.

**Восстановить перистальтику и кишечные стенки**, что позволит полноценно выполнять толстому кишечнику свои функции.

Перистальтика нарушается: от растягивания стенок кишечника каловыми камнями, образования «накипи», питания токсичными продуктами, недостатка необходимой естественной пищи, дефицита витамина А, волевого подавления позывов на стул, использования слабительных.

**Восстановить микрофлору толстого кишечника.** Дисбактериоз возникает от вареной, смешанной, рафинированной, лишенной пищевых волокон пищи. Употребление лекарств, особенно антибиотиков, угнетает и извращает нашу микрофлору.

**Очищение с помощью клизм.** После того как вы «смягчили» свой организм, проведя 3—5 процедур, необходимо переходить к очищению толстого кишечника с помощью клизм.

Наиболее широкое распространение получила методике очищения толстого кишечника по Уокеру. Она состоит в следующем. Берете 2 л теплой воды, добавляете в нее 1—2 ст. ложки лимонного сока или яблочного уксуса (для придания воде кислых свойств) и с помощью кружки Эсмарха вводите в толстый кишечник. Первую неделю делаете ежедневно, вторую — через день, третью — через 2 дня, четвертую — через 3 дня и в последующем — 1 раз в неделю. Уже через неделю появляется легкость в организме, блестят глаза.

Другая методика: за одну процедуру очищения делается 2—4 вливания по 2 л. Сделали первое вливание — выпустили воду; сразу же сделали второе вливание — выпустили воду; за ним — третье и т. д. Так, первые две клизмы идут как очистительные с теплой водой, которую слегка подсаливают или окрашивают марганцовкой в бледно-розовый цвет. Затем делают одну-две клизмы с теплой водой и лимонным соком или яблочным уксусом либо последнюю с каким-либо лечебным составом на основе трав и т. д. День отдыхают, а на следующий повторяют вновь. Всего на курс очищения нужно провести 5—8 процедур.

**Клизмы с уриной.** В основу всех очистительных методик с помощью клизм берется вода, которая механически вымывает содержимое толстой кишки, но «прикипевшим» к стенкам толстого кишечника каловым камням этого недостаточно. Обычно к воде добавляют лимонный сок (или раствор лимонной кислоты), яблочный уксус, слабый раствор марганцовки или другие антисептики и травы (ромашку, чистотел и т. д.). Эти вещества отчасти нормализуют кислую среду в толстом кишечнике, отрицательно влияя на нужную и ненужную микрофлору. Отчасти наблюдается неблагоприятное действие на слизистую оболочку. Например, чистотел ее здорово подсушивает. Возможна передозировка, например, с марганцовкой, можно сжечь слизистую толстого кишечника.

Чтобы этого не произошло, во-первых, необходимо использовать такое вещество, которое позволило бы отрывать «накипь», во-вторых, ингредиенты должны нормализовать pH внутренней среды, а также избирательно угнетать патогенную микрофлору, не затрагивая нужную, в-третьих, они должны не раздражать слизистую оболочку кишечника, а наоборот, восстанавливать ее.

Такое идеальное вещество имеется в природе, и более того, его вырабатывает сам организм — это собственная урина (моча) человека. Она идеально подходит абсолютно по всем параметрам. Свойства урины подробно изложены в разделе «Уринотерапия — мощный способ оздоровления».

Для клизм можно использовать как собственную урину, так и урину здоровых людей, особенно однополых детей. Но обязательно в теплом виде, так, чтобы ее температура была на 3—5 °C больше температуры тела. Урина, хранившаяся более суток, считается старой. Перед использованием ее необходимо прокипятить и использовать, остудив до 40 °C. Толстый кишечник «расслабляется» от теплого и спазмируется от холодного, поэтому в первом случае жидкость в него будет входить хорошо, а во втором — очень плохо и неполно.

**Клизмы с упаренной уриной.** Еще более эффективны клизмы из упаренной урины. Соберите урину от любых (обязательно здоровых) людей, срок давности не имеет значения. Собрав 2 л, налейте ее в эмалированную кастрюльку и без крышки кипятите до тех пор, пока не останется 500 г. Полученная жидкость — это упаренная до 1/4 первоначального объема урина («мочегон»). Остудите ее и в теплом виде сделайте клизму. Вы ощутите необычайную мощь этого состава.

**Внимание!** Эти микроклизмы противопоказаны для лиц с перевозбужденным жизненным принципом «Ветра» и беременным женщинам.

При сильном поражении слизистой оболочки толстого кишечника, например, при язвенном колите, упаренная урина вначале будет вызывать боль, как от ожога. Потерпите либо предварительно сделайте клизму с обычной уриной. Боль указывает на то, что все ненужное отторгается, пораженное место залечивается. Вскоре образуется новая, здоровая ткань, и вы ничего больше не почувствуете.

**Как ставить клизму.** Вам понадобится кружка Эсмарха. Наливаете 1—1,5 л урины в кружку, подвешиваете ее на высоту не более 1,5 м над уровнем пола. Наконечник с трубки смазываете маслом или вазелином. Пережимаете трубку, чтобы жидкость не вытекла (если есть краник, то закройте его). Примите коленно-локтевую позу, введите наконечник на глубину примерно 10 см. Далее отпустите пережим и постепенно выпускайте жидкость.

**Внимание!** Если толстый кишечник имеет патологические перетяжки или сильно забит каловыми камнями, то жидкость при быстром поступлении может выливаться обратно или распирать ту маленькую полость, которая имеется до закупорки, вызывая болевые ощущения. Чтобы этого не было, контролируйте вливание — вовремя пережимайте трубку пальцами. По мере прохождения жидкостью затора увеличивайте просвет. При этом дышите медленно, плавно, но глубоко — животом, выпячивая его на вдохе и подтягивая — на выдохе. Все это позволит вам избежать различных осложнений и неприятностей во время проведения самой процедуры. Когда толстый кишечник будет очищен, 2 л жидкости вливаются в него за 30—40 с легко и свободно.

После того как жидкость вошла, лягте на спину и приподнимите таз. Гораздо лучше, если вы выполните стойку на плечах («сарвангасану») или заведете ноги за голову («плуг»). В таком положении побудьте 30—60 с.

Можете дополнительно подтягивать живот. За счет этого жидкость через нисходящий отдел ободочной кишки проникает в поперечную. Далее потихоньку ложитесь на спину и переворачивайтесь на правый бок. Жидкость из поперечного отдела толстого кишечника попадает в труднодоступный восходящий отдел и далее в слепую кишку. Именно такая техника позволяет равноценно промывать весь толстый кишечник. (Соблюдайте эти правила, иначе вымоете и оздоровите только часть толстого кишечника, оставив патологию в самом ее начале — в слепой кишке.)

Затем спокойно полежите на спине или правом боку 5—15 мин, если не будет сильных позывов. Далее можете подняться и походить. Дождавшись позыва, идите в туалет. Но преимущество уриновых клизм в том, что жидкость держится внутри организма ровно столько, сколько нужно. Вначале позывы от клизмы бывают быстрее и сильнее, а далее — чем чище становится толстый кишечник, тем длительнее.

Клизму желательно ставить после опорожнения толстого кишечника, утром или вечером.

**Очистительный цикл с помощью клизм.** Ранее уже указывалось, что лучше всего вливать 2 л воды за раз, но после выпускания лучше повторить такое вливание еще 1—2 раза, а затем сделать клизму с уриной (1—1,5 л). Такая дозировка нужна потому, что первые 2—4 л слегка подсоленной или подкисленной лимонным соком (яблочным уксусом) воды вымоют грязь лишь из половины толстого кишечника, абсолютно не затрагивая его восходящего отдела. И только 3—4-я клизмы с уриной смогут полноценно заполнить всю полость толстого кишечника и провести в нем целительную работу.

**Схема одной очистительной процедуры** выглядит так. Вливаете 2 л подкисленной воды, выпускаете ее и смотрите на результат — если вода сильно загрязнена, повторяете вливание и снова смотрите. Если вода сильно загрязнена, повторяете вновь, если нет, — делаете уриновую клизму.

Следующую процедуру повторяете через 1 день. Так поступаете 5—8 раз. На этом цикл очистки закончен. Подобный очистительный цикл надо проводить 2 раза в году — ранней весной и в начале осени (толстый кишечник осенью биоритмологически активен).

После описанного цикла очищения, примерно через неделю, для лучшей проработки вы можете выполнить цикл очищения с помощью упаренной урины. Либо применить его как самостоятельный очистительный цикл.

**С упаренной уриной** очистительный цикл выглядит так. Начинайте со 100 мл (для введения урины используете обыкновенную резиновую клизму) и через день увеличивайте дозу еще на 50—100 мл. Так дойдете до 300— 500 мл за раз, сделайте 2—4 такие клизмы, а затем через день начинайте уменьшать дозу на 50—100 мл, пока не дойдете до прежних 100 мл. Далее можете делать 100—150-миллилитровую микроклизмочку 1 раз в 1—2 недели. Повторите этот цикл, так же как и предыдущий, в те же сроки.

Если появятся осложнения, то дозировку не увеличивайте, а сделайте несколько клизм с той же дозировкой, а затем начните уменьшение. В следующем цикле у вас все будет нормально.

**Специальные микроклизмы.** Теперь поговорим об интересном и весьма нужном виде клизм, которые рекомендуют Аюрведа, «Чжуд-ши». Автор опробовал их на себе, сделали их и другие люди и остались очень довольны. Особенно рекомендуются эти клизмы тем, у кого организм плохо держит воду (склонен к обезвоживанию), плохая естественная выработка тепла (постоянно мерзнут руки и ноги), имеется склонность к насильственному стулу и запорам (т. е. лицам, у которых перевозбужден жизненный принцип «Ветра» или индивидуальная конституция «Ветра»). Наиболее эффективны для них клизмы в холодное, сухое время года, которое способствует обострению всех вышеперечисленных симптомов.

Выполняются микроклизмочки следующим образом. Берут 100 мл обычного молока и в него кладут 20 г топленого сливочного масла. Все подогревают, чтобы масло растопилось. В теплом виде посредством резиновой груши вводят внутрь толстого кишечника. Далее надо полежать. Как правило, организм сам держит жидкость столько, сколько ему нужно. Проделывать эту процедуру рекомендуется на заходе солнца. Как правило, после 2—3 таких микроклизмочек естественно выращивается нормальная молочно-кислая микрофлора.

Вы можете опробовать несколько разновидностей подобных микроклизм и подобрать для себя наилучшую.

**1-й состав:** молоко (100 мл), топленое масло (20 г) — от запоров, овечьего кала, газообразования, иссушения и обезвоживания организма.

**2-й состав:** основа, как у первого (молоко и топленое масло) плюс щепотка имбиря или перца (черного, красного). Этот состав дополнительно подавляет слизь в организме и повышает теплотворные способности. Поэтому его можно рекомендовать полным, флегматичным людям.

**3-й состав:** основа, как у первого, плюс 1/2 ч. ложки поваренной соли. Это усилит действие первого состава.

**4-й состав:** основа, как у первого, плюс 1/2 или 1 ст. ложка насыщенного отвара полыни или 1/2 ч. ложки чеснока. Это весьма помогает при желчных расстройствах.

В качестве заменителя молока или его разбавителя (50 : 50) можно использовать отвар мяса (особенно баранины) или костный бульон. Все эти части по-своему воздействуют на организм: смягчают, уменьшают слизь или желчь.

**Очищение толстого кишечника с помощью голодания.** Голодание раз в неделю в течение 24—36 ч позволяет организму добыть дополнительную энергию, которая раньше тратилась на переработку и усвоение пищи, теперь же используется на другие нужды организма. За это время каловые камни несколько «отквашиваются» от кишечной стенки. Первая еда после этого воздержания — свежий салат из моркови и капусты без приправ и масла — служит своеобразным веником, который сдирает и выводит вон «накипь».

**Восстановление клеток и нервов толстого кишечника.** Толстый кишечник не может развиваться и действовать нормально, если человек будет питаться в основном только вареной или обработанной пищей. Если вы чувствуете себя плохо, то первым долгом следует провести очищение толстого кишечника. После этого свежие овощные соки эффективнее произведут процесс восстановления утраченных организмом функций.

Моторика толстого кишечника нормализуется и улучшается от включения в питание достаточного количества продуктов, богатых пищевыми волокнами: овощей и фруктов, цельных круп. Эта пища оказывает к тому же послабляющее влияние, так как она создает большую массу в толстом кишечнике, что усиливает его двигательную функцию. Клетчатка сильно адсорбирует желчь, которая раздражающе влияет на стенки толстого кишечника и стимулирует этим моторику, что также способствует нормальному опорожнению.

Из фруктов особенно сильно действуют на перистальтику инжир, сливы, виноград, сухофрукты. В кишечнике они сильно набухают, увеличиваются в объеме и массе.

Сильным послабляющим действием из овощей обладают морковь, свекла и салаты из свежей капусты. В белокочанной капусте много клетчатки, она полезна при запорах. Но при колитах она не рекомендуется, так как это грубая клетчатка.

Кроме указанных особо «сильных» продуктов в этом отношении прекрасны и другие: арбузы, дыни, мед, растительное масло, черный хлеб, хлеб из проросшего зерна.

Очень полезен прием свежевыжатых овощных и фруктовых соков — 300—500 мл.

Проросшая пшеница, хлеб и суп из нее здорово облегчают стул и регулирующе действуют на весь желудочно-кишечный тракт.

Если употреблять большое количество овощей и фруктов, возможны вздутие живота, образование и отхождение газов, что указывает на перевозбуждение жизненного принципа «Ветра». В этом случае овощи следует употреблять только в тушеном и теплом виде, сократить употребление фруктов.

Наиболее газообразующими (увеличивающими жизненный принцип «Ветра») являются горох, фасоль, лук, капуста, свекла. Употребляйте их в тушеном и теплом виде. Тушите до полуготовности, т. е. чтобы овощи были теплыми и немного хрустели на зубах, а не были бы мягкой массой.

Образование газов в кишечнике частично объясняется и тем, что жизненно активные элементы, входящие в состав овощей и фруктов, особенно сера и хлор, разлагают накопившиеся в кишечнике продукты гниения, «накипь». Особенно ценен в этом отношении сок сырой капусты с высоким содержанием серы и хлора, очищающими слизистую оболочку желудка и кишечника.

Приучать себя к употреблению сырого сока капусты надо постепенно. Сначала выпивайте его пополам с морковным. Затем постепенно уменьшайте долю морковного сока.

При выраженном вздутии живота применяйте все доступные мероприятия по угнетению жизненного принципа «Ветра»: горячие ванны, смазывание тела оливковым маслом, молочно-масляные микроклизмы и питание, угнетающее «Ветер». Можно применять ветрогонные смеси — настои из цветков ромашки и семян укропа.

## Восстановление нормальной микрофлоры в толстом кишечнике

Сразу следует оговориться, что нужная микрофлора в толстом кишечнике никогда не может быть выращена, если человек регулярно употребляет продукты, содержащие термофильные дрожжи. Эти дрожжи нарушают полезную микрофлору. Надо полностью отказаться от термофильного хлеба и изделий, содержащих их. Замените этот хлеб на каши либо пеките сами (по Аракеляну либо Караваеву), без дрожжей.

Восстановить нормальную микрофлору толстого кишечника помогут очищение и нормализация pH среды в толстом кишечнике.

Необходимо изменить питание, больше употреблять свежеприготовленных овощных соков, салатов, цельных круп, пророщенных зерен, орехов. Включение ягод и дикорастущих съедобных трав в рацион послужит исходным сырьем для развития нормальной микрофлоры.

Микрофлора толстого кишечника изменяется в зависимости от питания: один вид микробов может вытеснить другой. У человека полезная кишечная микрофлора правильно развивается только на сырой растительной и цельной пище. Такая микрофлора позволяет переваривать 50% пищевых волокон и добывать из них дополнительное питание, к тому же растительные волокна обеспечивают в толстом кишечнике антитоксичность.

Вареная, рафинированная, неправильно сочетаемая, богатая белками и сахарами пища позволяет «культивировать» патогенную микрофлору, которая не дает нормально функционировать и восстанавливаться толстому кишечнику.

И если свежие фрукты, ягоды и овощи являются основными источниками органических кислот, которые способствуют поддержанию нужной (слабокислой) pH среды во всем пищеварительном тракте, то вареные продукты, белки и сахар, наоборот, сдвигают pH среды в щелочную сторону, благоприятную для брожения и гниения.

Восстановить микрофлору помогает голодание с последующим правильным питанием. Это один из кратчайших путей изменения микрофлоры с патологической на нормальную.

Можно использовать различные кисломолочные продукты, которые содержат необходимую микрофлору.

Если строго придерживаться нужного режима питания, то изменение микрофлоры произойдет быстро, за 1—2 месяца. Если же не строго, то улучшения может вообще не произойти, особенно если не чистить организм.

## ОЧИЩЕНИЕ ЖИДКОСТНЫХ СРЕД ОРГАНИЗМА

После того как вы очистили свою полевую форму, толстый кишечник и готовитесь к чистке печени, следует провести очищение жидкостных сред организма.

Организм человека состоит на 60—70% из воды, которая постоянно загрязняется из-за нашего невежества в вопросах питания, образа жизни, потакания чувственным удовольствиям и многому другому. В результате жидкостные среды организма утрачивают способность обеспечивать нормальное протекание жизненных процессов — человек слабеет, организм стареет. Кроме того, сдвигается нормальная среда организма в гнилостную сторону, что способствует развитию всевозможных гноеродных микроорганизмов. Иммунная защита организма не может работать в подобных условиях, и человек становится легко уязвимым для самой разнообразной патологии: аллергии всех видов, простуд, инфекций, общего ослабления организма.

Приступая к самооздоровлению, надо обязательно очистить жидкостные среды организма. Для этой цели, с одной стороны, надо подать в организм биологически активную и чистую жидкость, а с другой — удалить токсичную, старую.

Первый этап — подача чистой, активной жидкости — поможет осуществить сокотерапия. Второй этап — удаление токсичной жидкости — поможет осуществить парная. Применяя эти два оздоровительных средства, за 1—1,5 месяца можно очистить собственные жидкостные среды и почувствовать себя обновленным.

**Очищение с помощью соков.** Свежевыжатые соки овощей и фруктов обладают потрясающей очистительной и восстановительной силой, содержат естественную структурированную воду, красящие вещества, внутренний заряд, эфирные маслá, органические кислоты, щелочи, витамины, микроэлементы, фитонциды и т. д. При наличии электросоковыжималки их легко приготовить.

Сокотерапия является мощным фактором в очищении и оздоровлении нашего организма. Применять ее необходимо (в соответствующие сезоны года) с максимальной пользой для себя.

**Практические рекомендации**

При использовании сокотерапии необходимо знать следующее:

1. Употреблять свежеприготовленные соки надо сразу. В противном случае они быстро (за 1—2 мин) окисляются от воздуха, рассеянного света и теряют свою активность. Такой сок для очищения организма малоэффективен.

2. Фруктовые соки в большей степени очищают организм. Фрукты должны быть спелыми.

3. Овощные соки помимо очистительной функции благодаря наличию в них аминокислот, минеральных солей, энзимов, витаминов — прекрасное, восстанавливающее организм средство. Овощи также должны быть спелыми.

4. Употреблять соки фруктов и овощей, а также их смеси необходимо за несколько минут до еды. Они быстро проходят желудок и усваиваются в кишечнике за 15—20 мин.

5. После приема соков у многих может наблюдаться определенная реакция организма: беспокойство, расстройство

желудка. Все это естественно и указывает на очистительный процесс.

6. Пить за один прием надо столько, сколько пьется с удовольствием, без принуждения. В течение дня необходимо для получения заметных результатов пить не менее 600 мл, но предпочтительно употреблять от 1 до 4 л.

Посчитайте: за день можно обновить 0,5—1 л жидкостных сред организма. Если посещаете парную, то 1—2 л и более. Жидкости в организме при общей массе тела 60—70 кг содержится около 40—50 л. Если вы пьете только по 0,5 л, на обновление понадобится 80—100 дней. Причем это не гарантирует хорошего удаления старой, токсичной, жидкости. А вот посещая парную и теряя до 2—3 л токсичной жидкости с последующим восполнением ее свежим соком, вы можете быстро и качественно очиститься.

Более подробно об эффективности сокотерапии написано в главе «Здоровое питание».

**Очищение с помощью парной.** Правильно вести расшлаковку организма через кожные покровы можно в двух направлениях.

### Практические рекомендации

1. Принимать обычные водные и банные процедуры. Повышенная температура позволит доокислить шлаки до конечных, легкоудаляемых продуктов обмена, растворить труднорастворимые в крови и тканях, смягчить организм, напитать его влагой. Повышенное кровообращение во время данных процедур позволит быстро удалить растворенные шлаки через кожу или другие выделительные органы.

2. Использовать контрастные водные процедуры, которые усиливают циркуляцию крови от кожи к внутренним органам и наоборот, вымывая шлаки.

Лучше всего комбинировать эти две процедуры: хорошенько распариться, а потом окатить себя прохладной или холодной водой. Так поступать 2—4 раза и более. Увеличивать число процедур надо постепенно.

Для лучшего потоотделения можно принять любое потогонное средство естественного происхождения. В качестве примера приведу простой рецепт: корень солодки — 40 частей, липовый цвет — 60. 1 ст. ложку сбора на 1 стакан кипятка. Выпиваете стакан потогонного средства и идете в парную.

После того как организм потерял значительное количество зашлакованной жидкости, необходимо восполнить ее жидкостью чистой, структурированной, насыщенной органическими минеральными элементами, витаминами и т. д. Для этой цели используйте свежевыжатые соки или протиевую воду.

**Внимание!** Парная процедура открывает поры кожи и способствует обильному потоотделению и удалению шлаков через кожу. При этом сильно разгружается работа почек. Теплые и горячие ванны, сильно прогревая организм, затрудняют потоотделение и гонят воду и шлаки через почки. Если они у вас больны, — принимайте парную; если больная кожа, — применяйте ванны.

## ОЧИЩЕНИЕ ПЕЧЕНИ

Весь секрет и эффективность очищения печени заключаются в *предварительной подготовке* — «смягчении» организма. «Смягчение» в виде водных тепловых процедур надо выполнить минимум 3—4 раза. Каждую тепловую процедуру заканчивайте кратким воздействием прохладной воды. Последнюю смягчающую процедуру надо сделать за день перед очищением печени.

Если вы за 3—4 дня до очищения будете питаться в основном растительной пищей и употреблять большое количество свежевыжатого сока (1 свекла и 4—5 яблок, желательно кисловатых) и делать очистительные клизмы (с уриной) 1 раз в день, — ваша предварительная подготовка будет идеальной.

**Комбинированное очищение.** Смысл этой методики заключается в последовательном применении следующих факторов: бега, жидкостей, обладающих малым поверхностным натяжением и растворяющими свойствами, бани и как дополнительного фактора — пищевого воздержания или соковой разгрузки в течение 36 ч.

Механизм очищающего действия этой процедуры таков: при регулярном, ежедневном беге за счет инерционных усилий камешки в желчных проходах и желчном пузыре потихоньку дробятся. Регулярный прием в течение этого времени соков или урины (соков не менее 0,5 л в день) способствует растворению желчи. Сочетание «взбалтывания» от бега и воздействия соков усиливает дробление камешков в штыбе. Всю неделю вы пьете соки, не менее 0,5 л в день, и бегаете 30—60 мин.

В конце недели проводите пищевое воздержание в течение 36 ч (кто не может, принимает только указанные соки), во время которого пьете омагниченную воду или всю дневную урину, при этом бегаете 30—60 мин.

На следующий день, утром, вы совершаете пробежку и идете в баню. Хорошенько пропариваетесь (но главное — не переусердствовать). Вернувшись из бани, вы первым делом выпиваете от 0,5 до 0,7 л свежеприготовленного сока (100 мл свекольного, остальное яблочный). А затем едите как обычно: салат или тушеные овощи, кашу и т. п.

После пищевого воздержания, бега и бани пищеварение сильно активизируется, печеночные протоки будут расширены. Выпитый сок сразу же всосется и поступит с током крови в печень, промывающе воздействуя на нее. Все то, что ранее раздробилось, рассосалось, теперь легко вымоется в 12-перстную кишку, что вызовет послабление. В жидком стуле вы увидите твердые камешки типа мелких голышей или подсолнечных семечек.

Так продолжайте действовать (пить соки, бегать, ходить в баню) в течение 3—6 недель. Если у вас имелись боли с правой стороны под лопаткой, — пройдут. Прекращение этих болей укажет на очищение желчного пузыря. Через год, в апреле—мае, можете повторить подобную чистку.

**Мягкое очищение.** Возьмите 3 свежие свеклы средних размеров. Помойте хорошенько, порежьте на мелкие кубики, сложите в 3-литровую банку. В банку добавьте 2 ст. ложки белой муки, 500 г сахара. Закройте банку капроновой крышкой и поставьте в темное место, при комнатной температуре, на двое суток. Дважды в день перемешивайте содержимое банки.

Затем в эту массу добавьте 700 г изюма без косточек и хвостиков, 4 стакана сахара, 1/2 стакана воды и поставьте на 7 суток бродить, перемешивая 1 раз в сутки. Далее процедите, и вы получите 1 л свекольного кваса. На курс очищения необходимо 3 л свекольного кваса.

Принимать по 1 ст. ложке 3 раза в день за 1/2 ч до еды. Так поступаете, пока не выпьете 3 л. Перерыв 3 месяца, и вновь повторить очистительный курс.

Компоненты, входящие в свекольный квас, способствуют нормализации перевозбужденного жизненного принципа «Желчи», который вызывает разнообразные печеночные и пищеварительные расстройства.

**Классическое очищение.** Чистку по этому методу надо делать перед полнолунием — 10—13-й дни лунного цикла. Перед чисткой вы должны быть свежи и спокойны. Утром, после туалета, поставьте клизму. Легко позавтракайте, предварительно выпив сок. Так же легко пообедайте и через 1—2 ч начинайте прогревать область печени, приложив грелку с горячей водой (или электрогрелку). Ходите с ней весь остаток дня до очистительной процедуры.

Примерно в 7—8 ч вечера начинайте саму процедуру очищения печени. Предварительно подогрейте масло и раствор лимонной кислоты до 30—35 °C. Дозу подберите исходя из собственного веса и переносимости масла организмом.

Перед вами 2 стакана, один с маслом, другой с соком. Вы делаете 1—2 глотка масла и запиваете столькими же глотками сока. Через 15—20 мин, если нет тошноты, повторяете. И так несколько раз, пока не выпьете все масло и сок. Спокойно садитесь, посмотрите телевизор или почитайте книгу.

Если вы плохо переносите масло и вас начинает тошнить после первого приема, необходимо подождать, пока неприятные ощущения не исчезнут, потом повторить прием. Если тошнота не проходит, ограничьтесь выпитым количеством. Грелку можете снять, а можете продолжать держать.

После того как масло и сок выпиты (количество выпитого масла и сока колеблется от 100 до 300 мл), можно выполнить ряд мероприятий, которые усилят эффект. Примерно через 1—1,5 ч после приема ингредиентов сядьте в удобную позу (лучше на пятки), заткните левую ноздрю ваткой и дышите через правую. На язык положите немного жгучего перца, а на область печени — аппликатор Кузнецова, но с металлическими иглами. Все это будет способствовать возбуждению, выработке энергии и теплоты с направлением ее в область печени.

Дополнительно представьте, что на выдохе вы направляете огненную струю в область печени. Дышите при этом медленно, плавно (4—6 раз в мин), сильно работая диафрагмой. Выпячивайте живот на вдохе и поджимайте его повыше на выдохе. Этим вы обеспечите прекрасный массаж печени, увеличите в ней кровообращение и промоете от шлаков и сгустков. Дышите так в течение 15—30 мин, отдохните 1 ч и повторите. В промежутки отдыха положите на область печени магнитный аппликатор или простой магнит.

**Магнитотерапия** является важным фактором, усиливающим капиллярное кровообращение. Особенно важно улучшить кровообращение в печени, в которой имеется уникальная венозная капиллярная система. Кроме того, магнитное поле активизирует ферменты, которым в очистительной процедуре отводится немаловажная роль.

Все это вместе взятое — теплота, активность ферментов, усиленный кровоток, увеличение зарядов красных кровяных телец, мощная подача свободных электронов (активаторов ферментов) с аппликатора — позволит вам раздробить, расплавить, промыть и выгнать вон весь мусор и камни.

Никакая другая очистительная процедура не влияет так могуче, как вышеописанная. Примерно с 23 до 3 ч ночи (бывает и под утро), когда биоритм печени и желчного пузыря максимален, начинается извержение камней и нечистот, что выражается в прослаблении.

Обычно утром еще раз прослабляет, и может выйти еще большее количество камешков и мазутообразной желчи. Дополнительно сделайте очистительную клизму. Немного отдохните и можете поесть. Первая еда желательно должна состоять из 0,5 л сока (морковного;

свекольно-яблочного в соотношении 1 : 5). Сок дополнительно промоет вашу печень. Только после этого можете есть салаты, кашу на воде и вступать в обычную жизнь.

**Дополнительные рекомендации**

Как показала практика, мужчинам и женщинам с массой тела до 60—65 кг, а также людям с индивидуальной переносимостью масла для первой чистки печени достаточно 150—200 мл масла, чтобы не было рвоты. В последующих чистках можно увеличить дозу до 300 мл, а можно оставить такой же, и этого будет достаточно.

Как правило, во время чистки с помощью масла и лимонного сока никаких болей не ощущается. Болевые ощущения возможны только в некоторых случаях, когда происходит сильное опорожнение. Если же у вас по какой-то причине возникли страх, беспокойство или нервозность и вы чувствуете себя «зажатыми», скованными, выпейте 2 таблетки но-шпы и успокойтесь, чтобы страх не вызвал спазм сосудов и желчных протоков.

Не делайте чистку печени после тяжелой работы, после длительных голоданий. Отдохните 3—5 дней, наберитесь сил.

**Количество чисток.** Первая чистка наиболее трудная, организм затрачивает много сил. Бывает, что в первый раз выходит очень много старой желчи, плесени, белесоватые нити, а камешков почти нет. Это не значит, что чистка прошла неудачно. Все в норме, просто печень очень сильно забита, камни пойдут в следующие разы.

Вторую и последующие чистки делайте по самочувствию, они будут гораздо легче. Например, я делал три первые чистки с интервалом в три недели, четвертую — через месяц, пятую — через два. На следующий год сделал еще две и затем на другой год — уже одну. Всего я сделал около 9—12 чисток печени.

Рекомендую в течение месяца сделать первые 3—4 чистки. Печень состоит из четырех долей. За одну чистку полноценно успевает прочиститься только одна доля.

Помните: чем быстрее избавитесь от грязи в печени, тем скорее нормализуются пищеварение, кровообращение и обмен веществ! И чиститься надо до тех пор, пока никаких сгустков выходить не будет.

## Питание после очищения печени

Начинать есть после чисток надо тогда, когда появится аппетит. Выпить свежевыжатый морковный или яблочный сок со свекольным. Яблоки желательно кисловатого вкуса, тогда со свекольным получится очень хорошая на вкус смесь.

Вообще свекольный сок — уникальный продукт, минеральные вещества в нем находятся преимущественно в щелочных соединениях. При исследовании действия свекольного, морковного и капустного соков выяснилось, что наиболее эффективно желчь выделяется именно от свекольного сока.

После сока можно съесть салат из свежей зелени, чуть подкисленный или подсоленный, желательно чем-либо натуральным: лимонным соком, клюквой, морской капустой. Затем кашу, сваренную на воде, с добавлением небольшого количества масла, морской капусты. Так можно пообедать и поужинать, а на следующий день питание можно сделать более разнообразным.

Теперь можно перейти к правильному питанию, чтобы печень укреплялась. Необходимо знать, какие продукты особенно вредны для печени, и исключить их из своего рациона питания.

К таким продуктам относятся: жареное мясо и рыба, крепкие мясные бульоны, рыбные навары, консервы, копчености, жирные закуски (особенно холодные) и подвергшиеся действию высокой температуры. Пища, богатая крахмалами, особенно белая мука, сдоба, забивает ткань печени и делает ее твердой. Трудно переносятся бобовые и грибы.

**Запрещаются:** уксус, перец, горчица, маринады, репа, редис, редька, лук, чеснок, щавель, шпинат, крепкий кофе и какао, алкоголь. Острые блюда и продукты с острым вкусом отрицательно влияют на оздоровление печени.

Древние целители подметили, что вкусовые ощущения стимулируют разнообразные энергии в организме, а уже с их помощью происходит стимуляция функций органов. Так, кислый вкус стимулирует функцию печени и желчного пузыря. Косвенно стимулирует печень слабосоленый вкус. Угнетает — терпкий и острый вкус. Продукты с острым и терпким вкусом оказывают повреждающее влияние помимо печени на слизистую оболочку желудка и 12-перстной кишки.

Для улучшения функции печени надо включать в свой рацион продукты с естественным кислым и соленым вкусом и избегать продуктов с терпким и острым. Если вы перестимулировали печень указанными вкусами, она просигнализирует об этом появлением кислого вкуса на языке. В этом случае уменьшите потребление продуктов с кислым и соленым вкусами и чуть увеличьте — с терпким и острым. Необходимо добиться гармонии в этом отношении — исчезновения каких-либо вкусовых ощущений в промежутках между едой.

## Питание при заболеваниях печени

При заболевании печени и желчных путей нарушается всасывание минеральных веществ и усиливается их выведение из организма. Натуральных минеральных веществ очень много в соках, причем в легкоусвояемой форме, а также в овощах и фруктах.

Бессолевая диета снижает образование и выведение ферментов в желудочно-кишечный тракт из печени и желчных протоков и тем самым создает покой больным органам.

Составляя диету при заболеваниях печени, наибольшее предпочтение следует отдать свежим овощам и фруктам. Особенно возбуждают секрецию желчи свекла, морковь, кабачки, томаты, цветная капуста, виноград, арбузы, клубника, яблоки, чернослив. Включение зерен проросшей пшеницы ускоряет исцеление печени. На основе проросших зерен пшеницы готовится смесь: 100 г проросших зерен пшеницы перемолоть на мясорубке и добавить в эту массу перемолотую свеклу — 100 г, морковь — 100 г, сушеные абрикосы — 100 г, клюкву — 50 г (или сок одного лимона), немного меда, с тем чтобы вкус смеси получился с кислинкой — приятный на вкус. Эту смесь употреблять вместо каш или через день. Раз — каша, раз — смесь. Соотношение компонентов в смеси может быть разное, но 100 г проросшей пшеницы обязательны.

Сливочное и растительное масло добавлять только в готовые блюда, а не в процессе кулинарной обработки.

Наиболее рациональным является 4—5-разовое питание, маленькими порциями. Более редкий прием способствует накоплению жира, застою желчи, развитию дискинезии желчных путей и их воспалению.

Ваша еда — свежевыжатые соки, салаты, каши и смесь. Все это постарайтесь разнообразить: овощи слегка тушить, есть помимо каш орехи, картофель, творог.

Рекомендую больным с заболеваниями печени употреблять свежевыжатые соки в количестве до 2 л в день. Они улучшают кровообращение в печени и функциональное состояние клеток печени; увеличивают транспорт глюкозы к тканям, нормализуют обмен веществ.

При пониженной секреции желудка свежевыжатый сок принимается за 15—20 мин до еды; при повышенной — за 1—1,5 ч до еды; при нормальной кислотности желудочного сока — за 30—45 мин.

Можно использовать желчегонные средства: бессмертник, кукурузные рыльца, перечную мяту, зверобой, пижму, корень одуванчика, шиповник.

*Рецепт отвара*: бессмертник, кукурузные рыльца, зверобой — 1 ст. ложка сухих трав на 1 стакан воды. Употреблять по 100 мл 2—3 раза в день до еды.

## ОЧИЩЕНИЕ ПОЧЕК

Для очищения и оздоровления почек лучше всего следовать следующим рекомендациям:

1. Устранить причины, ведущие к образованию камней.

Для этого надо изменить питание и образ жизни, чтобы нормализовать обмен веществ.

2. Применять средства для раздробления (рассасывания) камней, превращая их в песок.

Выбираете любое средство: сок пижмы, черной редьки, сок лимона, пихтовое масло, корни марены или шиповника, свежевыжатые овощные соки, собственную урину.

3. Произвести срыв раздробленных камней (песка) и мягко, постепенно их изгнать.

Одновременно с выполнением пункта 2 начинаете усиленно применять мочегонные средства: пить собственную урину (мочу), чай с лимоном, чай из виноградных листьев или хвоща либо есть арбузы. Почувствовав, что начинается отход раздробленных камней (песка), примите теплую ванну для лучшего и безболезненного их отхождения.

А теперь познакомимся на практике, как это делается и сколько механизмов задействовано в каждой чистке.

**Очищение с помощью арбуза.** Подобная очистка производится летом, в арбузный сезон. Для этого следует запастись арбузами и черным хлебом — это пища, которую вы будете употреблять в течение недели. Хотите есть — арбуз, хотите пить — арбуз, очень хочется есть — арбуз с хлебом. Во время чистки желательно присутствие домочадцев. Когда начинается отход песка, камешков, может возникнуть сердечная слабость. Приготовьте корвалол, валидол, нашатырный спирт.

Наиболее подходящее время выведения камешков из почек и мочевого пузыря — от 17 до 21 ч, когда проявляется биоритм мочевого пузыря и почек. В это время надо принять теплую ванну и усиленно есть арбуз. Теплота расширяет мочевыводящие пути, снимает боли и спазмы (особенно когда будут проходить камешки), арбуз вызовет усиленное мочеотделение — промывание, а биоритм даст необходимую силу для срыва и изгнания песка и камней.

Эту чистку можно проводить 2—3 недели до получения удовлетворительного результата.

**Очищение с помощью отвара корней шиповника.** Для растворения или расщепления до песчинок любых камней в организме применяют отвар корней шиповника.

*Приготовление отвара.* 2 ст. ложки изрезанных корней залить 1 стаканом воды. Кипятить 15 мин, остудить. Процедить. Принимать по 1/3 стакана 3 раза в теплом виде в течение 1—2 недель. Отвар плодов шиповника также используют при заболеваниях почек и мочевого пузыря. При этом отвар должен быть темного цвета, что указывает на большое количество растительных пигментов.

**Очищение с помощью соков овощей.** Доктор Уокер, родоначальник современной соковой терапии, рекомендует свой метод, в котором задействованы растительные пигменты и эфирные масла́.

По его утверждению, неорганические вещества (главным образом кальций), находящиеся в хлебе и других концентрированных крахмалистых продуктах, образуют зернистые образования в почках. Для очищения и оздоровления почек он рекомендует следующий сок: морковь — 10 частей, свекла — 3, огурец — 3 или же другой вариант: морковь — 9, сельдерей — 5, петрушка — 2.

Немного о соке петрушки. Этот сок — отличное средство при заболеваниях мочеполового тракта и очень помогает (благодаря наличию специфического горько-прохладного вкуса) при камнях в почках и мочевом пузыре, нефрите, когда белок в моче, а также при других заболеваниях почек. Применяется сок как зелени, так и корней. Это один из самых сильнодействующих соков, поэтому его не следует употреблять отдельно в чистом виде более 30—60 мл.

**Очищение с помощью пихтового масла.** Это, возможно, самый простой и эффективный метод очистки почек. Суть его в следующем.

В зависимости от сезона года вы применяете в течение недели мочегонные средства. Зимой и поздней осенью — сбор мочегонных трав: душица, шалфей, мелисса, спорыш, зверобой (зверобой можно заменить на шиповник, плоды либо корни). Можно использовать другой сбор, все зависит от региона и т. д.

Измельчив травы до размеров чаинок, смешать в равных частях (либо по весу — по 30 г). Залить кипятком. Настоять до темного цвета. Принимать в теплом виде с 1 ст. ложкой меда по 100—150 мл до еды.

В конце лета используйте арбузы, весной и летом — свежевыжатые соки. Если же вообще ничего нет, используйте свою собственную урину. Благодаря такой смене мочегонных и растворяющих средств вы будете действовать на весь спектр почечных камней.

После недели такой предварительной подготовки вы в мочегонный настой (сок) добавляете 5 капель пихтового масла и выпиваете все это за 30 мин до еды. Желательно масло хорошенько размешать и выпить через соломинку, чтобы предотвратить разрушение зубов. Так и применяйте пихтовое масло 3 раза в день до еды в течение 5 дней. Результаты очистки начинают появляться на 3—4-й день в виде незначительно помутневшей мочи. Позже могут выйти и камешки. Через 2 недели это можно повторить, и так до получения желаемого результата.

# ВТОРОСТЕПЕННЫЕ ОЧИСТИТЕЛЬНЫЕ ПРОЦЕДУРЫ

## ОЧИЩЕНИЕ ОТ ПРОСТЕЙШИХ МИКРООРГАНИЗМОВ

Еще совсем недавно к борьбе с простейшими микроорганизмами, населяющими организм человека, медицина относилась несерьезно. Однако последние исследования показали огромную важность этого вопроса. Грубо говоря, население земного шара на 90 % поражено микроорганизмами, которые медленно, но верно разрушают организм человека, приводя его к наиболее опасным заболеваниям. Как показала практика, организм большинства людей заражен гноеродной инфекцией из-за неправильного питания, образа жизни.

### Виды микроорганизмов и их воздействие на человека

В основном это токсоплазма, хламидия, трихомонада, гонококк, дрожжевые грибки, вирусы, микоплазмы, уреаплазмы, гарднереллы и т. д. Разберем один из видов микроорганизмов подробнее.

**Токсоплазма** — простейший микроорганизм, относящийся к классу жгутиковых.

Из мест внедрения в организм токсоплазмы проникают в кровь, а затем в клетки органов и тканей, где и размножаются. Разрушив клетку, в которую они внедрились и размножились, токсоплазмы проникают в новые клетки, и все повторяется. В результате этого действия образуются воспалительные процессы, некротические и другие неблагоприятные изменения.

В острый период болезни токсоплазмы могут быть в слюне, носовой слизи, серозном экссудате, молоке, моче, крови, околоплодной жидкости.

Покрытые оболочкой токсоплазмы гораздо труднее уничтожаются и существуют как «дремлющая инфекция», готовая при любом благоприятном случае перейти в активное состояние и вновь начать разрушать клетки.

### Основные формы течения токсоплазмоза

1. Поражение лимфатических узлов — шейных, затылочных, надключичных, подмышечных и паховых.

2. Высокая температура, с покрытием тела, кроме головы, ладоней и стоп, сыпью. К этому присоединяются пневмония, миокардит, поражается центральная нервная система.

3. Сильные головные боли, головокружения, депрессия.

4. Поражение глаз, похожее на туберкулез. Поражение легких типа пневмонии. Поражения кишечника типа острого или хронического энтероколита. Проникновение токсоплазм в скелетные мышцы приводит к миальгии и артральгии (болям в мышцах).

**Хламидии** вызывают воспаление в половых органах (гнойные выделения, разрушение структуры тканей, утрата функции органов); бесплодие; нарушение зрения (гноящиеся по утрам глаза указывают на их «работу») и пищеварительной системы (разнообразные расстройства пищеварительной системы, воспаление поджелудочной железы, диабет, печеночные расстройства); разрушают стенки кровеносных сосудов, приводя к инфаркту.

**Трихомонада** — причина многих женских болезней, бесплодия, импотенции, диабета, желудочно-кишечных заболеваний, различных новообразований, в том числе и некоторых злокачественных. Добавьте к этому еще моральные страдания, которые испытывает человек, зараженный трихомонадой или подозревающий об этом.

# ТРИ ВАРИАНТА БОРЬБЫ
# С ПРОСТЕЙШИМИ ПАРАЗИТАМИ

### Вариант 1

**Полынь** — источник горького вкуса. Горький вкус стимулирует жизнедеятельность организма, дает прекрасный тонус. Отвар и настойка полыни — проверенные веками средства, дающие столько чудотворных благ. Недаром латинское ее название «Артемизия» — в честь знаменитой богини Артемиды, открывшей многие целебные свойства трав. Рекомендую с помощью полыни производить очищение организма от простейших микроорганизмов: одноклеточных жгутиковых, гемолитического стафилококка, протеуса, кошачьих лямблий, трихомонад, хламидий и т. д.

Систематический прием отваров полыни, спринцевание ею — весьма действенные процедуры, которые необходимо регулярно выполнять. Рекомендуется закатывать цветочки полыни (они не более спичечной головки) в хлебные шарики и проглатывать их до еды, после еды.

**Чай.** 1 ч. ложку сухой травы заваривают 1/4 л кипятка и настаивают 10 мин. Ежедневно пьют 3 раза в день по чашке этого горьковатого напитка. Кроме уничтожения гноеродных микроорганизмов, он помогает при вялости пищеварения, чувстве переполненности желудка, вздутиях и газах, желчнокаменной болезни, недостаточном выделении желчи, при желтухе и камнях и песке в почках. Чай из полыни активизирует кровообращение и улучшает обмен веществ. Поэтому его рекомендуют при ожирении и других нарушениях обмена веществ.

Этим же чаем можно спринцеваться — утром и вечером.

**Внимание!** Лицам с перевозбужденным жизненным принципом «Ветра» следует употреблять этот чай осторожно.

### Вариант 2

**Голодание** — проведение регулярных голоданий позволит вам качественно очищаться от гноеродной инфекции. Чем длительнее сроки голода, тем более глубокие очаги инфекции вы уничтожите. Чем регулярнее голод, тем меньше вы подвержены этой инфекции.

Рекомендую голодать во время постов: 3—4 раза в год по 5—10 (а иногда и более) суток. Голод желательно уриновый.

Если будете голодать, используя полынь и урину, ограничьтесь 1 неделей. Все зависит от вашей индивидуальной конституции. Лучше голодать в течение 3—4 суток в квартал, но регулярно.

### Вариант 3

**Собственная урина** — безопасный естественный закислитель нашего организма. Но помимо закисления организма антибактериальные свойства ее объясняются гомеопатическим принципом: подобное лечится подобным. Один из разделов гомеопатии носит название «Лечение нозодами» (от греч. nosos — болезнь). Суть этого лечения заключается в использовании патологических выделений против самого очага болезни, против гноеродных бактерий, их же породивших. Наша собственная урина, насыщенная полным спектром собственных нозодов и принимаемая внутрь, великолепно очищает организм от гноеродных и других инфекций.

## ОЧИЩЕНИЕ ОРГАНИЗМА ОТ СОЛЕЙ

**Чай из корней подсолнуха.** Осенью надо выкопать корни подсолнуха. Срезав мелкие волосатые корешки, толстые части корней тщательно моют и сушат. Затем дробят на мелкие кусочки (величиной с фасоль). Кипятить в эмалированном чайнике 1 стакан корней около 1—2 мин.

Пить большими дозами через полчаса после еды. Чай необходимо выпить за 2—3 дня. Затем эти же корни вновь кипятить, но уже 5 мин, в том же объеме воды, и также выпить за 2—3 дня. Закончив пить чай с первой порцией, приступают к следующей и т. д. Соли начинают выходить только через 2—3 недели, моча будет ржавого цвета. Пить надо до тех пор, пока моча не станет прозрачной как вода.

Во время этого очищения нельзя есть острые, кислые и соленые блюда. Пища должна быть преимущественно растительная и слегка подсоленная.

**Сок черной редьки.** Наиболее практично у нас использовать сок черной редьки. Он прекрасно растворяет минералы в желчных протоках, желчном пузыре, почечных лоханках, мочевом пузыре, а также в сосудах.

Для этого берут 10 кг клубней черной редьки, обмывают и, не очищая кожуры, выжимают сок. Получается около 3 л. Сок хранят в холодильнике. Жмыхи перемешивают с медом в пропорции на 1 кг жмыха 300 г меда (500 г сахара), добавляя молочную сыворотку. Хранить в тепле, в банке под прессом, чтобы не плесневело.

Сок начинают пить по 1 ч. ложке через 1 ч после еды. Если боли в печени ощущаться не будут, то дозу можно постепенно увеличивать от 1 ст. ложки до 2 ложек и, в конце концов, до 100 мл.

Сок черной редьки является сильным желчегонным продуктом. Если в желчных протоках содержится много солей, то, поскольку проход желчи затруднен, появится боль. Прикладывайте на область печени водяную грелку, принимайте горячие ванны. Если боль терпима, то процедуры продолжаются до тех пор, пока сок не кончится. Обычно боль ощущается только вначале, потом все нормализуется.

Процедуры следует проводить 1—2 раза в год, соблюдая в это время пресную диету, избегая острых и кислых продуктов. Когда сок закончится, начинайте употреблять жмыхи, которые к тому времени уже прокиснут. Употреблять во время еды по 1—3 ст. ложки, пока не закончатся. Это особенно укрепляет легочную ткань и сердечно-сосудистую систему.

## РАСТВОРЕНИЕ И ВЫВЕДЕНИЕ КИСЛЫХ СОЛЕЙ

Для растворения и выведения кислых солей из организма хорошо использовать отвары трав, свежевыжатые соки, особенно лимонный, и собственную урину.

Хорошо растворяет соли чай из спорыша, полевого хвоща, арбузных корок, тыквенных хвостов. Прекрасно растворяются соли соками корней петрушки, хрена, листьев мать-и-мачехи, цикория, репы, топинамбура (земляная груша). Доза не более 100 г через 30 мин после еды.

Для того чтобы растворить и вывести кислые соли из организма, необходимо следующее:

- усилить окислительные процессы в организме;
- регулярно насыщать организм безопасными кислотами;
- на период перевода шлаков в соли диета должна способствовать окислению внутренней среды организма;
- подобрать такое вещество-носитель, чтобы оно легко проникало во все «закоулочки» организма и приносило туда кислоты для окисления шлаков в соли;
- подобрать безопасные подобные растворы для растворения солей;
- предпочтительно соблюдать растительную диету.

Этот очистительный процесс поддается контролю: увеличение гибкости с каждым днем — показатель избавления от солей.

**Очищение с помощью лимонного сока.** Сводится к тому, чтобы стимулировать жизненный принцип «Желчи» и вывести из организма мочевую кислоту.

Для лечебных целей лучше всего подходят тонкокожие плоды, содержащие большое количество сока. При этом надо помнить, что свежий лимонный сок очень быстро окисляется под влиянием воздуха и света. Потому необходимо для каждого отдельного приема выжимать свежий сок.

Пить лимонный сок многим тяжело, лучше всего его тянуть через соломинку. Практика показала, что правильно принятый лимонный сок (как отдельный прием пищи или до еды) действует на пищеварительный тракт благотворно.

При лечении лимонный сок нужно пить в чистом виде без сахара, примеси воды и вообще каких бы то ни было сдабривающих вкус средств. Принимать лимонный сок лучше всего за полчаса до еды.

Количество сока, необходимого для лечения, зависит от вида болезни и ее запущенности. Для лечения запущенных и хронических болезней необходимо около 200 лимонов, и ни в коем случае не меньше. Начинают с 5 лимонов (1 стакан сока), и затем с каждым днем это количество увеличивается, пока не достигнет 20—25 лимонов в день. 4 дня необходимо держаться на этой дозе, а потом постепенно уменьшать ее до первоначального количества, т. е. 5 лимонов, на чем и заканчивается лечение.

Нужно заметить, что наибольшее число лимонов (25) не является предельным. Цифру эту можно увеличить, а равно и продолжить самый курс лечения, если на середине его не будет чувствоваться облегчение.

Если под влиянием обильного ввода в желудок лимонной кислоты будут замечены какие-нибудь отклонения в деятельности кишечника, следует на время прекратить лечение, чтобы дать пищеварительной системе возможность привыкнуть к лимонному соку. Авторы этой методики утверждают на основании опыта, что желудку не грозит никакой опасности. Возможные легкие расстройства, которые зависят от непривычки к большим дозам кислот. Явление это быстропроходящее.

Лечение лимонным соком, связанное с правильным питанием и горячими процедурами, дает замечательные результаты. Уже через несколько дней наблюдается усиленная деятельность почек, моча делается темного цвета и дает осадок кирпичного цвета, состоящий из мочекислых солей. В начале лечения количество осадков обыкновенно бывает велико, но к концу уменьшается. В конце лечения моча принимает свой естественный, янтарный цвет. Осадки не замечаются, и моча остается прозрачной даже после долгого стояния, что доказывает полнейшее отсутствие в организме мочевой кислоты.

**Внимание!** Этот метод очищения **противопоказан** людям с повышенной кислотностью.

**Очищение с помощью лаврового листа.** Растворить соли можно с помощью настойки из лаврового листа.

5 г лаврового листа опустить в 300 мл воды. Кипятить в течение 5 мин. Настаивать в термосе. Раствор слить и пить его с перерывами маленькими глотками в течение 12 ч (всё сразу нельзя — можно спровоцировать кровотечение). Процедуру повторять 3 дня. Через неделю можно повторить.

Не удивляйтесь, если появится розовое мочеотделение, может быть, каждые полчаса. Дело в том, что соли начинают так интенсивно растворяться, что раздражают мочевой пузырь.

Убедиться в том, что очень энергично происходит растворение солей, можно через 1—2 недели. Если у вас болели суставы, наблюдались погодные боли, то вы увидите, что все становится достаточно подвижным и боли уходят.

## ✓ ОЧИЩЕНИЕ ЛОБНЫХ И ГАЙМОРОВЫХ ПАЗУХ

Каждая простуда образует поток слизи, выходящий через гайморовы и лобные пазухи. Слизь частично выходит, но под конец болезни остается ее слой, который по принципу студня постепенно превращается в **ксерогель** — твердую корочку. Таких корочек за всю нашу жизнь образуется огромное количество. В итоге эти полости заполняются плотной массой, на которой прекрасно размножаются патогенные микроорганизмы.

Естественно, это неблагоприятно сказывается: болит голова, теряются зрение, слух, обоняние, слабеет память.

Итак, для того чтобы очистить гайморовы и лобные полости от спрессованной в них слизи-студня, надо проделать следующие процедуры.

1. Смягчение — прогреть голову любым способом, и не один раз. Лучше всего это позволят сделать местные паровые и водные ванны для головы. Процедура длится

5 мин, а затем необходимо ополоснуть голову прохладной водой. Желательно сделать серию таких прогреваний (3—5 раз), чередуя их с прохладными ополаскиваниями.

2. После того как студень из твердого состояния переведен в жидкое, его надо удалять через решетчатую кость, которая расположена в верхнем носовом ходу и отделяет носовую полость от головного мозга.

Для этого необходимо промывать носоглотку такой жидкостью, которая бы легко проходила через решетчатую кость и растворяла ксерогель, а также вытянула гной и слизь. Наилучшей и наиболее доступной жидкостью является собственная урина в теплом виде. Ее можно заменить морской водой и просто соленым раствором.

Процедура промывания делается так: закрываете одну ноздрю, а другой засасываете жидкость внутрь носовой полости и выплевываете через рот. Затем меняете ноздри.

Указанные процедуры надо проводить до полного очищения и возвращения нормальных сенсорных ощущений: зрения, слуха и, особенно, обоняния.

Если вы исключите из меню слизеобразующие продукты: молочное, мучное с маслом, — будет еще лучше. Голодание в еще большей мере способствует этому очистительному процессу.

## ОЧИЩЕНИЕ ОРГАНИЗМА С ПОМОЩЬЮ РАСТИТЕЛЬНОГО МАСЛА

Оригинальную методику очищения и лечения организма (позаимствованную из древних источников) предложил бактериолог П. Т. Качук. Суть его метода заключается в следующем. У человека три пары слюнных желез: околоушные, подъязычные и подчелюстные. Одна из функций слюнных желез заключается в выделении продуктов обмена веществ из крови. Количество крови, протекающей через слюнные железы при сосании или жевании, увеличивается в 3—4 раза. Происходят своеобразная прогонка всей крови через этот «фильтр» и ее очистка.

Растительное масло является в данной очистке адсорбентом, который связывает все ненужное и вредное для организма.

### Практические рекомендации

Растительное масло (лучше подсолнечное или арахисовое) в количестве не более 1 ст. ложки сосредоточивается в передней части рта. Масло надо сосать как конфету, глотать нельзя. Процедура сосания проводится очень легко, свободно, без напряжения, продолжительностью 15—20 мин. Масло вначале делается густым, затем — жидким как вода. Эту жидкость следует выплюнуть. Она должна быть белой как молоко. Если жидкость желтая, процесс сосания не доведен до конца. Выплюнутая жидкость инфицированная и должна быть отправлена в санузел.

Данную процедуру надо проделывать один раз в сутки, лучше натощак, можно вечером перед сном.

Во время сосания организм освобождается от вредных микробов, токсинов, излишней кислотности, усиливается газообмен, активизируется и налаживается обмен веществ.

Применение данного метода может вызвать временные осложнения заболевай, это является результатом расслабления очагов болезни.

Количество процедур человек определяет сам, исходя из состояния здоровья. Острые заболевания лечатся легко и быстро, в течение двух недель. Лечение хронических заболеваний может продолжаться дольше.

## ОЧИЩЕНИЕ КАПИЛЛЯРНОГО РУСЛА

Для этой цели рекомендую скипидарные ванны по Залманову. Помимо нормализации капиллярного кровообращения они хороши при хронических заболеваниях опорно-двигательного аппарата, протекающих с выраженным болевым синдромом. Это не что иное, как сильные нарушения жизненного принципа «Ветра». Скипидарные ванны выполняются с двумя видами эмульсии: белой и желтой. Несколько слов о скипидаре и его свойствах.

Скипидар получают из сосновой смолы. Он обладает растворяющими, стимулирующими и обеззараживающими свойствами. С лечебными целями его использовали шумеры, древние египтяне, греки, римляне. Ткань, в которую был обернут египетский фараон, пролежавший в гробнице 4000 лет, была пропитана смолой. Как убедились современные исследователи, эта смоляная пропитка и поныне не утратила свойств уничтожать микробы. Вот почему используют горячие процедуры с применением хвои сосен, ведь она содержит скипидар!

Итак, скипидар прекрасно растворяется, легко проникает через кожу и воздействует на нервные окончания. Скипидарные ванны бывают двух видов — с желтой и белой эмульсиями. Общее воздействие этих ванн заключается в улучшении капиллярного и лимфатического тока, увеличении жизненной энергии каждой отдельной клетки и всего организма в целом. Ванны с белой скипидарной эмульсией превосходно стимулируют капилляры. С желтой эмульсией улучшают обмен веществ в организме, помогают растворению отложений солей в суставах, сухожилиях, на стенках сосудов.

**Состав белой эмульсии.** Растворить 3 г салициловой (кристаллической) кислоты в 250 г кипяченой воды. Высыпать туда мелко наструганное на терке «Детское мыло» (20 г). Все это размешать стеклянной палочкой, нагревая эмалированную кастрюлю на слабом огне. Влить 250 мл живичного скипидара высшего качества и, снова тщательно размешав, залить в бутыль с широким горлом и плотно закрыть.

*Схема сеансов.* Первый — 25 мл эмульсии, температура воды в ванне 37 °C; второй — соответственно 30 мл и 37,5 °C; третий — 35 мл и 38 °C; четвертый — 35 мл и 38,5 °C; пятый — 40 мл и 39 °C; шестой — 45 мл и 39 °C; седьмой — 50 мл и 39 °C; восьмой — 55 мл и 39 °C; девятый — 60 мл и 39 °C; десятый — 65 мл и 39 °C; одиннадцатый — 70 мл и 39 °C; двенадцатый — 75 мл и 39 °C.

Для принятия процедуры эмульсию, предварительно взболтав, следует вылить в ванну. Время первого сеанса 12 мин, все последующие — по 15 мин. Ванны принимать 2 раза в неделю.

**Состав желтой эмульсии.** 300 мл касторового масла влить в эмалированную кастрюлю емкостью 2—3 л и поставить в другую с водой, сделав водяную баню. Когда вода в водяной бане закипит, влить в эмалированную кастрюлю 40 г натриевой щелочи (едкий натр кристаллический), растворенной в пол-литре воды. Стеклянной палочкой помешать до образования густой кашицеобразной массы. Затем влить туда же 225 мл олеиновой кислоты и вновь — не менее 30 мин — размешивать до образования жидкой, прозрачной массы желтого цвета. Погасить огонь и влить в кастрюлю 750 мл живичного скипидара высшего качества. Разлить эмульсию по бутылкам с плотно притертыми пробками. Для принятия процедуры в ванну с горячей водой выливают эмульсию.

*Схема сеансов.* Первый — 40 г эмульсии, температура воды в ванне 38° С; второй — соответственно 45 мл и 38 °С; третий — 50 мл и 38,5 °С; четвертый — 55 мл и 38,5 °С; пятый — 60 мл и 39 °С. Последующие ванны делаются так, как указано для пятого сеанса. Время 1-го и 2-го сеансов — по 12 мин, 3-, 4-, 5-го — по 15. Надо сделать 12 ванн. Сеансы проводятся через день.

Если у вас очень чувствительная кожа, то перед приемом ванны половые органы и область ануса смазываются вазелином. Не следует погружать в воду область сердца, так как эти процедуры действуют на сердце возбуждающе. При усталости необходимо отдохнуть полчаса перед приемом процедуры. Погружаться в воду надо медленно.

Критерием эффективности этих процедур будет возникновение к их концу или после них ощущения покалывания кожи, сменяющегося жжением. Длительность реакции не должна быть более 30—45 мин; если реакция длится дольше, при приеме следующей ванны не следует увеличивать количество эмульсии.

Можно делать ножные скипидарные ванны с 10 г эмульсии, а также комбинировать, сочетая и желтые, и белые ванны. Это позволит лучше воздействовать на сосуды и весь организм в целом.

# ОЧИЩЕНИЕ ОТ ПАТОГЕННОЙ ЭНЕРГИИ

В организме человека постоянно образуются в результате мыслительного процесса «энергетические шлаки». Например, функция печени и эмоция гнева «работают» на одном и том же виде энергии, возникающей из жизненного принципа «Желчи». В результате раздражения, вспышки гнева эта энергия переходит в качественно иное состояние и не может полноценно обслуживать функцию печени. Кроме того, существуют такие виды энергии, которые при любом удобном случае «прилипают» к организму человека. Существует множество вариантов очищения организма от подобных энергий, но мы разберем наиболее простой и эффективный — с использованием деревянных плашек.

В природе на всех уровнях существует энергоинформационный обмен между любым живым существом и неодушевленными предметами. Методом биолокации удалось установить, что некоторые деревья обладают свойством забирать энергию, а другие — ее отдавать. Причем в первую очередь забирают патогенную для нас энергию. Это энергия растительного происхождения, которая родственна им. И в свой черед отдают патогенную для них энергию (животного происхождения), которая родственна нам.

«Отсасывающими» энергию для 94— 96 % людей являются осина и тополь, для некоторых — ель. Осина — чемпион по отнятию энергии как у людей, так и у бактерий. В осиновом дереве никогда не заводится гниль.

«Подпитывающим» почти для всех людей оказался дуб, для некоторых — береза, сосна и каштан. Причем отнимать и давать энергию может не только само дерево, но и сделанная из него мебель и просто кусочки дерева в виде плашек.

**Практические рекомендации**

Для установления лечебного биоэнергетического обмена следующие.

1. Найти «отсасывающее» и «дающее» энергию деревья. Для этого вырежьте полоску фольги длиной 10—15 см, шириной 2—5 мм. Возьмите за один конец указательным и

большим пальцами, медленно подойдите к дереву. Если свешивающийся вниз конец полоски фольги начнет отклоняться к дереву, значит, оно обладает «отсасывающими» свойствами, если же наоборот, — «подпитывающими». Можете воспользоваться маятником или рамкой.

2. Не подходите к маленьким, а также больным деревьям: у них мало энергии. Подходите к большим и красивым.

3. Найдя нужное дерево, постарайтесь «подружиться» с ним. Поухаживайте за ним, приветствуйте его, подходя, и прощайтесь, уходя, благодарите его. Это позволит вам вступить в сильный биоэнергетический обмен. Дерево с охотой будет отдавать вам свою энергию и получать еще бо́льшую, что благотворно скажется на нем.

4. Не ставьте в спальне мебель и растения с «отсасывающими» свойствами.

5. Отсос энергии необходимо делать, когда имеется избыток энергии в организме, который выражается в виде головной боли, неврозов сердца, остеохондрозе, зобе, боли в печени, а также при воспалениях, ожогах и травмах.

«Подпитку» энергией необходимо делать, когда ощущается ее недостаток в организме.

# БИОРИТМЫ И ОЧИЩЕНИЕ

## БИОРИТМОЛОГИЧЕСКИЕ ФАКТОРЫ, ВЛИЯЮЩИЕ НА ОЧИЩЕНИЕ

Большинство неудач в очистительных процедурах в основном объясняется незнанием, **когда лучше всего их проводить.** В итоге выбирая любое, удобное для себя время, человек не попадает в ритмы работы очищаемого организма. В результате чистка не получается либо возникают осложнения, последствия, которые надолго отбивают охоту к подобным процедурам. Для того чтобы максимально эффективно использовать биоритмологические факторы для успешного очищения, необходимо знать, когда лучше всего очищаться в течение суток, лунного месяца (цикла) и сезона года. Подобные знания позволят вам целенаправленно получать максимум от очистительных процедур. Более подробно с биоритмологическими факторами вы сможете ознакомиться в главе «Биоритмология».

**Суточный режим.** Действуя в согласии с суточным ритмом, вы значительно увеличиваете эффективность очистительных процедур.

Так, утром, с 5 до 7 ч, активен толстый кишечник и происходит удаление отходов пищеварительного процесса.

Вечером, с 17 до 19 ч, наступает период затишья, в котором активизируется работа почек по выведению из организма продуктов белкового обмена. Поэтому лучше всего очистительные процедуры, связанные с клизмами и выведением камней из почек, проводить в это время.

Очищение печени в основном происходит с 23 до 3 ч, когда энергия подходит к желчному пузырю, а затем к печени, поэтому вся предварительная подготовка должна оканчиваться приблизительно в 19 ч. Только в этом случае принятые очистительные вещества успеют из желудка всосаться к кровь и попасть в печень к максимуму ее активности.

**Лунный цикл (месяц).** Он накладывает наиболее сильный отпечаток на все очистительные процедуры. В нем имеются периоды, когда организм сам очищается, и периоды, когда организм очищать нельзя, так как можно нанести себе непоправимый вред.

Движение Луны, ее фазы вызывают на Земле приливы и отливы. Отражение этого процесса наблюдается и в человеческом организме в виде двух явлений. Первое — наш организм состоит из воды и поэтому следует за приливами и отливами; второе — от изменяющегося гравитационного воздействия со стороны Луны наш организм становится то «легче», то «тяжелее». Когда он становится «легче», он «расширяется», что благоприятствует очистительному процессу любого вида. Когда он становится «тяжелее», он сжимается под действием гравитации Земли и собственных сил — ткани «зажаты» и отдают шлаки с большим трудом.

**Практические рекомендации**

1. В течение лунного цикла имеются четыре главные точки (дня), в которых идет смена сжатия на расширение, и наоборот. Эти дни — новолуние, полнолуние, первая и третья четверти — являются днями стресса — огромной внутренней нагрузки. И если в эти дни добавить внешнюю нагрузку, от очистительных процедур могут возникнуть неприятные для здоровья человека последствия. Таким образом, **общие очистительные процедуры** следует проводить только в дни расширения человеческого организма и никогда — в дни перехода от сжатия к расширению.

2. В зависимости от дня лунного цикла центр тяжести тела человека может находиться ближе к области головы или таза. Где находится центр тяжести, там наблюдается выраженная активизация физиологических функций. **Локальные очистительные процедуры** следует проводить в лунные дни, когда центр тяжести организма находится ближе к очищаемому органу.

Для общих очистительных процедур подходят две фазы лунного цикла — II и IV, длящиеся каждая чуть больше 7 суток. В I и III фазах проводите «смягчение». В это время организм хорошо впитывает воду и масло, наносимые на кожу, а в очистительные фазы — II и III — активно выбрасывает из себя «размягченные» шлаки и т. д.

Для локальных очистительных процедур наиболее благоприятны те дни лунного цикла, в которые активны те или иные органы. В течение I фазы Луны активны: в ее первой трети — голова, лицо, мозг, верхняя челюсть и глаза; во второй трети — горло, шея, евстахиева труба, шейные позвонки; в последней трети — плечи, руки (до локтей), легкие, нервная система.

В течение II фазы Луны активны: в ее первой трети — надчревная область, грудь, живот, локтевые суставы; во второй трети — сердце, желчный пузырь и печень, грудная клетка и грудной отдел позвоночника; в последней трети — органы брюшной полости, связанные с пищеварением: желудок, тонкий и толстый кишечник.

В течение III фазы Луны активны: в ее первой трети — почки, почечная и поясничная области; во второй трети — половые железы, предстательная железа, мочевой пузырь и прямая кишка; в последней трети — ягодицы, бедренные кости, копчиковые позвонки.

В течение IV фазы Луны активны: в ее первой трети — колени, вся костная система, кожа и пищеварительная система; во второй трети — лодыжки ног, запястья рук, кости нижних конечностей, зрение; в последней трети — ступни ног, жидкости тела, желудочно-кишечная перистальтика.

## СЕЗОННЫЕ ОСОБЕННОСТИ ОЧИСТИТЕЛЬНЫХ ПРОЦЕДУР

Для качественной очистки тех или иных органов очищайтесь в периоды их наивысшей активности.

Зная благоприятные периоды для очищения в течение суток, лунного месяца и сезона года, можно целенаправленно приступать к очищению собственного организма.

**Толстый кишечник** чистим осенью во время II или IV фазы Луны, утром с 5 до 7 ч, можно и вечером с 17 до 19 ч.

**Печень и желчный пузырь** чистим весной во время II фазы Луны, лучше в ее середине. Начинать процедуру примерно в 19 ч.

**Почки и мочевой пузырь** чистим зимой во время II и IV фазы Луны. Причем дробить камешки, измельчать и рассасывать лучше всего во II фазу; выводить же раздробленное, растворенное лучше в IV фазу, так как энергетика организма в это время направлена вниз и способствует выведению. Процедуры очищения почек и мочевого пузыря проводить с 15 до 19 ч.

**Типичные ошибки при очищении связаны с нарушением законов оздоровления** (см. гл. 1).

# ЛЕЧЕБНОЕ ГОЛОДАНИЕ

В нашем случае понятие «голодание» означает *добровольный отказ человека от приема какой-либо пищи на определенный период времени, чтобы помочь жизненной силе организма восстановить гармонию и силу биологических процессов, нарушенных в результате болезни, ослабления организма и т. п.*

Существуют и другие обозначения добровольного отказа человека от пищи — пост, разгрузочно-диетическая терапия, физиологически полезное голодание.

**Пост** — это тоже голодание, но более точно отражающее мотивационную сторону действия человека.

Термин **«разгрузочно-диетическая терапия»** был введен выдающимся пропагандистом лечебного голодания профессором Юрием Сергеевичем Николаевым. Изучая процессы, протекающие в организме при голодании и после него, он выяснил, что организм во время дозированного голодания живет за счет включения особых механизмов, потребляя свою резервную ткань.

Сурен Авакович Аракелян ввел понятие **«физиологически полезное голодание»**. Оно означает строгое воздержание от приема пищи на определенный период. Голодание длится ровно столько, сколько необходимо для запуска в действие физиологических механизмов обновления и омоложения.

# ПРОЦЕССЫ, ПРОТЕКАЮЩИЕ В ОРГАНИЗМЕ ПРИ ГОЛОДАНИИ

## ГОЛОДАНИЕ И ЖИЗНЕННАЯ СИЛА ОРГАНИЗМА

Под **жизненной силой** мы подразумеваем тот информационно-энергетический уровень, который руководит развитием и построением человеческого организма от состояния оплодотворенной яйцеклетки до состояния половозрелого человека, а затем поддерживает организм в стабильном состоянии на протяжении всей жизни. Жизненная сила строит физическое тело — от группы клеток до целостного организма с сознанием.

При голодании человек работает со своим сознанием, очищает сознание от дурных привычек, которые есть не что иное, как информационно-энергетические образования, искажающие информационно-энергетическую структуру организма человека и его функций. Это самый главный целительный механизм голода.

Когда человек начинает голодать, отрицательные информационно-энергетические потоки, поступающие от пищи, прекращают угнетать жизненную силу, и она начинает восстанавливать организм.

Энергия жизненной силы четко высвечивает **квантовое тело** человеческого организма (так называются **информационно-энергетические структуры**, которые лежат в основе физического тела и его функций). Начинается очищение, а затем восстановление организма. Шлаки сдвигаются с мест своего залегания и поступают в кровеносное русло. Далее с током крови они подводятся к органам выделения и выбрасываются наружу.

**Внимание!** Одновременно с выводом шлаков жизненная сила начинает восстанавливать само квантовое тело. Это приводит к тому, что восстанавливаются структура внутриклеточных элементов и активность ферментов, обновляются генетический аппарат клеток и клеточные мембраны. Восстановление квантового тела приводит к усилению и гармонизации информационно-энергетических структур организма, что, в свою очередь, сказывается на активизации всех физиологических функций организма (обостряются чувства, улучшается память, появляется утраченное половое влечение и т. п.).

## Принцип приоритета

Жизненная сила организма при голодании из связанного состояния переходит в динамическое. Во время этого перехода распадается ткань организма. Расщепление тканей организма контролируется на уровне квантового тела особой функцией, которую я назвал **«принцип приоритета»**. Эта функция следит за тем, чтобы вначале расщеплено было все лишнее, патологически измененное, а затем — здоровые ткани по принципу важности для жизнедеятельности организма.

Известный русский патофизиолог В. В. Пашутин, который многие годы посвятил изучению физиологических механизмов голодания, выявил следующую закономерность: «сильные» органы во время голодания существуют за счет «слабых». Наименьшие потери несет ткань нервных центров и сердца.

Юрий Сергеевич Николаев, специалист по лечебному голоданию, на основании многолетней практики так отзывается об этом феномене: «Освобождаясь от шлаков, организм переходит на эндогенное (внутреннее) питание за счет разрушения собственных жиров, углеводов и белков определенных органов и тканей, но практически не затрагивает такие жизненно важные органы, как сердце и мозг. Этот процесс... сопровождается усилением восстановительных процессов на молекулярном, клеточном и тканевом уровнях и приводит к обновлению и как бы омоложению всего организма и всех его органов».

Итак, принцип приоритетного сохранения жизненно важных тканей организма необходим для того, чтобы полноценно управлять организмом при голодании, а по прекращении его быстро приступить к процессу восстановления.

**Внимание! Целительные физиологические процессы: закисление, аутолиз, очищение.** Голодание отражается на квантовом и информационно-энергетическом уровнях человеческого организма и проявляется в особых целительных физиологических процессах. В обычной жизни большинство этих процессов находится в свернутом состоянии, и только голодание позволяет задействовать их в полную силу. Наиболее важными физиологическими процессами, которые в порядке своей очередности запускаются при голодании и ведут небывалую по силе своего воздействия целительную работу, являются: закисление внутренней среды организма; процесс аутолиза; очищение от шлаков; активизация умственных процессов; противовоспалительное действие; повышение обмена веществ; усвоение углекислого газа и азота из воздуха; эндогенное питание; нормализация защитной функции организма; омоложение организма и др.

## ЗАКИСЛЕНИЕ ВНУТРЕННЕЙ СРЕДЫ ОРГАНИЗМА

Как только человек полностью отказался от пищи, в его организме начинается потребление запасенных резервов и второстепенных тканей. Расщепление питательных веществ и тканей приводит к накоплению продуктов их распада внутри организма. В результате этого изменяется кислотно-щелочное равновесие (показатель pH) организма в сторону кислой среды (ацидоз), но при этом величины закисления не выходят за физиологические нормы.

Процесс закисления при голодании — это первый и наиболее важный физиологический механизм, который включает цепочку других целительных механизмов, находящихся при пищевом режиме в свернутом состоянии.

**Ацидоз,** или процесс закисления внутренней среды организма, происходит следующим образом. В самом начале голодания организм использует запасы животного сахара — гликогена. Когда запасы гликогена иссякают (а это происходит обычно на 1-й, 2-й день голодания), в крови начинают накапливаться кислые продукты неполного расщепления жира (масляные кислоты, ацетон), щелочные резервы ее снижаются. Это отражается на самочувствии: у голодающего могут появиться головная боль, тошнота, чувство слабости, общее недомогание. В это время нужно выйти на воздух, проделать дыхательные упражнения, очистить кишечник с помощью клизмы, принять душ. Однако явления легкого самоотравления организма постепенно могут нарастать до 6—10-го дня голодания, после чего голодающий начинает себя чувствовать хорошо. Этот период получил название **первого ацидотического кризиса.**

Во время прохождения ацидотического кризиса внутри клеток срабатывает особый «переключатель», и они начинают использовать углекислый газ. Глюкоза теперь получается из собственного жира и белка, а при ее наличии жир расщепляется, не оставляя продуктов неполного расщепления. В результате у человека, находящегося на лечебном голодании, показатель pH перестает сдвигаться в сторону кислой среды, даже несколько снижается. Затем ацидоз продолжает сохраняться примерно на одном уровне, незначительно колеблясь до 17—23-го дня. В это время наблюдается **второй ацидотический кризис.** Он слабее первого.

## ПЕРВЫЙ АЦИДОТИЧЕСКИЙ КРИЗИС И ЕГО ЗНАЧЕНИЕ В ОЗДОРОВЛЕНИИ ОРГАНИЗМА

Постепенное закисление внутренней среды организма при голодании приводит к вытеснению большинства хронических заболеваний, которые развиваются и прогрессируют в зашлакованном организме.

Когда болезнь лишается условий, ее породивших, она переходит из хронического состояния в острое и только после этого исчезает. Наиболее сильное закисление организма происходит во время ацидотического кризиса, и поэтому в данный период обостряются хронические заболевания. По степени обострения можно судить, насколько успешно голодание «зацепило» то или иное заболевание и «вывертывает» его из организма. Если обострение ярко выражено, то следует ожидать полного излечения. Если слабо — значит, голодание решает другие, более важные проблемы в организме. Через некоторое время повторите голодание, и тогда оно примется за оставшиеся болезни.

После того как ацидотический кризис «вывернул» из организма болезни, начинается увеличение защитных сил, ранее расходуемых на болезнь. Однако пока организм голодающего человека не пройдет первый ацидотический кризис (6—10-суточное голодание), нельзя рассчитывать на излечение от хронических заболеваний и на резкое повышение защитных сил организма.

## ВТОРОЙ АЦИДОТИЧЕСКИЙ КРИЗИС И ЕГО ЗНАЧЕНИЕ В ОЗДОРОВЛЕНИИ ОРГАНИЗМА

С момента окончания первого ацидотического кризиса до наступления второго организм накапливает жизненную силу, восстанавливает искаженные информационно-энергетические структуры полевой формы человека. В результате этой деятельности «корень болезни», или информационно-энергетическое начало болезни, начинает «вывертываться» из структур полевой формы и наступает второй ацидотический кризис. Это выражается в том, что у некоторых людей сильно обостряется их основное заболевание либо резко ухудшается самочувствие, происходит потеря сил и т. д.

После того как пройден второй ацидотический кризис, который восстановил структуры полевой формы, начинается работа по их упрочнению и усилению.

**Внимание!** Пока организм голодающего человека не пройдет второй ацидотический кризис, нельзя рассчитывать на полное излечение от хронических заболеваний и на резко выраженный омолаживающий эффект.

## ПРОЦЕСС АУТОЛИЗА

Одним из механизмов уничтожения чужеродной и ослабленной при голодании ткани является повышенная ферментативная и энзимная активность, а также фагоцитарная (от греч. phagein — «пожирать», kytos — «клетка», то есть «пожиратель клеток») активность лейкоцитов. В результате происходит распад тканей на составные части. Это явление называется **аутолиз**.

Учеными было установлено, что первыми аутолизу подвергаются ослабленные и болезненно измененные ткани, спайки, опухоли, гематомы, отеки, патогенные микроорганизмы и пр.

Во время голодания в течение 36 ч активность фагоцитов может увеличиваться втрое. Активность фагоцитов колеблется в зависимости от времени года. Наиболее активны фагоциты в мае—июне, а наименее — в ноябре—феврале. Отсюда следует, что лучше всего длительно голодать в мае—июне (Петров пост) и желательно на урине. А в ноябре—феврале голодание необходимо для поднятия защитных сил организма, которые уменьшились (Рождественский пост).

Важно отметить и тот факт, что с повышением температуры увеличивается активность ферментов. Прогревание организма при голодании в парной, ванне значительно увеличивает процессы аутолиза.

## ОЧИЩЕНИЕ ОТ ШЛАКОВ

### Классификация шлаков

**Шлаки** — продукты обмена веществ, постепенно накапливающиеся в клетках нашего организма; чужеродные вещества, попавшие в организм тем или иным путем; а также старые, видоизмененные и отмершие клетки. Они угнетают жизненные процессы в организме и являются причинами заболеваний.

К **шлакам, образующимся от продуктов обмена веществ**, относятся: конечные продукты белкового обмена;

конечные продукты углеводного обмена; конечные продукты жирового обмена и др. Образованию шлаков способствуют чрезмерное питание, неправильное сочетание продуктов, неправильная последовательность поступления пищи за один прием, несоблюдение биоритмологической активности пищеварительных органов.

К чужеродным веществам, попавшим в наш организм, относятся вещества, применяющиеся в технологическом процессе приготовления хлеба (отбеливатели муки, разрыхлители теста и т. д.), консервов (консерванты, вещества, улучшающие внешний вид готового продукта), кондитерских изделий, напитков (красители, наполнители), при засоле, мариновании, хлорировании воды и др. Большинство лекарств и синтетических витаминов зашлаковывают организм веществами, образующимися в результате их распада.

В продуктах питания содержится очень много соли. Это так называемая скрытая соль. Она вызывает ненормальную жажду, чувство пересыхания во рту, потерю упругости кожи и тонуса мышц, появляется отечность, затрудняется работа почек.

Как можно меньше употребляйте соль в пищу. Заменяйте ее приправами из трав (кинза, петрушка, укроп и т. д.), луком, чесноком, которые являются естественными природными добавками.

**Внимание!** Старые, видоизмененные и отмершие клетки постоянно образуются в организме. Старые клетки являются балластом для организма. Видоизмененные клетки грозят превратиться в разрастающуюся опухоль, разрушающую организм. Отмершие клетки отравляют организм. Именно их А. С. Залманов назвал «токсинами усталости».

## Места отложения шлаков в организме и признаки зашлакованности

**Соединительная ткань** — опора рабочих клеток организма. Через соединительную ткань идет питание к клеткам, и через нее же удаляются отходы жизнедеятельности. Соединительная ткань обеспечивает неспецифический иммунитет организма и многое другое. Так вот в ней, как в первом посреднике между клетками и кровеносным руслом, скапливаются обменные шлаки и отчасти чужеродные вещества. В дальнейшем, когда создадутся благоприятные условия, она отдает эти шлаки в кровь для выведения из организма.

Первым главным признаком зашлакованности соединительной ткани является утрата гибкости, а ее очищения — нормализация гибкости. Вторым главным признаком является уменьшение неспецифического иммунитета организма. Разнообразные прострелы, контрактуры, болезни мышц, общая предрасположенность организма к заболеваниям — следствие зашлакованности соединительной ткани.

**Слизистые полости легких, носа, головы и рта**, где скапливаются слизистые шлаки белковой и крахмалистой природы. Частые простуды, ангины, гаймориты, отиты, головные боли, сыпь на коже лица, потеря зрения, обложенный язык и несвежее дыхание — следствие этой зашлаковки.

**Кожа** является универсальным выделительным органом. Ее вес составляет 20 % общего веса тела. Через кожу человек может выделять в 3,5 раза больше отбросов, чем через толстую кишку и мочевой пузырь, вместе взятые. Сальная, угристая, прыщавая кожа говорит о том, что ваш организм заполнен шлаками, а выделительные органы не справляются со своей работой, иммунитет ослаблен, кожное дыхание затруднено, нет поступления свободных электронов в акупунктурную систему.

**Печень** задерживает чужеродные вещества, поступающие при пищеварении из желудочно-кишечного тракта. В ней постепенно скапливается (особенно у тех, у кого сильно выражен жизненный принцип «Желчи») застарелая желчь, образуются воскоподобные камешки. Это ведет к нарушению всех видов обменов веществ в организме человека; вызывает застой венозного кровообращения; снижает пищеварительную функцию.

В **толстом кишечнике** скапливается масса всевозможных шлаков. Особенно это касается лиц, страдающих запорами, неполным опорожнением и насильственным стулом, чему способствует неправильное и чрезмерное питание. Нарушение эвакуаторной функции толстого кишечника приводит к самоотравлению организма. Шлаки из кишечника всасываются в кровь и выводятся через легкие (зловонное дыхание), кожу (прыщи, угри, сыпь), почки (мутная, дурно пахнущая урина).

Шлаки скапливаются в **жировой и костной тканях**, слабо работающих **мышцах** — как в «шлаковом депо».

Шлаки накапливаются и в самих **рабочих клетках организма**. Это происходит из-за малоподвижного образа жизни, обильного питания, эмоциональных зажимов и просто с течением времени. Внутриклеточные шлаки повреждают генетический аппарат, что приводит к угасанию или неправильному синтезу белковых структур, а затем и перерождению клеток. Если это продолжается долго, то возникает опухоль, которая постепенно перерождается в злокачественную.

В **кровеносных сосудах** шлаки отлагаются в виде тромбов и бляшек. Так возникает сосудистая патология. Склероз (уплотнение тканей органов), ишемия (уменьшение кровоснабжения участка тела, органа или ткани), инсульт (острое нарушение мозгового кровообращения), тромбоз (закупорка), инфаркт (образование очага омертвения в тканях вследствие нарушения их кровоснабжения) и многое другое есть видимое выражение этого процесса.

О нездоровом состоянии **крови** свидетельствуют болезненное настроение, беспокойство, напряжение, нервозность, повышенная возбудимость.

## Процесс очищения от шлаков

При голодании процессы аутолиза запускают механизм очищения организма от шлаков, ослабленной и патологически измененной ткани. За счет расщепления ткани заключенные в ней шлаки освобождаются и выводятся из организма, а видоизмененная ткань уничтожается.

При голодании в первую очередь организм избавляется от застоявшейся воды, избытков солей. Затем включается процесс аутолиза, который приводит к освобождению от токсинов и шлаков, перерабатываются болезненно измененная ткань, жир внутри брюшной полости, мышцы. Печень, почки, кишечник и легкие работают во время голодания весьма напряженно, выводя ядовитые продукты распада жира, белка, пестициды, тяжелые металлы, радионуклеотиды, лекарства, пищевые добавки и т. п. Легкие удаляют около 150 различных токсинов в газообразном состоянии. Далее идут два параллельных процесса: в соответствии с приоритетом перерабатывается ткань организма и идет внутриклеточное очищение. Эти процессы продолжаются весь период физиологически полезного голодания.

## Интоксикация при голодании

Голодая, вы помогаете жизненной силе выводить продукты распада и яды, накопившиеся в организме. Этот процесс приводит к тому, что все ранее «утрамбованное» в описанных местах активно поступает в кровеносное русло и органы выделения. Если организм сильно зашлакован, то органы выделения не успевают обезвреживать и выводить шлаки из организма. Может наступить интоксикация — отравление продуктами распада и ядами, накопившимися в организме.

Обычно это происходит на 5—10-е сутки. Голодающий перестает терять вес, нарастает слабость, появляются тошнота, головная боль, сердечная слабость и аритмия, может подняться температура.

Из работ крупных отечественных физиологов и биохимиков (В. В. Пашутин, М. Н. Шатерников, Ю. М. Гефтер) известно, что во время вынужденного длительного голодания организм животных и человека погибает, зачастую еще не достигнув глубокой степени истощения, в результате «блокады» (самоотравления продуктами распада).

Когда же в процессе лечебного голодания эти продукты распада выводятся из организма с помощью целого ряда процедур (очистительные клизмы, ванны, массаж, прогулки на свежем воздухе, употребление протиевой воды), то организм голодающего человека переносит голодание длительностью до 30—40 суток без каких-либо проявлений самоотравления.

Если признаки «блокады», несмотря на проведение названных мероприятий, нарастают, необходимо прервать голодание. После восстановления в течение одной-двух недель на соках и свежей растительной пище повторите голодание.

## Нормализация защитной функции организма

Активизация защитной функции организма при голодании выражается прежде всего в уникальной перестройке его ферментной системы, направленной на уничтожение патологических очагов инфекции, тканей, опухолевых образований, рубцовых изменений.

После первых курсов дозированного голодания люди реже заболевают вирусной инфекцией или переносят ее в более легкой форме. При многократном или систематическом применении голодания люди перестают вообще болеть, в том числе и вирусными заболеваниями. Во время голодания идет процесс кардинального уничтожения очагов скрытой инфекции.

**Внимание!** Инфекция, которая находится в закапсулированном — дремлющем — состоянии, практически не поддается современной антибактериальной терапии (лечением антибиотиками, сульфаниламидами и другими лекарствами). Наоборот, находясь в защитных оболочках, микроорганизмы становятся более устойчивыми к названным медикаментам и другим лекарственным средствам. При голодании эти оболочки уничтожаются активизированными ацидозом фагоцитами и ферментами.

## Нормализация микрофлоры

В период голодания у человека изменяется микрофлора кишечника. Гнилостная в результате закисления погибает, но оздоравливается и сохраняется микрофлора кисломолочного брожения. В результате после голодания улучшается синтез микрофлорой кишечника витаминов, аминокислот и других биологически активных веществ, например ферментов.

Когда же используется урина, повышающая закисляющие свойства в организме и активирующая аутолиз, процесс уничтожения инфекции идет намного лучше.

При голодании организм защищает наиболее слабые клетки — желудка и кишечника. Прекращается выделение соляной кислоты, которая слущивает эпителиальные клетки желудка.

## Усвоение углекислого газа и азота из воздуха. Эндогенное питание

Качественный и количественный синтез нуклеиновых кислот (из них состоит генетический аппарат клеток), а также аминокислот и других биологически активных веществ, тканей организма человека прямо пропорционально зависит от процесса усвоения клетками растворимого в крови углекислого газа.

Во время голодания, в условиях изменения кислотно-щелочного равновесия в сторону кислой среды, клетки человека начинают усиленно усваивать углекислый газ и азот, приближаясь к уровню усвоения этих веществ клетками растений. Это и есть полноценное **эндогенное** (внутреннее) **питание**.

При полном исключении на период голодания продуктов питания вначале происходит усиленное расщепление собственных жировых запасов организма на составные части. В первую очередь из жира образуются ненасыщенные (жидкие жирные кислоты). В их числе имеются так называемые высокомолекулярные ненасыщенные жирные кислоты, которые являются основой многих витаминов, гормонов и других биологически активных веществ. Но конечным продуктом распада жира является ряд органических кислот, которые объединяются одним термином — **кетоновые тела.**

Кроме того, как и при распаде любой ткани, образуется углекислота, которая усваивается клетками в форме углекислого газа или выделяется наружу через легкие. Эти конечные продукты распада жира, попадая в кровоток, изменяют его кислотно-щелочное равновесие в сторону кислой среды (ацидоз). Именно развивающийся при голодании ацидоз улучшает процесс потребления клетками углекислого газа, то есть усиливает биосинтетический эффект. Кетоновые тела при улучшении биосинтеза теперь более качественно усваиваются организмом, преобразуясь в важные белковые и небелковые структуры.

Таким образом, регулируемый самим организмом ацидоз обеспечивает питание и энергоснабжение человеческого организма. Другими словами, голодание обеспечивает человеку качественно иной вид питания и энергоснабжения, что выражается в уникальном лечебно-профилактическом эффекте, чего не дает ни одно другое медикаментозное или естественное лечение.

## Физиологический покой органов

Голодание существенно уменьшает нагрузку на многие органы, что дает возможность восстанавливать поврежденные структуры организма и их функции. Сердце при голодании отдыхает. Желудок и пищеварительный тракт благодаря голоданию укрепляются. Плохое пищеварение исчезает.

В результате физиологического отдыха и «ремонта генов» у мужчин восстанавливается половая потенция. У женщин в период климакса могут вновь возобновиться регулярные менструации.

## Повышение обмена веществ

Голодание вызывает повышение обмена веществ в первые 30—40 дней восстановительного периода на 5—6 %. После голодания пища усваивается лучше. Происходит нормализация обмена веществ. Только из-за этого можно рекомендовать голодание пожилым и старым людям, у которых эти процессы текут вяло.

## Противовоспалительное действие

Один из важных целительных механизмов голодания заключается в мощном противовоспалительном эффекте. Происходит это за счет следующего механизма. Для поддержания необходимого уровня сахара в крови (для нормального питания мозга и других тканей) во время голодания включается **глюконеогенез** — образование глюкозы не из сахаров, поступающих с пищей, а из белков мышечной ткани, жировой ткани, ткани печени и т. д. Для поддержания этого процесса требуется большое количество гормонов глюкокортикоидов, которые вырабатываются надпочечниками.

Одна из функций гормонов глюкокортикоидов — противовоспалительная. В медицинской практике эти гормоны входят в состав мазей и лекарств типа преднизолон, гидрокортизон и т. д., помогая снять воспаления искусственно. При голодании обильная выработка этих гормонов происходит естественным путем. Они оказывают противовоспалительное действие на весь организм.

## Активизация умственных процессов

Голод интенсивно стимулирует умственные и творческие способности человека. В прежние времена в целях постижения истины и просветления широко использовали голодание.

Сигналы (нервные импульсы), поступающие от желудочно-кишечного тракта при потреблении пищи, не достигают мозга, так как их подавляют и тормозят сигналы, идущие от органов чувств. При голодании желудочно-кишечный тракт пуст, поэтому резко возрастают количество и сила импульсов, идущих от него. Теперь они достигают мозга, ретикулярной формации, через которую происходит активизация всех отделов мозга и, конечно, коры больших полушарий. Это приводит к тому, что в несколько раз увеличивается количество работающих нейронов (нервных клеток, составляющих кору головного мозга). В результате мышление резко усиливается, эффективность его возрастает.

В процессе голодания приходит осознание того, как достичь поставленных целей: выздороветь, решить ту или иную проблему, достичь духовного совершенства и т. д.

### Омоложение организма

В результате изучения процессов голодания был установлен омолаживающий эффект. Особенно заметно омоложение кожи: морщины становятся менее заметными, пятна, обесцвеченные места, прыщи постепенно исчезают. Улучшаются цвет кожи, структура ткани. Глаза проясняются, становятся выразительными.

Омолаживающий эффект объясняется действием жизненной силы организма. Когда человек отказывается от приема пищи, а следовательно, от «агрессии» чужеродной информации, энергии и эмоционально уравновешивается, этим он создает благоприятные условия для действия жизненной силы по восстановлению квантовых и полевых структур своего организма.

# ОСОБЕННОСТИ РАЗНЫХ СПОСОБОВ ГОЛОДАНИЯ

## СТАДИИ ГОЛОДАНИЯ

Знания о стадиях процесса голодания (и восстановления) позволяют ответить на вопрос, сколько потребуется времени для достижения запланированного результата.

Стадий процесса голодания три. В процессе голодания в полевой форме человека и в его физическом теле развиваются особые процессы, которые и дали названия этим стадиям.

## Пищевое возбуждение — 1-я стадия

Продолжительность стадии пищевого возбуждения обычно 2—3 дня. Человека раздражают любые сигналы пищи: вид и запах, разговоры о еде, звук столовой посуды и пр. Они вызывают слюнотечение, урчание в животе, ощущение сосания под ложечкой; ухудшается сон, повышается раздражительность, бывает плохое настроение. Иногда у больных наблюдается незначительное обострение болезненной симптоматики. Вес тела быстро падает (потери веса до 1 кг в сутки). Жажда обычно невелика.

**Влияние на полевую форму.** Когда человек отказывается от привычного приема пищи и не удовлетворяет возникшего чувства голода, с этого момента начинается работа по наведению порядка в собственном сознании. Человек сознательно терпит и тем самым дисциплинирует, ставит под контроль чувство вкуса и голода.

Ухудшение сна, раздражительность и т. п. на этой стадии голодания означают внутреннюю борьбу и подчинение чувств воле человека. Регулярное голодание 1 раз в 1—2 месяца по 2—3 дня перекраивает привычки человека, создает качественно иную личность.

Люди, у которых чувство голода, вкуса, алкогольное, табачное, наркотическое пристрастие сильно развиты и «захватили» большую часть сознания, капризны, нетерпеливы, переполнены чувством жалости к самим себе. Им очень трудно голодать, хотя именно им голод будет приносить наибольшую пользу.

Выдержав натиск «умирающих пристрастий» на данной стадии голодания (первые 2—4 дня), человек перестает ощущать тягу к алкоголю, наркотикам и к табаку. Не наблюдается при этом и синдрома «отмены» у людей, зависимых от глюкокортикоидных гормонов надпочечников, от лекарств.

Стадия пищевого возбуждения является своеобразным тестом, обнаруживающим «мусор» в сознании человека. Убрав его, человек делается более цельным и мощным энергетически, более успешно противостоит неблагоприятным условиям и болезням.

**Влияние на физиологические процессы.** Стадия пищевого возбуждения является мягким стрессом для организма. Этот стресс в первую очередь вызывает активизацию главного «пульта» управления человеческого организма — **гипоталамуса.** Гипоталамус начинает выделять различные вещества, которые оказывают особое воздействие на железы внутренней секреции, чтобы приспособить организм к существованию без пищи.

Если голодание продолжается более 24 часов, гипоталамус продолжает руководить приспособлением организма к голоду, выделяя тканевые нейрогормоны. С помощью этих гормонов осуществляются приспособительные реакции организма, направленные на снятие интоксикации, восстановление работы иммунной системы, генетического аппарата, барьера клеток, нейтрализацию аллергических реакций в организме и т. д.

В этот период значительно возрастает активность фагоцитов на уничтожение патологических микроорганизмов.

В первые 3—4 дня голодания из организма активно выводится лишний натрий через мочевыводящие пути, кожу, кишечник, а за ним из организма уходит «лишняя» вода. Одновременно нормализуется белковый обмен, что в сумме приводит к исчезновению отеков любого происхождения.

Таким образом, проголодав время стадии пищевого возбуждения (2—3 дня), вы даете физиологическую встряску своему организму, усиливаете фагоцитарную и иммунную защиту организма, выводите лишний натрий и жидкость из организма. Можете избавиться от тех заболеваний, которые активизировались на этой стадии. Можете потерять 2 кг веса.

## Нарастающий ацидоз — 2-я стадия

Начинается стадия нарастающего ацидоза со 2—3-го дня голодания и заканчивается первым ацидотическим кризисом на 6—10-й день голодания.

На 3—5-й день воздержания от пищи чувство голода обычно понижается, а иногда и полностью исчезает, тогда как жажда в это время повышается.

Если чувство голода сохраняется во время всего курса голодания, значит, причина такого явления заключается в полевой форме человека и означает наличие мощного очага чувства голода, с которым человек не знает, как бороться. Он постоянно думает о еде, и это провоцирует голод. В данном случае необходимо сознательным волевым усилием переключиться на противоположную тему. Например, вообразить, что каждое мгновение вашего голодания спасает мир. Вообще наличие чувства голода ни в коей мере не снижает эффективности голодания, а лишь затрудняет его.

У большинства голодающих отмечается нарастающая общая заторможенность. Иногда, особенно по утрам, некоторые больные жалуются на головную боль, головокружение, тошноту, чувство слабости. Эти явления в значительной степени снижаются или полностью исчезают после прогулки, питья щелочных вод (боржоми). Отмечаются нарастающий белый или серый налет на языке, сухость языка и губ, слизь на зубах, запах ацетона изо рта, сухость и бледность кожных покровов. У некоторых больных наблюдается небольшое обострение симптомов сопутствующих хронических соматических заболеваний. Потеря веса достигает 300—500 г в сутки. Все эти явления проявляются у голодающих с разной интенсивностью до 6—10-го дня голодания, после чего довольно быстро состояние больных изменяется.

**Влияние на полевую форму.** На стадии нарастающего ацидоза в полевой форме человека продолжается работа, начатая на предыдущей стадии. Жизненная сила, не расходуясь на переработку, усвоение пищи и выведение продуктов ее распада, начинает «выметать», «выдавливать» излишнее и чужеродное из организма. Этим объясняются нарастающий белый или серый налет на языке, сухость языка и губ, слизь на зубах.

В связи с возникающей слабостью и интоксикацией в организме активизируются патологические чувства жалости к самому себе, тяга к комфорту, чувство несправедливости и зависти к окружающим людям

Когда полевая форма освобождается от угнетающих ее психологических зажимов и чувств, наступает внутреннее успокоение.

**Влияние на физиологические процессы.** Начиная со 2—3-го дня голодания качественно изменяется секреция желудочно-кишечного тракта. Прекращается выделение соляной кислоты. Вместо нее в просвет желудка проникают ненасыщенные жирные кислоты и белки.

Ненасыщенные жирные кислоты активизируют тканевый нейрогормон холецистокинин, который подавляет чувство голода. Поэтому с 3—4-го дня голодания люди обычно не испытывают тяги к пище.

Ненасыщенные жирные кислоты, кроме того, обеспечивают выраженный желчегонный эффект, что способствует очищению печени и желчного пузыря, частично нормализует их функцию.

С 7—9-го дня голодания желудочная пищеварительная секреция полностью прекращается, а вместо нее появляется так называемая спонтанная желудочная секреция. Образующийся секрет содержит большое количество белков, которые вновь всасываются через слизистую желудка в кровяное русло. Возникновение и использование спонтанной желудочной секреции при голодании — важный приспособительный механизм, который снижает потерю белков и обеспечивает организм постоянным притоком аминокислот — пластического материала, используемого для построения и восстановления белков наиболее важных органов.

На данной стадии голодания происходят усиленное закисление внутренней среды организма кетоновыми телами и накопление углекислоты. Это приводит к перестройке ферментативного аппарата внутри клеток организма, включению в активный режим ранее свернутых механизмов, активизации аутолиза.

Стресс, бушевавший в первые дни голодания, сменяется торможением в нервной системе. Человек чувствует себя расслабленно. Всеобщее расслабление — прекрасная предпосылка качественного очищения тканей и клеток организма.

## Компенсация, или адаптация — 3-я стадия

Стадия компенсации, или адаптации, начинается после того, как произойдет первый ацидотический кризис, и заканчивается очищением языка и появлением сильного чувства голода. Продолжительность этой стадии, как и предыдущих, у каждого человека индивидуальна. В среднем она начинается на 6— 10-е сутки голодания, а заканчивается на 40—70-е и более. Ее продолжительность зависит от запасов жиров в организме: чем их больше, тем дольше эта стадия.

Эту длительную стадию необходимо разбить на две части. Первая ее часть начинается после первого ацидотического кризиса и заканчивается началом второго: с 6—10-го дня по 23—25-й день голодания. Вторая часть начинается после окончания второго ацидотического кризиса и заканчивается появлением сильного аппетита и очищением языка: с 23—25-го дня по 40—70-й день голодания. Такой большой разброс объясняется различной массой тела голодающих.

**Первая часть 3-й стадии** протекает так. На 6—10-й день в течение одного дня или даже нескольких часов, часто ночью, в состоянии голодающего наступает резкий перелом — ацидотический кризис. Значительно улучшается самочувствие, появляется бодрость, улучшается настроение, исчезают обострившиеся в предыдущую стадию голодания заболевания. Очищается от налета язык, уменьшается запах ацетона изо рта, становится лучше цвет лица, глаза начинают блестеть, нормализуется пульс. Суточная потеря веса минимальная — 100—200 г в сутки. Психическое состояние обычно значительно улучшается, исчезает тревога, уменьшается напряженность. Так продолжается до тех пор, пока не начнется второй ацидотический кризис, во время которого происходит ухудшение самочувствия, активизируются хронические заболевания.

**Влияние на полевую форму.** Жизненная сила в течение первой части выполняет первоочередную работу по восстановлению функций и структур организма.

За счет сознательного терпения происходит очищение полевой формы от второстепенного эмоционально-чувственного «мусора». Патологические мысли, желания действуют на сознание человека не так напористо, как на стадии пищевого возбуждения.

**Влияние на физиологические процессы.** Основная физиологическая особенность этого периода голода — **компенсированный ацидоз.** Внутренняя среда организма перестает сдвигаться в кислую сторону, системы, приспосабливающие организм к новым условиям жизни, работают на полную мощь. Особенно это касается желез внутренней секреции. Именно во время этого периода голодания саморегуляция организма достигает своей вершины, устраняя патологию из организма.

После первого ацидотического кризиса резко возрастает иммунная защита организма. И только теперь на всю мощь работает аутолиз (рассасывание тканей), продолжая устранять из организма чужеродные опухоли, очаги инфекции, патологические ткани и другие образования.

Ввиду обновления генетического аппарата клеток при голодании образуются совершенно новые клетки, а в некоторых органах появляются добавочные. В результате устранения старых, пассивных клеток органы и ткани организма становятся намного моложе.

**Вторая часть 3-й стадии** начинается со второго ацидотического кризиса. Наступление этого кризиса связано с процессами, происходящими в полевой форме человека.

**Влияние на полевую форму.** Каждая болезнь имеет свой информационно-энергетический «корень», который при наступлении благоприятных условий в организме развивается в тот или иной патологический процесс. Как правило, большинство болезней успешно развиваются в гниющих условиях. В начале голодании за счет образования кислой среды болезни лишаются «среды обитания» и прекращают свою внешне видимую деятельность, но «корешок» остается.

Если первый ацидотический кризис устраняет «стебель болезни», то второй — уничтожает «корень болезни». Происходит это за счет того, что полевая форма человека, уплотняясь и насыщаясь энергиями, «выдавливает» из себя постороннюю, не свойственную ей энергию. Выход этой энергии и вызывает явления второго ацидотического кризиса. Человек, прошедший при голодании через второй ацидотический кризис, как правило, полностью выздоравливает.

**Влияние на физиологические процессы.** Естественно, чем длительнее организм находится в условиях компенсированного ацидоза, тем больше времени идут целительно-восстановительно-омолаживающие процессы.

Вес тела теряется по 50—100 г в сутки, иногда еще меньше. Так продолжается до тех пор, пока в организме имеются второстепенные ткани, которые можно расщеплять. Заканчивается эта часть появлением сильного чувства голода и очищением языка. Это указывает на законченность процесса физиологического голодания и исцеления. Теперь необходимо провести выход — возобновлять прием пищи. Если этого не сделать, начнется патологическое голодание, во время которого происходят необратимые процессы, подрывающие не только здоровье человека, но и его жизнь.

За время длительного голодания клетки некоторых органов несколько раз полностью обновляются. Таким образом, в них закрепляется здоровый генетический аппарат и исчезает способность к различного рода перерождениям, связанным с мутациями и другими генными нарушениями.

Длительность второй части 3-й стадии голодания у каждого голодающего индивидуальна.

## ЗАВЕРШЕННОЕ И ПРЕРВАННОЕ ГОЛОДАНИЕ

По срокам проведения голодание считается **полным**, или **завершенным**, когда человек прошел через все три стадии голодания. Голодание считается **неполным**, или **прерванным**, когда не достигнуто появления сильного позыва принять пищу и не очищен язык. Другими словами, голодание, укладывающееся в 1-ю, 2-ю и первую часть 3-й стадии, считают неполным, или прерванным.

Важно знать следующее: в целях лечения и профилактики можно использовать голодание сроком от одного дня до того дня, когда произойдет очищение языка и появится аппетит. Стадия истощения запрещена.

## ВОССТАНОВИТЕЛЬНЫЙ ПЕРИОД ПОСЛЕ ГОЛОДАНИЯ

Процесс оздоровления с помощью голодания растянут во времени и захватывает не только время, затраченное на голодание, но и время, затраченное на последующее восстановление. Поэтому само голодание — первый этап работы над собственным организмом, а восстановление после голодания — второй этап.

После прекращения голодания наблюдается повышение восстановительных способностей организма (жизненной силы).

Заслуживает внимания факт самообновления тканей, который начинается с первых дней после прекращения голодания. Ученые из Института гастроэнтерологии обнаружили, что у больных людей в результате проведения 28-дневного голодания в желудке появляются новые клетки со светлой протоплазмой, которые после окончания голодания постепенно, в течение 20—30 дней, преобразуются в клетки, которые выделяют слизь, предохраняющую желудок от повреждения. После неоднократных курсов голодания даже у желудочно-кишечных больных желудки становятся «лужеными».

Правильное проведение восстановительного периода требует специфических знаний, но в большей мере это касается правильного питания.

**Внимание!** Процесс выхода из голода должен запустить ранее свернувшиеся механизмы потребления пищевых продуктов и свернуть возникшие во время голодания. Естественно, на это необходимы не только время, но и особая пища, которая помогала бы организму в данной перестройке, а если возможно, то и продлевала полезное действие голодания. Если этим пренебречь, можно перечеркнуть целительное действие голодания, нанести вред организму.

## СТАДИИ ВОССТАНОВИТЕЛЬНОГО ПЕРИОДА

Процессы, происходящие в организме во время восстановительного питания, можно подразделить на **три стадии**, во время которых происходит переключение организма с внутреннего (эндогенного) питания на внешнее.

### Астеническая — 1-я стадия

Особенности этой стадии восстановления зависят от сроков голодания, ибо 1-я стадия должна запустить процессы пищеварения в желудочно-кишечном тракте, свернувшиеся во время голодания.

Если человек воздержался от пищи в стадию пищевого возбуждения (2—3 дня), то проблем с пищеварением при возобновлении питания не возникает. Можно есть ту же еду, что и до голодания.

Если человек проголодал стадию нарастающего ацидоза (6—10 дней), то необходимо во время выхода дать организму вывести шлаки, которые начали сдвигаться за время голодания, и запустить питание. В этом случае нельзя сразу начинать есть вареную и тяжелую пищу (мясо, творог, супы, сдобу и т. п.). Частично свернувшийся процесс пищеварения не сможет обеспечить полноценное ее переваривание.

Пища после 6—10-дневного голодания должна быть жидкой (свежевыжатые овощные соки, отвары из трав на протиевой воде с добавлением меда), растительной (свежие фрукты, овощи, можно применять овощи, тушенные на воде до полуготовности) в течение первых 3—4 дней. Остерегайтесь переедания. Чтобы очистить язык, перед каждой едой надо тщательно пережевать корочку хлеба, натертую чесноком, а затем ее выплюнуть. Налет на языке в эти дни указывает, что продолжает идти очищение организма.

Начиная с 3—4-го дня до 6—10-го в дополнение к указанному следует есть хлеб из проросшей пшеницы, цельные каши на воде с добавлением морской капусты. И только после такой подготовки переходить на обычное питание. Сигналом к переходу на обычное питание служит исчезновение налета на языке.

Если человек проголодал стадию адаптации до второго ацидотического кризиса 23—25 дней, то его пищеварение свернулось значительно сильнее, а процесс расшлаковки идет полным ходом. На этих сроках выход из голодания надо осуществлять очень осторожно и грамотно. Питание желательно начать с разбавленных протиевой водой свежевыжатых соков. Первые 2 дня пить соки пополам с водой, вторые 2 дня — разбавленные на одну треть, следующие 2 дня — в неразбавленном виде. С этого же времени можно вводить свежую растительную или слегка тушенную (тушить на воде) пищу. Если невозможно получить соки, восстанавливаться на отварах трав и размоченных сухофруктов. С последующих дней вводить небольшое количество хлеба из проросшей пшеницы, каши на воде.

После первого приема небольшой порции пищи (100—200 мл сока) человек чувствует предельное насыщение, но уже через короткое время (20—30 мин) снова ощущает сильный голод. В это время вновь усиливается слабость, так как теперь часть энергии расходуется на переработку и усвоение пищи. Стул появляется, как правило, со

2—3-го дня питания. Вес тела в первые 1—2 дня восстановительного периода продолжает понижаться (на 100—200 г в сутки).

Астеническая стадия восстановительного периода характеризуется возбуждением жизненного принципа «Ветра». Для его подавления необходимо ежедневно смазывать все тело оливковым или топленым маслом, принимать горячие ванны, делать молочно-масляные микроклизмы.

## Интенсивное восстановление — 2-я стадия

Интенсивное восстановление наступает тогда, когда организм запустит пищеварительную систему. Восстановление пищеварительной функции зависит от срока голодания. Если человек голодал всего 2—3 дня, восстановление наступает сразу; если 6—10 дней, то на 3—4-й день; если 20—30 дней, то на 5—7-й день; если голодание было завершено полностью, наступает быстрее — на 4—6-й день.

Аппетит быстро растет. Теперь для насыщения требуется уже достаточно большое количество пищи. Вес тела быстро нарастает — примерно в тех же пропорциях, в каких он падал во время голодания. Нарастают и физические силы, быстро улучшаются самочувствие и настроение, болезненная симптоматика большей частью исчезает. Артериальное давление достигает нормального уровня, пульс делается устойчивым, нормализуется стул. Большой аппетит и повышенное настроение держатся после голодания примерно в полтора-два раза дольше времени голодания.

Наибольшая и частая **ошибка** этого периода восстановления — неумение контролировать чувство голода. Поставленный во время голодания под контроль аппетит с новой силой воздействует на сознание человека. Ешьте умеренно и с разбором, утром и в обед. Этим вы наладите и согласуете энергетику организма с природными циклами.

## Нормализация — 3-я стадия

Наступление 3-й стадии также зависит от длительности голодания.

На 3-й стадии аппетит у отголодавших людей становится умеренным, пищеварение — нормальным. Это указывает на полное восстановление внешнего питания. Настроение делается ровным, спокойным.

**Внимание!** Не следует на время этой стадии чрезмерно увлекаться свежей растительной пищей, богатой балластными веществами (капуста, морковь, листовые овощи и т. п.), а в особенности неразмоченными сухофруктами. Это приводит к значительному усилению жизненного принципа «Ветра». Балансируйте свой рацион достаточным количеством каш, овощей, фруктов, содержащих меньше балластных веществ или прошедших минимальную термическую обработку. Ешьте пищу в теплом виде. Особенно это касается лиц с конституцией «Ветра» и страдающих повышенным газообразованием.

### Практические рекомендации: сроки голодания и лечебный эффект

В зависимости от сроков голодания отмечается тот или иной лечебный эффект.

Голодание в течение **1—3 суток** активизирует центральную нервную систему по принципу стресса на нехватку пищевых веществ; разгружает пищеварительную систему, дает ей отдых; очищает от шлаков кровь и немного — межклеточную жидкость.

Голодание в течение **3—7 суток** помимо указанного хорошо очищает межклеточную жидкость; закисляет организм, что позволяет избавиться в первую очередь от гноеродных микроорганизмов; восстанавливает эпителиальную ткань тонкого кишечника и желудка.

Голодание в течение **7—14 суток** помимо указанного полностью очистит и восстановит эпителий желудочно-кишечного тракта (если там нет серьезной патологии); частично очистит печень и соединительную ткань; наладится работа сердечно-сосудистой системы; хорошо разгрузятся все клетки организма от шлаков; могут рассосаться некоторые инфильтраты, опухоли, полипы.

Голодание **от 14 до 21 суток** помимо указанного полностью очистит и обновит клетки печени и почек, а также большинство желез внутренней секреции; может вывести камешки из желчного и мочевого пузыря; рассосется большинство отложений солей и спрессованной слизи, а также опухолей различного вида; прекрасно очистятся и обновятся соединительная ткань и кожа; частично очистится костная ткань.

Голодание (особенно уриновое) **от 21 до 28—30 суток** (полный лунный цикл) помимо указанного уничтожит почти все виды опухолей и инфекцию, рассосет спрессованные сгустки слизи в гайморовых и других полостях, а также выведет отложения солей (но не слишком запущенные); восстановятся и обновятся клетки мягких тканей организма, почти все клетки кожи; уберется большинство старых клеток из организма; заменится и нормализуется жировая ткань; на 1/3 заменится и очистится костная ткань.

## ВИДЫ ГОЛОДАНИЯ

Три основных вида голодания: **классическое, уриновое** и **сухое** — основаны на способах проведения. Кроме того, возможны масса вариантов внутри одного способа проведения голодания, а также комбинирование всех трех способов в одном голодании.

Помимо этого, каждая школа голодания (русская — Ю. Николаева, Г. А. Войтовича; американская — Г. Шелтона, П. Брэгга; французская — Ив Вивини; английская уринотерапевтическая — Д. Армстронга и т. д.), каждая клиника, которая проводит голодание в лечебных целях, имеют свои взгляды и используют различные приемы.

Ваша задача — на основании собственного опыта и индивидуальности отобрать наиболее приемлемые для вас способы голодания.

# Классическое голодание

Классическое, 20—30-суточное, лечебное голодание проводилось в большинстве лечебных учреждений нашей страны (к сожалению, таких клиник в настоящее время почти не осталось).

## Практические рекомендации: правила проведения голодания

*1-е правило — прием слабительного.* Для лучшего входа в голодание используют одноразовый прием большой дозы слабительного (магнезию или соль «Барбара» в количестве не менее 60 г растворить в 300—400 мл и выпить за один прием). Слабительное принимают в следующих целях:

— во-первых, при очищении желудка и кишечника быстрее срабатывают механизмы переключения на полноценный внутренний режим питания;

— во-вторых, быстрее пропадает чувство голода; у тех людей, кишечник которых был очищен недостаточно полно, еще 2—3 дня сохраняется чувство голода.

В редких случаях слабительное можно применять повторно через 2—3 дня голодания, если голодающий замечает в испражнениях большое количество каловых камней. Повторное применение слабительных средств без особой надобности нежелательно. Это может на какое-то время нарушить ионный обмен в организме человека, вызвать тошноту, даже рвоту.

Вместо слабительного можно сделать несколько (2—3) 2-литровых очистительных клизм или Шанк-пракшалану с 2—4 л воды.

*2-е правило — питьевой режим.* Во время классического голода рекомендуют выпивать в течение суток не менее 2 л воды. Можно пить воду сразу же после того, как начинает действовать слабительное. Происходит повышенное удаление натрия и воды из организма через кишечник. Если у голодающего имеются выраженные отеки, прием воды в первые два дня можно ограничить до 1 л.

Целесообразно ограничить объем принимаемой внутрь воды, если человек начинает голодать с повышенной температурой тела. В этом случае температура естественно, без дополнительных приемов и средств, будет снижаться и за 2—3 дня, как правило, приходит в норму.

При нормальной температуре питьевой режим необходим для более качественного расщепления жира. Голодающий человек может выпивать более 2 л воды в день, например 5—6 л и больше, и в этом случае не наблюдается задержки жидкости в организме. Воду можно пить любую.

На 3—4-е сутки голодания лицам, тяжело переносящим стадию нарастающего ацидоза, рекомендуют добавлять к питьевому режиму 0,5 л минеральной воды. В организме $CO_2$ присутствует в основном в пяти вариантах, в том числе и в бикарбонатах, которые имеются в минеральной воде. Бикарбонаты, как буфера, смягчают развитие ацидотического пика.

***3-е правило — двигательный режим.*** Необходимо проходить в среднем 15—20 км в день на свежем воздухе. Люди с низким исходным весом (42—50 кг) стараются ходить меньше, так как у них маленькие жировые запасы. Однако лечебно-профилактический эффект у таких людей обычно наступает значительно раньше, нежели у лиц с выраженным ожирением. Помните, что небольшой вес тела далеко не всегда противопоказан для проведения дозированного голодания. Но двигательный режим этим людям необходимо ограничить до 5—10 км в день.

Полная неподвижность является относительным противопоказанием при голодании, так как в этом случае могут образовываться каловые пробки, которые в значительной степени подавляют антитоксический эффект лечебного голодания. Голодающие не будут чувствовать себя комфортно, у них часто отмечаются слабость, сердцебиение и другие симптомы интоксикации.

Прогулки в летнее жаркое время целесообразно проводить на воздухе в легкой одежде, по возможности в купальных костюмах. В прохладное время следует одеваться теплее обычного. Желательно ежедневно во время длительной интенсивной ходьбы добиться состояния испарины, а лучше пропотеть. Это удается с большими трудностями, так как при голодании отмечается сухость кожных и слизистых покровов.

Двигательный режим следует соблюдать по самочувствию.

**4-е правило — водные процедуры.** Для лучшего очищения от шлаков через кожу, для укрепления кожного барьера и борьбы с сухостью кожи и слизистых оболочек рекомендуется не менее 1 раза в сутки принимать душ или ванну. Неплохо применять контрастный душ, чередуя теплую воду с холодной. Для тучных людей целесообразен душ Шарко, который одновременно массирует тело. Рекомендуется париться в бане, сауне 1 раз в 5—7 дней.

Во время водных процедур не следует часто употреблять мыло. Достаточно пользоваться им 1 раз в 7—10 дней. Можно проводить массаж — растирать мочалкой каждую часть тела докрасна.

В зависимости от индивидуальной конституции установите наиболее приемлемый для вас вид водных процедур.

**5-е правило — очистительные клизмы.** Делать клизму следует примерно через сутки после действия слабительного. (Очищение кишечника с помощью клизм подробно изложено в разделе «Очищение организма — путь к оздоровлению».)

**6-е правило — массаж и самомассаж.** Утром и вечером в течение 30 мин рекомендуется проводить массаж, растирая поочередно различные части верхних и нижних конечностей, чередуя голень с плечом, бедро с предплечьем, затем круговой массаж живота. Массаж грудной клетки должны делать массажист или окружающие голодающего люди. Сзади, между лопаток и ниже, в течение 10—15 мин проводится давящий массаж грудной клетки кулаками или пальцами.

Эффективен массаж с упаренной уриной.

**7-е правило — гигиена ротовой полости.** Во время голодания огромное количество шлаков удаляется верхним путем — через рот и нос. Сильно обложен язык. Появляются налеты в ротовой полости. В течение 6—7 дней и более может начаться свободный отток гноя из гайморовых или лобных пазух, зубов, пораженных пародонтозом. Очищаются от гнойного содержимого миндалины при наличии гнойных «мешков» и пробок. Для удаления этих шлаков рекомендуется полоскание ротовой полости холодной водой, отварами трав и содовым раствором, чередуя их. Полоскание применяется перед каждым приемом воды.

Полощите рот, промывайте нос, закапывайте в уши свою урину.

*8-е правило — одежда.* В период голодания не рекомендуется носить синтетическую одежду, которая изолирует человека от внешней среды и не дает организму подпитываться свободными электронами через кожу, а также не дает полноценно восстановиться кожному барьеру. Как только голодающий человек меняет синтетическую одежду на хлопчатобумажную или шерстяную, он сразу чувствует себя энергичнее и комфортнее.

## ВЫХОД ИЗ ГОЛОДАНИЯ

После проведения первого курса классического голодания (17—20 суток) начинается питание соками, затем преимущественно растительной пищей.

**1-й день питания.** Смешать 1 л свежевыжатого сока и 0,5 л талой или протиевой воды. Употреблять через 1— 1,5 ч по 1 стакану. Желательно приготовить морковный или яблочный сок, но можно потреблять и любой другой сок — овощной, фруктовый, ягодный. В течение пяти первых дней восстановления пищевого режима категорически запрещается употребление поваренной соли.

**2-й день питания** (4—5-разовое). Есть овощи, фрукты, ягоды до первого момента чувства насыщения. Овощи в основном употребляются в сыром виде. Войтович рекомендует в первые дни восстановительного питания с пищей обязательно употреблять большое количество чеснока (10—15 г), независимо от индивидуальной переносимости его до голодания. Жгучий вкус чеснока активизирует пищеварение и дезинфицирует организм (эта рекомендация больше всего подходит людям с индивидуальной конституцией «Слизи»).

К концу второго дня возобновления питания можно отварить свеклу и запечь в духовке картофель.

**3-й день питания.** К овощам, фруктам, сокам добавляются сухофрукты, преимущественно размоченные в теплой воде, а также 2 ч. ложки меда.

**4-й день питания (3—4-разовое).** Добавляется каша из различных круп: гречка, овес, пшено, перловка и т. д. Она приготавливается на воде и заправляется растительным маслом. К концу четвертого дня можно употреблять орехи, семечки.

**5-й день питания.** Добавляются бобовые — горох, фасоль, можно в виде пюре.

**6-й день питания.** Добавляется хлеб, в котором содержится соль. После чего рекомендуется переходить на 2-разовое питание по принципу — более однообразная пища в один прием и наибольшее разнообразие ее в течение дня, недели, месяца и т. д.

Разовый прием пищи должен строиться так: вначале выпить жидкость (чай, компот, сок, кислое молоко), если испытываете жажду; затем овощной салат или отварные, запеченные овощи, можно фрукты; теперь можете съесть хлеб или суп из проросшего зерна, кашу, картошку, мясо, творог, орехи и т. д., но только что-то одно.

Продолжается месячный цикл такого питания. При этом ограничиваются молочные продукты, которые в силу сложности усвоения и возможной аллергической реакции организма на них снижают последующий эффект лечебного голодания. В этот период рекомендуется реже обычного употреблять яйца, куриное мясо и другие продукты животного происхождения.

## Уриновое голодание

Уриновое голодание в основном проводится самостоятельно. От классического оно отличается тем, что 2-е правило несколько видоизменено. Рекомендуется выпивать почти всю выделяющуюся в течение дня урину. Воду пить по мере необходимости, но такое количество, чтобы урина не была чрезмерно концентрированной.

**5-е правило** — очистительные клизмы — вносится небольшое изменение. Вместо воды использовать свежую (около 1 л) и упаренную (от 100 до 500 мл) урину.

**6-е правило** — массаж и самомассаж — проводить с использованием упаренной (от 1/2 до 1/4) урины в течение 1—2 часов.

**7-е правило** — гигиена ротовой полости — заменяется на полоскание рта и промывание носа свежей уриной (можно осторожно использовать и упаренную).

Преимущества уринового голода над классическим заключаются в более быстром закислении организма, лучшем очищении от шлаков, уничтожении патогенной микрофлоры и опухолей, гомеопатическом эффекте, сокращении сроков голодания.

## Сухое голодание

Сухое голодание бывает двух видов: полное и частичное. Проводится в основном самостоятельно. Отличия сухого голодания от классического состоят в следующем.

**2-е правило** — питьевой режим — полностью отсутствует. Это способствует более быстрому расщеплению жира. Терпение чувства жажды приводит к быстрому освобождению от чувственно-полевой патологии.

**4-е правило** — водные процедуры — отсутствуют в полном сухом голодании. В частичном разрешается применять ванны, души, обливания. Это помогает лучше очищать от шлаков кожу.

**5-е правило** — очистительные клизмы — полностью отсутствуют в обоих видах сухого голодания.

**7-е правило** — гигиена ротовой полости — отсутствует в полном сухом голодании, но применяется в частичном. При этом голодающий только полощет рот.

Преимущества сухого вида голодания над классическим и уриновым заключаются в постановке организма в более жесткие рамки. Теперь организм должен перестроиться таким образом, чтобы добывать в самом себе не только пищевые вещества, но и воду. Ткани организма расщепляются еще быстрее, закисление происходит в сжатые сроки. При правильном проведении сухое голодание более эффективно для оздоровления организма. Однако это очень тяжелое испытание для психики человека, потому что резко активизируются патологические чувства и здесь необходимо проявить колоссальное терпение. Сухое голодание рекомендуется проводить только после накопления достаточного опыта, чтобы не нанести себе вреда.

# ОСОБЕННОСТИ ПРОВЕДЕНИЯ ГОЛОДАНИЯ В ЗАВИСИМОСТИ ОТ ПРИРОДНЫХ ЦИКЛОВ

## Сезонные циклы

Голодания надо проводить с учетом биологических ритмов природы. Если голодать произвольно, то результат несколько снижается, могут возникать осложнения.

Сезоны года оказывают свое влияние на жизненные процессы человеческого организма двумя факторами: энергией, поступающей на Землю из космоса, и климатическими условиями.

Энергетический фактор наиболее сильно проявляет себя в периоды вхождения Солнечной системы в сектор пространства стихии «Огня». Это происходит в знаках Овна, Льва и Стрельца. Кроме того, много гравитационной энергии поступает на Землю в период зимнего солнцестояния. Голодать в эти периоды легче и эффективнее. Недаром посты (особенно длительные — Великий и Рождественский) приурочены к этим периодам.

Климатические условия за счет холода, тепла, влажности и сухости могут способствовать очищению при голодании либо, наоборот, затормозить его. Теплая, влажная погода особенно подходит для голодания. Например, начало лета, приблизительно на Петров пост, когда внешняя теплота активизирует биологические реакции в организме и способствует лучшей расшлаковке и уничтожению новообразований. Зимнее время с его холодом и сухостью может снизить эффект. Для того чтобы нейтрализовать это вредное воздействие, вы должны применять побольше прогреваний и влажных процедур. Тогда все будет в норме.

Летом голодать труднее из-за расслабляющего действия солнечного тепла, хотя очищение идет очень хорошо. Зимой голодать легче, потому что прохлада и гравитационная энергия тонизируют организм, хотя процесс очищения идет слабее.

Неплохо голодать длительные сроки и в периоды затишья, уравновешенности в природе: в весеннее и осеннее равноденствие. Именно так поступают большинство животных.

## Лунный цикл

Лунный цикл (месяц) накладывает наиболее сильный отпечаток на процессы, происходящие в организме человека. Он самый важный, ибо в нем имеются дни и целые периоды, когда организм сам очищается, и дни и периоды, когда это делать нежелательно.

Движение Луны, ее фазы вызывают на Земле приливы и отливы. Отражение этого процесса наблюдается и в человеческом организме в виде двух явлений. Первое — наш организм состоит из воды и поэтому следует за приливами и отливами; второе — от изменяющегося гравитационного воздействия со стороны Луны наш организм становится то легче, то тяжелее. Когда он становится легче, он расширяется, что благоприятствует очистительному процессу при голодании. Когда он становится тяжелее, он сжимается под действием гравитации Земли и собственных сил — ткани зажаты и отдают шлаки с большим трудом. Если вы действуете соответственно лунным циклам, вам обеспечен полный успех.

### Практические рекомендации

1. Голодание до 7 суток проводите только во II и IV фазы лунного цикла. В это время организм естественно очищается, и вы лишь способствуете этому.

2. Голодание больше 7 суток приурочивайте так, чтобы большинство дней голодания приходилось на вышеуказанные фазы.

3. Голодание больше 14 суток планируйте так, чтобы выход из голодания совпал с началом лунного цикла (с новолунием). В это время организм естественно запускает жизненные процессы, и вы без всяких затруднений войдете в ритм его работы.

Если вы уверены в себе и имеете опыт длительных сроков голодания, начинайте входить в голодание в начале лунного цикла, а выходить — после его завершения. Это будет наилучший вариант.

Еще раз напомню: **голодание в I и III фазы лунного цикла** (это справедливо до 7 суток), когда организм естественно идет на сжатие и коллоиды клеток держат шлаки, **малоэффективно**. А вот восстановление начинайте именно в эти фазы, когда организм идет на связывание и удержание веществ.

Односуточные, полуторасуточные пищевые воздержания лучше всего проводить в дни экадаши: 11-й день после новолуния и 11-й — после полнолуния. Древние мудрецы подметили, что в эти дни земля становится «влажной», то есть лунная гравитация поднимает воду из глубины ближе к поверхности. Подобный процесс происходит и в нашем теле, что способствует гораздо лучшему его очищению, нежели в другие дни. Кроме того, эти дни считаются энергетически сильными, и вы легко перенесете голодание и прекрасно очиститесь.

## Индивидуальная конституция

Проводить голодание необходимо с учетом индивидуальной конституции и возраста.

У людей с выраженной конституцией «Слизи» в организме скапливаются и удерживаются шлаки слизистой природы. Располагаются они в основном в легких, носоглотке и полостях мозга. Таким людям необходимо изъять из своего питания слизеобразующие продукты и голодать тогда, когда активны названные органы в лунном цикле (1—2 суток), знаке зодиака (2—7 суток) и в сезоне года (7—14 суток и более). Во время голодания принимать как можно меньше воды. Подходят различные варианты сухого и уриновое голодания. Во время выхода из голодания и для последующего питания рекомендуется принимать пищу, частично обезвоженную и теплую. Например, слегка тушенные овощи, сухофрукты, сухие каши, салаты с минимумом масла.

У людей с выраженной конституцией «Желчи» от повышенной теплопродукции в печени образуется повышенное количество желчных шлаков, которые отравляют кровь и образуют высыпания на коже. Таким людям необходимо избегать острых, разогревающих блюд, не перегреваться, пить побольше протиевой воды, свежевыжатых соков и очищать печень. В целях нормализации «желчной» функции рекомендуется голодать в период активности печени в лунном цикле (1—2 суток), знаке зодиака (2—5 суток) и в сезоне года (5—14 суток). Подходит классическое голодание, а также с использованием урины. Во время выхода из голодания и для последующего питания рекомендуется принимать свежие салаты, фрукты, каши обычной консистенции.

Лица с выраженной конституцией «Ветра», у которых от обезвоживания и охлаждения образуются твердые шлаки в виде камней, разного рода сгущений, должны изменить питание и образ жизни в целях насыщения тела водой и теплом. Необходимо как можно шире использовать теплые водные процедуры, пить в горячем виде отвары и не переохлаждаться. Для нормализации «ветреной» функции им рекомендуется голодать во время активности толстого кишечника в лунном цикле (1—2 суток), знаке зодиака (2—4 суток) и в сезоне года (4—10 суток). В период голодания необходимо широко использовать теплые ванны. Во время выхода из голодания рекомендуется еще в течение 3—7 дней делать уриновые клизмы, смазывать тело оливковым маслом (особенно поясницу, тазобедренные суставы), принимать горячие ванны. В пищу употреблять жидкие и теплые продукты — свежевыжатые теплые соки (получают из слегка подогретых фруктов и овощей), овощные супы, жидкие каши. В дальнейшем питании в каши добавлять топленое масло.

## Возраст

Рекомендации по проведению голодания с учетом возраста основаны на энергетическом потенциале, на содержании жидкости в организме человека и способности вырабатывать тепло. С возрастом человеческий организм в связи со снижением жизненного потенциала утрачивает способность вырабатывать в необходимом количестве тепло и удерживать воду.

С возрастом увеличиваются сроки голодания. Молодым людям с большим потенциалом жизненной силы, нормальным течением физиологических функций для очищения организма требуется гораздо меньше времени, чем людям пожилым и старым. Такие люди при голодании вначале должны набрать необходимый жизненный потенциал, нормализовать физиологические функции, а уже затем пойдет очищение организма. Помните: то, что вам хорошо помогало лет 15—20 назад, теперь даст лишь частичные результаты, поэтому делайте соответствующий перерасчет на возраст. Но в любом случае ваша решимость и терпение принесут желанные плоды.

## Биоритмологическая активность органов

Голодать для лечения или укрепления конкретного органа надо тогда, когда он биоритмологически наиболее активен и силен. Это будет способствовать его лучшему очищению, лечению, обновлению и укреплению. Если же голодание придется на то время года, когда орган находится в самом слабом состоянии, это может неблагоприятно отразиться на нем.

Весной, с марта по май, голодайте для лечения или оздоровления слабой функции печени и желчного пузыря. Летом, с июня по август, — для лечения и укрепления сердца и тонкого кишечника. Осенью, с сентября по ноябрь, лучше всего голодать для укрепления легких, толстого кишечника и кожи. Зимой, с декабря по февраль, голодание будет вести целительную работу над слабыми почками и мочевым пузырем. Слабый желудок и селезенку можно оздоравливать голоданием в конце весны, лета, осени, зимы.

## ПРОТИВОПОКАЗАНИЯ К ГОЛОДАНИЮ

*Противопоказаниями к проведению лечебного голодания служат:*

- у женщин — вторая половина беременности и период кормления грудью;
- далеко зашедшие формы туберкулеза с обездвиженностью человека;
- далеко зашедшие формы злокачественных опухолей с обездвиженностью человека;
- далеко зашедшие формы злокачественных заболеваний крови с обездвиженностью человека;
- далеко зашедшие формы диффузных болезней соединительной ткани с обездвиженностью человека;
- ряд психоневрологических заболеваний в далеко зашедшей стадии с обездвиженностью человека или слабоумием;
- обширные гнойные воспаления внутренних органов (абсцессы, гангрены и некоторые другие).

Относительным противопоказанием является обездвиженность людей при любом заболевании.

### Болезни и эффективность голодания

*Голодание хорошо помогает при следующих заболеваниях:*

- астма бронхиальная;
- артриты, ревматизм, ревматоидные артриты;

- аллергические заболевания; гипертония;
- кожные заболевания; коллагенозы;
- болезни крови типа гемолитической анемии;
- болезни и расстройства желудочно-кишечного тракта;
- разнообразные гноеродные заболевания, простуды и т. п.;
- ожирение; онкологические заболевания; некоторые психические заболевания.

Помогает голодание и при других заболеваниях, но особенно при вышеперечисленных.

# ПРАКТИКА ГОЛОДАНИЯ

## ПРЕДВАРИТЕЛЬНАЯ ПОДГОТОВКА И ВХОД В ГОЛОДАНИЕ

### Предварительная подготовка

За 2—3 месяца до голодания следует провести предварительную подготовку. Она предназначена для того, чтобы очистить организм человека от шлаков различного рода. Заключается она в проведении очистительных процедур и изменении питания.

Во-первых, необходимо с помощью различных очистительных процедур разгрузить свой организм от шлаков (более подробно изложено в разделе «Очищение организма — путь к оздоровлению»). С помощью клизм очистите толстый кишечник от каловых камней и прочей патологии. Очищение печени позволит избежать кризисных состояний во время голодания, когда могут выходить в результате мощного желчегонного эффекта камешки, старая желчь и т. п. Применение парных процедур удалит бо́льшую часть токсинов, расположенных в жидкостных средах организма. Сокотерапия позволит закрепить этот успех, дополнительно промоет соединительную ткань и оздоровит почки. Рекомендую изменить питание в сторону растительной пищи. Откажитесь от искусственных и смешанных продуктов. Возьмите за правило не есть на ночь и не запивать еду.

**Внимание!** После предварительной подготовки выход шлаков при голодании будет не таким болезненным, и вы легко перенесете длительные сроки голодания с пользой для себя.

## Вход в голодание

Большое значение имеет вход в голод. Голодание в течение 1—2 суток при накануне насыщенном едой организме малоэффективно. Последующее голодание при наличии неудаленных каловых масс в кишечнике проходит более тяжело, так как кроме целительной работы голодания в самом организме идет очищение кишечника — как при запоре.

Если в желудочно-кишечном тракте нет пищи и каловых камней, он быстро переключается на питание. Быстрее разворачиваются процессы рассасывания всего чужеродного в организме и ряд других целительных механизмов.

Большое значение при входе в голодание надо уделять очистке желудочно-кишечного тракта в первый день голодания. Это можно сделать с помощью слабительного; очистительных клизм; Шанк-пракшаланы.

Если за неделю до голодания вы употребляли в основном свежую растительную пищу, а само голодание будет длиться не более 7 суток, можно не делать никаких очистительных процедур.

Итак, если вы сделаете правильный вход в голодание, оно сразу начнет очищать ваш организм на клеточном уровне. В противном случае при голодании сначала будет очищаться кишечник, а заодно разворачиваться очищение и восстановление организма на клеточном уровне.

# ПРОВЕДЕНИЕ 24-, 36-, 42-ЧАСОВОГО ГОЛОДАНИЯ

24-часовое голодание должно начинаться после завтрака сегодняшнего дня и длиться до завтрака следующего дня, а проводиться в дни экадаши (по лунному календарю это 11-е и 26-е лунные сутки). Не рекомендую голодать от ужина до ужина. Еда на ночь будет портить весь эффект голодания в связи с тем, что вы не соблюдаете биоритмы работы органов пищеварения.

В период голодания воздерживайтесь от любой твердой пищи и фруктов, а также от фруктовых и овощных соков. В это время можно пить обычную, омагниченную, протиевую или дистиллированную воду. Это будет классическое голодание. Если пить урину и воду или одну урину, — это будет уриновое голодание. Если вообще не принимать никакой жидкости, — это будет сухое голодание.

36-часовое голодание должно начинаться с окончания ужина и продолжаться ночь, день, ночь и заканчиваться завтраком.

42-часовое голодание должно начинаться с окончания ужина, продолжаться ночь, день, ночь и оканчиваться в 12 часов дня принятием пищи.

Все правила для 36- и 42-часового голодания аналогичны вышеописанным для 24-часового.

Во время голодания сильно активизируются эмоциональные зажимы нетерпения, голода, беспокойства и т. п. Когда вас одолевают отрицательные эмоции, вытесняйте их положительными, дающими силу. Это поможет вам дисциплинировать свои чувства и тренировать волевые качества, которые ответственны за рост жизненной силы.

Каждый день во время голодания повторяйте: «В этот день я вручил свое тело Жизненной силе для внутреннего очищения и обновления», «Каждую минуту голодания я изгоняю шлаки и яды из физического тела. Каждый час голодания очищает мое сознание. Я становлюсь счастливее и энергичнее», «Я успешно завершу свое голодание, ибо верую в жизненную силу, струящуюся из глубин моего организма».

Повторяя эти слова, вы руководите своим организмом. Управление происходит через полевую форму.

**Внимание!** Не позволяйте кому-либо отрицательно влиять на вас. Не обсуждайте свою программу голодания со своими друзьями, родственниками и знакомыми! Будьте **тверды и последовательны** в своих намерениях, думайте о чудесных результатах, которые достигаются голоданием. Внутренне радуйтесь этому.

## Выход из 24-, 36-, 42-часового голодания

Для того чтобы убрать токсины и шлаки из ротовой полости, сделайте следующее. Корочку хлеба натрите чесноком, хорошенько прожуйте и выплюньте. Ваш язык очистится и станет розовым. Дополнительно жгучий вкус стимулирует переваривающую функцию организма. Теперь вы готовы к приему пищи.

Первой пищей должен быть салат из свежих овощей на основе натертой моркови и нарезанной капусты (можете использовать в качестве приправы лимонный сок). Этот салат будет действовать в желудочно-кишечном тракте, словно веник. Он даст работу мышцам желудочно-кишечного тракта. За салатом должно следовать блюдо из вареных овощей без хлеба: отварная свекла, слегка тушенная капуста, свежие тушеные помидоры.

Не следует выходить из голодания, используя такую пищу, как мясо, молоко, сыр, масло, рыба, а также орехи или семена. Первый прием пищи должен состоять из салата и вареных овощей. Во второй прием пищи можно наряду с салатом из овощей (зимой овощи слегка тушить) использовать хлеб из проросшего зерна (лицам с конституцией «Слизи»), а можно и суп из проросшего зерна (лицам с конституцией «Ветра»).

Если сделать выход из голодания на морковном или яблочно-свекольном соке, то это вызовет послабление и дополнительно очистит печень и желчный пузырь от старой желчи. Зимой заменителем сока будет отвар из трав с медом.

Если в течение первого-второго дня у вас нет самостоятельного стула или он твердый в виде орешков и ранит анус, сделайте следующее. Смажьте все тело (особенно область поясницы) оливковым маслом и сделайте

100-граммовые клизмочки из урины обычной и упаренной. Это хорошо помогает и тогда, когда имеется трещина заднего прохода или небольшой геморрой.

## Проведение 3-, 7- и 10-суточного голодания

Первые 3—5 голоданий продолжительностью в 3 дня и больше следует проводить в комфортабельных условиях. Вы должны обеспечить себе возможность отдыхать в любое время, когда почувствуете себя обессиленным. Это шлаки поступают в кровяное русло и вызывают интоксикацию в организме. Вы должны прилечь, расслабиться и спокойно полежать, пока жизненная сила не восстановит вашу энергию и не выведет шлаки из крови. Период дискомфорта пройдет, как только шлаки уйдут из вашего организма.

## ВХОД В 3-, 7- И 10-СУТОЧНОЕ ГОЛОДАНИЕ

**Вариант 1.** Вы с утра ничего не едите, только пьете воду. Все, что находится в вашем толстом кишечнике, со временем удалится само, через легкие и анус. Но до того, как это произойдет, оттуда будут поступать в кровь вредные вещества, которые замедлят переход организма на внутриклеточное питание.

**Вариант 2.** Утром вы принимаете слабительное, либо делаете несколько больших очистительных клизм, либо Шанк-пракшалану. В результате вы резко прекращаете пищевую связь и быстро переходите на внутриклеточное питание. Возможная аутоинтоксикация через толстый кишечник отсутствует, и вы будете лучше себя чувствовать в процессе голодания.

В дальнейшем вы сможете обойтись без клизм в течение 3-дневного голодания, делать их через день в течение 7- и 10-дневного.

Постельный режим весьма желателен во время первого 3-дневного голодания. Это позволит жизненной силе работать на детоксикацию и внутреннее очищение. Если вам хочется прогуляться на свежем воздухе или принять солнечные ванны, делайте это только в том случае, когда чувствуете в себе достаточно сил. Не принимайте длительные солнечные ванны, потому что они стимулируют активность организма на аутолиз, который отбирает много энергии. Чрезмерная физическая активность в это время также утомит вас. Не делайте ничего, что могло бы растратить вашу энергию!

Сон лучше всего способствует укреплению полевой формы человека. А отсутствие посторонних мыслей не вызывает в ней энергетических возмущений. В дальнейшем необходимо проводить 3—10-дневные голодания, как будто вы не голодаете. В течение этих 3—10 дней вы живете обычной жизнью, только не едите и утром и вечером выполняете соответствующие процедуры.

Делайте свои повседневные дела еще в большем объеме, чем раньше. Труд, творчество отвлекают вас от мыслей о пище. Но такое возможно только тогда, когда вы предварительно очистили свой организм, регулярно голодали 1 раз в две недели по 24—42 ч в течение около полугода и правильно питались между голоданиями.

Выход из 3-дневного голодания примерно такой, как описан для 24—42-часового голодания.

## Выход из 7-, 10-суточного голодания

Во время 7-дневного голодания ваш желудок и весь кишечный тракт уменьшились, а пищеварение частично ушло на уровень клеток. Теперь его надо потихоньку запустить. На 7-й день голодания, примерно в 16 ч, вы можете взять корочку хлеба, натереть ее чесноком, тщательно прожевать и выплюнуть. Эта процедура позволит вам очистить ротовую полость от шлаков и токсинов. Через 15—20 мин можно начать восстановительное питание по одному из указанных вариантов.

1. Выпить 1 стакан (200 мл) кислого молока. Кислый вкус энергетически стимулирует функцию пищеварения. Кислая среда и микроорганизмы сразу создают соответ-

ствующую обстановку в желудочно-кишечном тракте, что запускает правильное пищеварение.

2. Выпить 1 стакан свежевыжатого морковного сока. Морковный сок стимулирует переваривающие способности и этим дает импульс к включению пищеварительной функции. Обилие каротина укрепляюще действует на слизистую оболочку желудочно-кишечного тракта. Морковный сок обладает мощными фитонцидными свойствами, а за счет обилия естественных сахаров быстро переваривается и используется организмом. Дополнительно он очищает печень. Этот выход рекомендуют многие специалисты по лечебному голоданию.

3. Взять четыре-пять помидоров среднего размера. Снять с них кожицу и разрезать. Положить в кипящую воду и сразу снять с огня. Затем остудить и съесть. Помидоры обладают кислым вкусом и красным цветом. Оба эти фактора стимулируют пищеварительную функцию.

Ваша задача — из описанных трех вариантов выбрать для себя наиболее приемлемый. Можно поступать и так: летом делать выход на помидорах, осенью и весной — на моркови, зимой — на кислом молоке.

Больше в этот день вы ничего не употребляете, кроме протиевой воды.

На утро 8-го дня съешьте салат из тертой моркови и капусты. После этого можно съесть густой суп из проросшего зерна. В течение дня можно пить протиевую воду по желанию.

На обед можете съесть салат из тертой моркови, нарезанного сельдерея и капусты, приправленный яблочным соком. За салатом могут последовать два овощных блюда (вареных) — свекла, печеная тыква, морковь. К этому хорошо добавить лепешку из проросшей пшеницы, которая не содержит крахмала (крахмал превращается в солодовый сахар).

На утро 9-го дня можно съесть любой свежий фрукт или овощ по сезону (яблоко, банан, морковь или огурец). К этому можно добавить лепешку из проросшей пшеницы, подсластив ее медом (но не более одной столовой ложки). Днем можно съесть салат из тертой моркови, капусты и сельдерея, одно горячее овощное блюдо и одну лепешку из проросшего зерна. Вечером можно съесть ужин из салата из моркови и листьев капусты, в холодное время года — свежеотваренные или свежезапеченные овощи в теплом виде (свекла, тыква).

Начиная с 10-го дня к овощам и свежевыжатым сокам можно добавлять кашу из цельного зерна — пшенную, гречневую, пшеничную (без масла). В течение последующих 3—4 дней придерживайтесь такого питания, а затем можете добавлять в пищу орехи, немного топленого масла.

Между 7- и 10-дневным голоданием разница небольшая. На 10-й день около 16 ч сделайте выход по любому из трех вариантов, а затем следуйте предложенной схеме питания.

**Внимание!** Запомните одно из основных правил выхода из голодания: **не ешьте больше, чем вам хочется.** Голодание в течение 7—10 дней является прерванным, и вам необходимо процессы очищения в организме повернуть вспять. Требуется время, чтобы организм перешел от программы детоксикации к программе насыщения.

Так, постепенно, набравшись собственного опыта, вы научитесь проводить более длительные голодания.

## ОШИБКИ НА ВХОДЕ, ВО ВРЕМЯ И НА ВЫХОДЕ ИЗ ГОЛОДАНИЯ

Такие ошибки чаще всего связаны с нежеланием человека очистить желудочно-кишечный тракт. Это приводит к длительному чувству голода и аутоинтоксикации через толстый кишечник. Человек слабеет, болит голова, отделяются газы.

**Ошибки во время голодания.** Нежелание терпеть дискомфорт приводит к прекращению голодания, а значит, к победе чувств над разумом. Например, в результате аутолиза появляются сладкий вкус гноя в ротовой полости, проникающего из гайморовых пазух, горечь во рту с симптомами тошноты при гастродуоденальном рефлексе (забросе желчи в желудок), одышка при подъеме на крутую лестницу или в гору и т. д. Голод начал свою целительную работу, начал выкорчевывать полевую патологию. А она, в свою очередь, через ум стала действовать на сознание и «убедила» прекратить голод. В результате все идет насмарку. А болезнь, укрепившись, дает рецидив.

Если человек голодает в неспокойной обстановке, курит во время голодания, носит на себе синтетическую одежду и т. д., у него могут наблюдаться бессонница, раздражительность, головные боли, слабость, сердцебиение, душевные расстройства и т. д.

**Ошибки на выходе из голодания.** Большинство ошибок во время выхода из голодания связано с тем, что человек не соблюдает правила выхода из голодания, принимает пищу, которая в этот период может нанести вред организму, или сильно переедает. Если съесть что-то не то, особенно после длительного голодания, то успокоенная пищеварительная система не сможет переварить этот продукт и желудочно-кишечный тракт прекратит работу со всеми вытекающими отсюда последствиями.

Одной из ошибок при возобновлении пищевого питания после голодания является употребление пересоленных продуктов. При этом могут развиваться отеки, которые лучше не ликвидировать мочегонными средствами, а очистить кишечник и 1—2 дня воздержаться от пищи или увеличить количество движения.

Чтобы не было ощущения сильного голода, надо тщательным образом пережевывать пищу, делая по 50—100 жеваний. Тогда она превращается в жидкую кашицу и быстрее усваивается. Это же средство надо применять для устранения прослаблений. После голодания возбужден жизненный принцип «Ветра», который отвечает за скорость прохождения пищи по пищеварительному тракту. Если пищи груба, это еще более усиливает «Ветер», и пища проскакивает, не успев обработаться.

Некоторые люди продолжают регулярно ставить клизмы и после курса голодания. Это может привести к развитию привычного запора. Нормализовать стул необходимо последующим правильным питанием, а не клизмами. Уриновые клизмы после длительного голодания можно делать в течение одной-двух недель через 2—3 дня, но не чаще.

**Внимание! Ошибочно мнение, что одноразовым голоданием можно решить все проблемы со здоровьем.** Большую ошибку допускают люди, которые думают, что только одним, пусть и длительным, голоданием могут добиться исцеления от той или иной болезни. Наилучшие результаты, наиболее стойкие и значительные, бывают у тех, кто регулярно голодает, придерживается правильного питания, ведет активный образ жизни и покончил со своими чувственными привычками или хотя бы научился контролировать их. Вы можете спросить, как долго всего этого придерживаться? В течение всей жизни!

# ЗДОРОВОЕ ПИТАНИЕ

## СОЗНАНИЕ И ПИЩЕВЫЕ ПРИВЫЧКИ

### ПИТАНИЕ И ЖИЗНЕННАЯ СИЛА

Питание должно быть сбалансировано и направлено на поддержание наиболее благоприятных жизненных условий в клетке. В результате из правильно усвоенной пищи получается тонкоматериальное вещество, которое аюрведисты называют «оджас» («жизненная сила»). В результате человек ощущает легкость в теле, жизнерадостность, особого рода эйфорию.

Аюрведисты такое питание называют «чистым» (саттвическим, или видовым) и в обобщенном виде рекомендуют, чтобы в нем присутствовали все шесть вкусов (сладкий, кислый, соленый, горький, жгучий, вяжущий) в сбалансированном между собой состоянии. За один прием надо употреблять умеренную порцию (в идеале человек, по их рекомендациям, должен съедать в день пищи ровно столько, сколько вмещается в две его пригоршни); пить ключевую (противиевую) воду; потреблять продукты в наисвежайшем виде (сразу с ветки или с огня); пища должна быть легкой, легкоперевариваемой и успокаивающей (не вызывать перевозбуждения того или иного жизненного принципа).

Саттвическое питание включает в себя следующие продукты: очищенное топленое масло; фрукты и овощи по сезону, а также соки из них; цельные крупы и бобовые, особенно рис и пшеницу; орехи и семена своего региона; мед, протиевую воду; и еще они рекомендуют употреблять в пищу коровье молоко, но отдельно.

С древнейших времен аюрведисты такую пищу рекомендовали всем, кто хотел иметь хорошее здоровье, долгую жизнь, светлую голову и физическую силу.

Всю остальную пищу, которая содержит мало оджаса (жизненной силы), препятствует нормальному течению жизни, они подразделяли на два вида: раджас и тамас.

Понятие «раджас» указывает на внутреннее возбуждение, неконтролируемые активность и агрессивность. Потребление продуктов с такими свойствами еще более «разгорячает», приводит человека к различным проявлениям скрытой или явной агрессивности.

К раджас-пище относятся следующие продукты: *мясо, рыба, яйца, соль, перец, горчица, все кислое или горячее, чай, кофе, какао, рафинированный сахар, пряности.*

Понятие «тамас» указывает на ленивого, пассивного и безвольного человека. Он пребывает в апатии, тупости. Ему лень приготовить нормальную пищу, и он довольствуется давно приготовленной пищей, несвежими продуктами и т. п.

К тамас-продуктам относятся: *говядина, свинина, лук, чеснок, табак, прогорклая, стоявшая, нечистая, дважды приготовленная (разогретая) пища, все опьяняющие продукты и лекарства.*

## Зависимость от пищевых пристрастий

Человек ест, чтобы питать клетки своего организма через желудочно-кишечный тракт. Если разумно подходить к этому вопросу, надо есть такую пищу и в таком количестве, чтобы она обеспечивала нормальную жизнедеятельность нашего организма. Однако человек рассматривает пищу не только как средство для обеспечения жизнедеятельности организма, но и как возможность получать чувственные наслаждения.

Если человек не может контролировать свои чувства, происходит постепенное разрушение организма. Результат — появление «неизлечимых» болезней, преждевременная старость.

Вред, который наносят организму человека различные пищевые пристрастия, состоит в следующем.

Во-первых, человек переедает. Организм как энергетическая система может переработать и усвоить лишь определенное количество пищевой энергии. Если ее поступило больше, она начинает искажать характеристики полевой формы жизни, приводя к возбуждению того или иного жизненного принципа организма. Энергия тратится на переработку, усвоение и выведение пищи, что приводит к угнетению жизненной силы организма, снижается иммунитет, возникают различные заболевания.

Желудок, переполненный пищей, увеличивается в объеме и оказывает давление на близлежащие органы. Давление на сердце затрудняет его работу; на диафрагму — затрудняет дыхание и перистальтику тонкого и толстого кишечника; на кровеносные сосуды — затрудняет кровообращение; на печень — выделение желчи и т. д.

Во-вторых, поступление большой пищевой массы во внутреннюю среду организма меняет ее нормальные характеристики (pH внутренней среды), образует много пищевых шлаков в крови, межклеточной жидкости.

В-третьих, перегружаются выделительные системы организма, что приводит к различным специфическим заболеваниям органов дыхания, мочеполовой системы, заболеваниям кожи.

В-четвертых, пищевые пристрастия порабощают человека, руководят его сознанием, телом и душой.

Понятие «необходимость правильного питания» должно укорениться в вашем сознании.

Если у человека очень сильны пищевые привычки, ему необходимо вначале очистить полевую форму жизни, а затем пробовать изменить питание.

# ПРАВИЛА ЗДОРОВОГО, ЕСТЕСТВЕННОГО ПИТАНИЯ

## ОСОБЕННОСТИ ПИЩЕВАРИТЕЛЬНОЙ СИСТЕМЫ ЧЕЛОВЕКА

Чтобы изменить образ жизни, привычки в питании, надо, во-первых, понять процесс питания, пищеварения и, во-вторых, изменить стереотип пищевого поведения в своем сознании, выработать и закрепить нужные черты характера.

**Питание организма** — это многоступенчатая система обслуживания клеток, которая на свое собственное обслуживание и работу тратит огромное количество энергии организма. Влияя на систему питания количеством и качеством пищи, можно влиять на состояние организма в целом, добиваясь нужного результата.

Клетки нашего организма погружены в раствор, в котором имеется достаточно пищевых веществ. Задача организма заключается в том, чтобы поддерживать необходимую концентрацию пищевых веществ в этом растворе. Такими растворами являются межклеточная жидкость и кровь.

В головном мозге имеется специальный пищевой центр, своего рода «датчик», который анализирует, сколько в циркулирующей крови содержится питательных веществ. Как только концентрация их снижается ниже допустимого уровня, в мозг поступает сигнал, импульс. В работу включается сознание, и начинается поиск и поглощение пищи.

Пока пища не попадет в кровь и не поступит сигнал из пищевого центра, что в крови достигнута необходимая концентрация питательных веществ, человек не почувствует пищевого насыщения.

Однако за время, которое прошло от начала приема пищи до того момента, пока не произошло насыщение крови, мы можем съесть гораздо больше, чем это необходимо.

**Внимание!** Избыточная еда обременяет наш организм, создает дискомфорт в области желудка из-за его переполнения. Поэтому не спешите, ешьте медленно, тщательно пережевывая пищу. Прекращайте еду, как только почувствуете первые признаки насыщения. Принимайте пищу только тогда, когда опять возникнет сильное чувство голода, сигнализирующее, что организм готов принять новую порцию.

## Питание в течение дня

Питание должно быть согласовано с биоритмологическим режимом жизни. Принимать пищу необходимо в период, наиболее благоприятный для работы пищеварительной системы человека.

В Аюрведе (древнем индусском учении о здоровой жизни) говорится о том, что питание на протяжении дня должно быть согласовано с ритмами природы. Древними мудрецами было подмечено, что в течение суток последовательно сменяются три периода, по 4 часа каждый.

Первый период — покой (по-индусски «Кафа», что в переводе означает «Слизь»), второй — энергетическая активность («Питта», что в переводе означает «Желчь») и третий период — двигательная активность («Вата», что в переводе означает «Ветер»). Эти периоды в первую очередь связаны с солнечной активностью.

Период «Слизи» (начинается с восхода солнца) — от 6 до 10 ч. Период «Желчи» длится от 10 до 14 ч и характеризуется высоким положением солнца. Период «Ветра» длится с 14 до 18 ч. Далее идет повторение: с 18 до 22 ч — «Слизь»; с 22 до 2 ч ночи — «Желчь»; с 2 до 6 ч утра — «Ветер». Именно в этом ритме живет весь мир животных и растений.

### Практические рекомендации

Исходя из этих предпосылок, мудрецы Аюрведы дают следующие рекомендации относительно питания в течение дня.

1. Вставайте в период «Ветра» (двигательной активности), чуть раньше 6 утра (время местное), — будете весь день

активны. Если вставать в период «Слизи» (покоя), — будете весь день инертны.

Встав, выпейте стакан теплой протиевой или родниковой воды. «Ветер» усиливает работу нашего кишечника и способствует эвакуации содержимого толстого кишечника. Эта рекомендация совпадает со временем активности толстого кишечника с 5 до 7 ч утра.

2. Обычно с 7 до 9 ч утра появляется легкий голод — поешьте.

3. В период «Желчи» (особенно с 12 до 14 ч), когда пищеварительный «огонь» наиболее силен, съешьте самую большую по объему еду. В течение 2 ч после приема пищи находитесь в вертикальном положении (сидите или ходите).

4. В период окончания «Ветра» — начала «Слизи», перед заходом солнца (17—20 ч), легкий ужин: фрукты, овощное блюдо, стакан кислого молока или теплого отвара из трав. После этого желательно больше ничего не есть.

5. Ложитесь спать в период с 21 до 22 ч. Этот период «Слизи» создает тяжесть и сонливость в организме.

Суточное количество пищи не должно превышать 1000—1500 г. Помните, что принятая пища должна превратиться в вашу внутреннюю среду и пищеварительная система в этом отношении обладает ограниченными способностями. Излишек пищи «гасит пищеварительный огонь», угнетает энергетику, нарушает кислотно-щелочное равновесие и зашлаковывает организм. О том, что вы потребляете нормальное количество пищи за сутки, подтверждает небольшое чувство голода, сохраняющееся у вас в течение всего дня.

## КИСЛОТНАЯ И ЩЕЛОЧНАЯ ПИЩА

Должна соблюдаться пропорция между кислотной (белки и крахмалы) и щелочной (фрукты и овощи) пищей, потребляемой в течение дня.

Кровяной поток в зависимости от пищи может меняться в кислую и щелочную сторону. Кислотная пропорция крови несет в себе энергетические вещества и возмещает расходы. Ее создают белковые и крахмалистые продукты (мясо, яйца, творог, картофель, хлеб, крупы).

Щелочная — обеспечивает построение нашего организма, создание костей, нервов, мышц, поддерживает физическое и умственное здоровье, иммунизирует организм (свежие и правильно приготовленные фрукты и овощи).

Большинство специалистов по правильному питанию называют следующую пропорцию: 50—60% щелочной и 50—40% кислотной пищи.

Например, Поль Брэгг считает идеальной пропорцию пищи: 1/5 часть ежедневного приема пищи должна быть белковой (растительного и животного происхождения); 1/5 — из крахмалистой и сахаристой пищи (цельные злаки и крупы, натуральные соки и сахара́ — мед, сухофрукты), а также нерафинированные масла́; 3/5 пищи должны составлять фрукты и овощи, сырые и правильно приготовленные. В процентном отношении такая диета выглядит так: 60% — фрукты и овощи; 20% — белковая пища; 7% — крахмалистые продукты; 7% — натуральные сахара́ и 6% — масла́.

## Влияние на здоровье человека термически обработанной пищи

Пища в процессе приготовления подвергается термообработке. Термически обработанная пища не всегда является полезной для организма.

*Зубы и кости.* Вареная пища не располагает к жеванию, поэтому зубы не получают должной нагрузки. Она не дезинфицирует полости рта, создавая условия для заболевания зубов и десен.

Кальций из вареной пищи очень плохо усваивается, отсюда зубы и кости не получают его в достаточном количестве.

*Желудок.* Вареная пища самопереваривается с помощью ферментов (индуцированный автолиз), поэтому долго находится в желудке («лежит камнем»). Из-за этого происходят перенапряжение секреторного аппара́та желудка, а значит, его быстрый износ, несварение, пониженная кислотность и другие расстройства.

*Тонкий кишечник.* Вареная пища содержит очень мало биорегуляторов (растительные гормоны, витамины, энзимы), отсюда получается самое главное нарушение — расстройство кишечной гормональной системы. Мы теряем чувство насыщения пищей, едим не то, что требуется. Растягиваем желудок до огромных размеров (4—6 л), перегружаем весь пищеварительный аппарат и органы выделения.

Вареная пища способствует размножению патологической микрофлоры.

*Толстый кишечник.* Вареная, рафинированная пища способствует развитию гнилостной микрофлоры. Продукты жизнедеятельности этой микрофлоры, а также гниения остатков пищи всасываются в кровяное русло и отравляют наш организм. Развивается запор со всеми последствиями: деградирует слизистая толстого кишечника, что приводит к колиту, полипам, раку и ряду других заболеваний данного отдела пищеварительной системы.

*Кровь.* Вареная пища не дает достаточно жизненных элементов, и как следствие — развивается анемия.

*Печень. Поджелудочная железа.* Печень не успевает выводить трудноусвояемые элементы вареной пищи и засоряется. Развивается портальная гипертония. Не хватает витаминов, энзимов (ферментов) и других питательных веществ, что приводит к угасанию ее функции и развитию разнообразной патологии печени. Также угнетается деятельность поджелудочной железы, что приводит к диабету, несварению в тонком кишечнике.

*Железы внутренней секреции.* Им требуются в большом количестве высокоактивные соединения, которые отсутствуют в вареной пище. Снижение их работы сильно сказывается на общей работоспособности организма. Незаметно развивается хроническая усталость организма.

*Внутренняя среда организма* как снаружи, так и внутри клеток становится не соответствующей природным константам. Это приводит к снижению интенсивности протекания жизненных процессов в клетках.

Организм становится вялым и легкоуязвимым для патологии.

*Энергетический потенциал.* При недостатке высокоактивных веществ у человека сильно понижается тонус, он вял, ленив. Из-за этого он инстинктивно тянется к самым разнообразным стимуляторам, начиная от мясной пищи, — она увеличивает реакции специфическо-динамического действия пищи (СДДП), что выражается в своеобразной встряске всего организма и принимается людьми за «дающий силу» продукт, — крепкого чая, кофе и кончая куревом, алкоголем и наркотиками, которые после стимуляции ввергают организм в еще бо́льшую депрессию.

## СПОСОБЫ ТЕРМИЧЕСКОЙ ОБРАБОТКИ ПРОДУКТОВ ПИТАНИЯ

Лучше всего употреблять натуральные продукты в свежем виде. Однако жители России проживают в таких климатических поясах, в которых бывают суровые зимы и сырой растительной пищи нет либо она может отрицательно повлиять в холодное время года на здоровье человека. Поэтому надо знать особенности термической обработки различных продуктов питания, которые обеспечивают наименьшие потери биологической ценности. Термическую обработку пищи можно производить различными способами.

**Приготовление пищи на растительных «подушках».** На дно посуды укладывают слой всевозможных овощей, нарезанных соломкой или ломтиками. На него кладут основной продукт, например рыбу, мясо или крупу. А сверху снова слой овощей. Все заливается кипящей водой с избытком и ставится на сильный огонь. Но как только вода начнет «вздрагивать», огонь надо уменьшить, чтобы не кипело, и выключить, когда блюдо «почти готово», то есть с учетом, что оно еще настоится до полного упревания.

**Приготовление пищи методом «антракта».** Данный метод заключается в чередовании нагрева и настаивания.

Продукт достаточно нагреть до 100 °C, накрыть крышкой и настаивать, то есть томить, как это делали крестьяне в русской печи. Максимально сохраняется ценность продукта. Не разрушаются белки, не эмульгируют жиры. Через 30—40 мин кастрюлю надо вновь поставить на огонь, довести до кипения, поварить 5—6 мин и опять сделать «антракт» на 20 мин. После него блюдо готово!

Приготовленную таким образом пищу надо есть в теплом виде, поэтому готовьте столько пищи, чтобы съесть за один раз.

### Общие рекомендации по приготовлению пищи

Не готовьте пищу на маслах — растительном или животном. Жир при нагревании до 250 °C быстро разрушает все полезное в пище. В самом масле при таком нагреве образуются крайне вредные для организма вещества (типа олифы). Для тушения овощей воспользуйтесь сковородой, добавив в нее немного воды. О готовности тушеных и вареных овощей говорит небольшой хруст на зубах при их пережевывании.

Если вы готовите пищу обычным образом, то не кладите одновременно овощи, которые требуют длительной и быстрой термической обработки. Например, крупу, морковь и зелень петрушки или укропа. Варите крупу до полуготовности, далее положите корнеплоды и, лишь сняв блюдо с огня, положите зелень.

Не пользуйтесь скороварками, так как в них создается повышенное давление и поднимается температура выше 100 °C. Это сильно изменяет структуру пищи, разрушает биологические вещества, препятствует процессу самопереваривания (автолиз) и работы кишечной гормональной системы.

Не готовьте пищу в микроволновых печах. Это разрушает структуру пищи на информационно-энергетическом уровне.

# ПИТЬЕВОЙ РЕЖИМ

Регулируя свой питьевой режим, мы можем добиваться изменения функции некоторых органов. Например, выпитая натощак вода, особенно холодная, газированная, а также подслащенные напитки, сладкие соки усиливают перистальтику кишечника и тем самым оказывают послабляющее действие. Поэтому страдающим запорами рекомендуется выпивать до завтрака стакан холодной воды или сладкого холодного сока.

Очень горячие напитки натощак пить не следует, они неблагоприятно действуют на слизистую оболочку желудка.

Вредно пить холодную воду после обильной жирной пищи. Такая пища дольше задерживается в желудке. Появится неприятное ощущение распирания, дискомфорта. После жирной пищи лучше выпить небольшое количество горячего чая.

Нельзя запивать пищу, пить сразу после еды. Пейте до еды или через некоторое время после еды.

Не пейте сразу после того, как съели фрукты или ягоды. Это может вызвать сильное вздутие кишечника.

**Избыточное употребление жидкости** нежелательно (тем более за один прием): это способствует усиленному потоотделению, вымыванию из организма ценных питательных веществ, в том числе поваренной соли, которая удерживает жидкость в тканях. Кроме того, обильное питье создает неблагоприятные условия для работы сердечно-сосудистой системы.

Чем интенсивнее выполняемая человеком работа, тем больше расходуется жидкости и, следовательно, должно потребляться больше воды.

Выпитая вода не сразу утоляет жажду, примерно через 10—15 мин, по мере ее всасывания и поступления в кровь и ткани организма. Поэтому пить надо небольшими порциями, не спеша, маленькими глотками, стараясь подольше удержать жидкость во рту, чтобы снять ощущение жажды. Можно просто прополоскать рот. Пить и полоскать рот надо не сразу после прекращения физической нагрузки, а спустя 5—10 мин, когда тело несколько остынет. Иначе выпитая жидкость, особенно в жару, почти мгновенно выводится через кожу в виде сильной испарины.

**Горячие и теплые напитки** всасываются и утоляют жажду быстрее, чем холодные. Если часто хочется пить, например в жару, лучше выпить немного горячего чая, притом зеленого.

# КАКАЯ ВОДА НАМ НУЖНА

В питании огромное значение имеет вода, которую вы пьете и на которой готовите пищу. С ней поступают в организм различные вещества; они могут накапливаться с возрастом и вызывать болезни. Отвары, настои трав и приготовляемая пища в зависимости от качества воды могут проявляться по-разному. Таким образом, вода становится самой важной составляющей частью нашей пищи! И к ней необходимо относиться строже, чем к любому другому продукту питания. Особенно возрастает роль воды, когда ее используют для растворения всевозможных отложений и их последующего удаления.

Чтобы использовать воду с наибольшей пользой для себя, ее можно сделать активированной, очищенной, структурированной и заранее отобрать жидкие кристаллы с особыми свойствами.

## Виды воды

1. **Хлорированная вода** крайне вредна для здоровья. Хлор, соединяясь с органическими веществами, образует различные ядовитые соединения. В цивилизованных странах воду озонируют, а не хлорируют.

При использовании воды из-под крана необходимо дать ей предварительно отстояться в течение суток, затем прокипятить, еще раз дать отстояться и только после этого использовать.

2. **Родниковая и дождевая вода.** Известны племена, которые употребляют только дождевую воду и при этом обладают прекрасным здоровьем. В странах древнего мира дождевую воду собирали в специальные искусственные водоемы и использовали для питья и других нужд.

3. **Дистиллированная вода.** Самая чистая вода, она способна растворять залежи грязи в нашем организме.

4. **Вода, настоянная на благородных металлах** (золоте, серебре). Обладает прекрасными бактерицидными свойствами. Естественные водоемы с такой водой (река

Ганг в Индии) всегда считались священными и широко использовались для исцеления.

**5. Талая вода.** Обладает внутренней энергией. У нее совсем другие диэлектрические характеристики. В результате этого в талой воде ускоряются процессы кристаллизации, растворения, адсорбции, переноса энергии, то есть процессы, обычно происходящие в живой клетке. Примерно через 5—7 месяцев приема такой воды (время замены всей воды в организме на структурированную, не требующую затрат энергии на переработку) значительно улучшится общее состояние здоровья, повысится работоспособность, сократится время на сон.

Особенно полезна талая вода в преклонном возрасте. Как известно, в старости происходит обезвоживание организма — синерезис. Талая вода помогает организму бороться с этим явлением.

**6. Протиевая вода.** Является разновидностью талой воды.

**7. Магнитная вода** получается при пропускании ее через магнитотрон (магнит). От этого вода приобретает определенные внутреннюю структуру и заряд, которые великолепно стимулируют жизненные процессы в организме животных и растений.

Не следует постоянно пить магнитную воду во избежание побочных эффектов от чрезмерного ускорения жизненных процессов.

**8. «Живая» и «мертвая» вода.** Получают путем электролиза. «Мертвая вода» — кислая, обладает прекрасными дезинфицирующими свойствами, применяется при различного рода инфекциях. «Живая вода» — щелочная, помогает при чрезмерной кислотности организма, например изжоге, а также способствует нормализации избыточного отрицательного заряда тела.

**9. Святая вода.** В природе имеется уникальный день — 9 января. В этот день вся вода на земном шаре становится структурированной. Набранная в этот день из естественных водоемов, она может стоять очень долго и обладает целебными качествами. Народная мудрость подметила этот день, приурочив к нему праздник Крещение Господне.

## Протиевая вода

Особенности протиевой воды заключаются в способе ее приготовления. Эта вода готовится, как и талая, но имеются существенные отличия. Ввиду того что в воде имеется несколько изомеров (то есть видов воды) — легкие, тяжелые и т. д., желательно избавиться от неблагоприятных и отобрать те, на которых наш организм лучше «работает».

Методика отбора основана на том, что изомеры тяжелой воды замерзают первыми при температуре 3,8 °C, а наиболее благоприятные для организма — при −1 °C. Поэтому первый ледок, образующийся при замерзании воды, содержит в основном тяжелые изомеры (дейтерий), и его необходимо выбросить. При дальнейшем замерзании вода снова частично превращается в лед. Если его растопить, получится **протиевая вода**, очищенная на 80%, с отобранными изомерами, наиболее благоприятными для протекания биологических процессов в организме. Незамерзшая часть содержит грязь и легкие изомеры, которые замерзают при более низких температурах. Их необходимо выбросить.

Одно из достоинств протиевой воды заключается в том, что в ней содержится 16 мг кальция на литр жидкости. Наиболее оптимальное для жизнедеятельности человека количество кальция должно составлять 8— 20 мг/л. Именно такую воду пьют долгожители.

## Процесс получения протиевой воды в домашних условиях

Поставьте родниковую воду (прокипяченную и отстоянную водопроводную) в эмалированной или стеклянной посуде в морозильную камеру. Как только возле стенок посуды образуется первый ледок (замерзла тяжелая вода), выньте посуду и воду перелейте в другую емкость. Эту емкость поставьте обратно в морозильную камеру. Лед, оставшийся в предыдущей, выбросьте. Теперь ждите, пока вода в посуде не замерзнет, уменьшившись до 1/2—2/3 своего объема. Затем посуду выньте из морозильника и вылейте незамерзшую воду — это легкая вода с вредными для организма примесями. Оставшийся лед — это протиевая вода.

Остается растопить этот лед и использовать полученную протиевую воду для питья и приготовления пищи.

## ПОСУДА ДЛЯ ПРИГОТОВЛЕНИЯ ПИЩИ

Пищу лучше всего готовить в глиняной, стеклянной или эмалированной посуде (она хуже глиняной и стеклянной). То же самое относится к тарелкам и ложкам. Есть лучше серебряными, позолоченными, деревянными, фарфоровыми или мельхиоровыми ложками и вилками.

Алюминиевая посуда не годится. Алюминий, как и другие ядовитые металлы, обладает способностью накапливаться в организме, вызывая ряд тяжелых заболеваний. Он может стать причиной: старческого слабоумия, повышенной возбудимости, анемии, головных болей, заболеваний почек, печени, колита и некоторых других.

Первое, что вы должны сделать, если всерьез озабочены собственным здоровьем и здоровьем членов своей семьи, — это приобрести кухонную посуду нужного качества.

Идеально отвечает требованиям приготовления здоровой пищи посуда фирмы «Цептер» — «Amway». Благодаря высочайшему качеству специальной стали, применяемой для ее изготовления, конструктивным особенностям ее многослойного дна, встроенному в ее крышку терморегулятору, температура в ней никогда не превышает 90 ˚C, что во многом способствует сохранению естественных свойств исходных продуктов. В этой посуде продукты не подгорают, несмотря на то что готовятся без масла.

# ПЕРЕХОД НА ПРАВИЛЬНОЕ ПИТАНИЕ

## ВОССТАНОВЛЕНИЕ ЖЕЛУДОЧНО-КИШЕЧНОГО ТРАКТА

Для восстановления нормальной работы пищеварительной системы необходимо провести ряд оздоровительных мероприятий, в том числе почистить полевую форму жизни.

Если мы дадим пищеварительной системе «отдых» в виде голодания, она восстанавливает сама себя. Полное обновление кишечного эпителия у человека происходит за 6—14 дней. Голодание в течение указанного срока позволит вам восстанавливать целостность пищеварительной системы. В тяжелых случаях надо будет потратить больше времени и иметь терпение.

После проведения голодания необходимо перейти на правильное питание.

При переходе с обычного на правильное питание произойдет перестройка организма, в том числе и пищеварительной системы. Свидетельством перестройки являются оздоровительные кризисы (см. главу «Законы оздоровления»). Пройдя кризисы, вы подниметесь на новый уровень здоровья.

## СТУПЕНИ ПЕРЕХОДА НА НОВЫЙ ВИД ПИТАНИЯ

Во-первых, необходимо соблюдать последовательность приема пищевых продуктов: жидкости, фрукты — до еды, первое блюдо — салат или тушеные овощи, второе блюдо — либо крахмалистое, либо белковое.

Во-вторых, исключить все вредные продукты, рафинированные и стимуляторы типа кофе, чая, колбасы, тортов и т. д.

В-третьих, изменить пропорцию сырой и вареной пищи в пользу сырой.

Потихоньку приучайте свой организм к сырой пище. Начинайте пить по 100—200 мл свежевыжатых овощных и фруктовых соков. Овощи вначале тушите, а затем все менее и менее подвергайте тепловой обработке и, в конце концов, старайтесь употреблять в сыром виде (но не зимой). Чередуйте: раз — тушеные, раз — сырые. В-четвертых, понемногу (20—50 г) начинайте включать в свой рацион сырые растительные блюда: проросшую пшеницу, размоченные крупы, дикорастущие съедобные плоды и травы. Каши больше замачивайте, чем варите.

Измените традиционный прием пищи на правильный: на завтрак ешьте фрукты; обед из первых блюд, хлеба, мяса заменяйте на стакан свежевыжатого сока, сырые или слаботушенные овощи, каши или белковые продукты; ужин заменяйте фруктовой едой, свежевыжатым соком или стаканом кислого молока.

Если следовать такому питательному режиму, постепенно и незаметно изменятся и вкусовые привычки. Пища, которая вначале казалась невкусной, даже невыносимой, становится приятной и желанной.

### Практические рекомендации: как нормализовать работу пищеварительной системы

Для того чтобы нормализовать работу пищеварительной системы, необходимо соблюдать следующие правила:

1. *Не ешьте при плохом эмоциональном состоянии.*
Усталость, боль, страх, горе, беспокойство, депрессия, гнев и прочее приводят к тому, что пищеварительные соки перестают выделяться и работа пищеварительного тракта замедляется или совсем останавливается. Пища, принятая в таком состоянии, не усваивается, гниет, бродит.

Шутки, смех за столом способствуют расслаблению и успокоению. Пусть за столом царят мир и радость. Это должно быть главным правилом в жизни.

При плохом самочувствии, эмоциональном напряжении пропустите еду — столько приемов, сколько нужно, чтобы это состояние прошло.

Если вы устали, то перед едой отдохните.

2. *Ешьте только тогда, когда проголодаетесь.*
Настоящее чувство голода появляется лишь тогда, когда пища прошла все стадии пищеварения и усвоения. Ложное

чувство голода появляется, если имеются расстройства в работе желудочно-кишечного тракта. При правильном питании это расстройство исчезает при условии, что вы хорошо до этого очистили свой организм.

**3. Согласуйте приемы пищи с биологическими ритмами организма.**

Если вы начнете правильно, дважды в день, употреблять пищу — утром и в полдень, то естественное чувство голода будет наступать у вас утром. Если же вы питаетесь вечером, то следующий прием будет только тогда, когда вы проголодаетесь. Надо знать биоритмы работы организма и согласовывать с природными биоритмами, тогда организм будет работать как часы.

**4. Тщательно пережевывайте пищу.**

Жуйте до тех пор, пока пища не превратится в очень жидкую кашицу, а лучше до состояния молочка. Это дает возможность прогнать через слюнные железы кровь, очистить ее от токсинов и других ненужных веществ. Фермент лизоцим нейтрализует их вредное влияние.

Тщательное пережевывание дает хорошую нагрузку зубам, что укрепляет их. Высокая щелочность слюны поддерживает нормальное кислотно-щелочное равновесие организма.

Акт жевания усиливает перистальтику. Если пища плохо измельчена, страдает как полостное, так и пристеночное пищеварение, а в толстом кишечнике крупные частицы пищи гниют и образуют «завалы» каловых камней.

**5. Не принимайте слишком холодной и слишком горячей пищи, а также незнакомой и необычной в большом количестве.**

Пищеварительные ферменты активны только при температуре нашего тела. Если пища будет холодна или горяча, то они начнут полноценное свое действие только тогда, когда пища приобретет температуру тела. Особенно вредно есть замороженные блюда и напитки: они «гасят» пищеварительный «огонь».

В нашем организме действуют определенные механизмы приспособления к пище. В зависимости от состава пищи зоны всасывания углеводов, белков, жиров и других веществ могут становиться бо́льшими или меньшими. Изменяется набор и свойств ферментов, осуществляющих пристеночное пищеварение. Поэтому, если вы съедите незнакомый продукт, к которому ваша пищеварительная система не готова, он может просто не перевариться и вызвать расстройство. Вводите в рацион незнакомую для вас пищу или новую крайне осторожно, чтобы к ним успела подготовиться пищеварительная система.

### 6. *Соблюдайте правила потребления жидкости.*

При поступлении пищи в желудок выделяется желудочный сок, вырабатываются ферменты, начинается процесс пищеварения. Если вы в процессе или в конце еды выпьете жидкость, то разбавите и смоете в нижележащие отделы желудочно-кишечного тракта ферменты. В итоге пища будет лежать в желудке, пока организм не синтезирует и не выделит новые ферменты, либо проскочит необработанной желудочными соками в нижележащие отделы, где подвергнется гниению и бактериальному разложению с последующим всасыванием этих продуктов в кровяное русло.

Поджелудочная железа, печень, а также железы, расположенные в самой тонкой кишке, вынуждены будут синтезировать новую порцию секрета, истощая ресурсы организма и перенапрягаясь при этом. В результате наступают различные функциональные расстройства организма.

Если же возникнет желание утолить жажду, прополощите рот и сделайте 2—3 небольших глотка. С переходом на правильное питание вас уже не будет мучить жажда.

### 7. *Регулируйте количество пищи, принимаемой за одну трапезу.*

Отрыжка воздухом во время или после еды указывает на то, что вы переполнили желудок. Нормальный объем принимаемой за раз пищи не должен превышать 400—700 г. Индивидуальный объем принимаемой за раз пищи не должен превышать того, что вместится в сложенные вместе ладони.

### 8. *Регулярно чистите печень.*

Для нормальной работы желудочно-кишечного тракта рекомендуется чистить печень. Профилактически очищайте печень раз или два в году — весной (март—апрель) и летом (июль). Эта процедура не касается тех лиц, которые голодают по неделе и более 2 раза в году и более.

### 9. Не забывайте о физической нагрузке.

Умеренная физическая нагрузка за 1—2 ч до еды позволяет энергетически подзарядить и прогреть организм. Это положительно влияет на активность пищеварительных ферментов, нормализует перистальтику и препятствует возникновению запоров. Кроме того, за счет усиления циркуляции крови и межтканевой жидкости улучшаются доставка пищевых веществ к клеткам и вывод отходов жизнедеятельности из организма.

### 10. Боритесь с дисбактериозами.

Восстановлению слизистой оболочки желудка и 12-перстной кишки, а также подавлению гнилостных и бродильных процессов в тонком кишечнике способствует прием свежевыжатого морковного сока по 200—300 мл до еды. Можно пить курсами по 3—7 дней отвар полыни по 100—150 мл утром натощак (заваривать — 1 ч. ложка сухой полыни на 200 мл воды).

Во время каждого приема пищи съедайте в качестве первого блюда салат или свежетушенные овощи (200—300 г): в теплое время года — салат, в холодное — тушеные овощи в теплом виде. Можно широко использовать специи, которые обладают антибактериальным действием.

За 2 ч до сна принимайте стакан кислого молока для заселения пищеварительного тракта кисломолочными бактериями.

### 11. Питайтесь «видовой» пищей.

Для того чтобы нормализовать естественную потребность в пище, необходимо питаться той пищей, к которой приспособлено ваше пищеварение, которая влияет на «брюшной мозг» и кишечную гормональную систему, регулирующие чувство насыщения. Такую пищу называют «видовым питанием» человека.

### 12. Регулярно голодайте.

Для того чтобы периодически очищать межклеточную жидкость и соединительную ткань от метаболических шлаков разного вида, желательно посещать парную не менее

2 раз в неделю либо профилактически голодать по 36 часов еженедельно, а лучше 2 дня 1 раз в 2 недели в дни экадаши (11-й день после новолуния и 11-й день после полнолуния).

# ИНДИВИДУАЛИЗАЦИЯ ПИТАНИЯ

## ПИТАНИЕ В СООТВЕТСТВИИ С ИНДИВИДУАЛЬНОЙ КОНСТИТУЦИЕЙ

Индивидуальная конституция каждого человека слагается из трех жизненных принципов — «Слизи», «Желчи» и «Ветра» (см. главу «Законы оздоровления»).

Переизбыток одного из жизненных принципов вносит дисбаланс в работу организма, что приводит к различным специфическим расстройствам и заболеваниям.

Чтобы устранить подобные нарушения, необходимо использовать такую пищу, которая уравновешивала бы жизненные принципы. Так, лицам с избыточной «слизистой» конституцией следует потреблять сухую, теплую пищу и продукты, имеющие вяжущий, горький, жгучий вкус. Эта пища подсушивает их организм, дает ему дополнительное тепло.

Лицам с избыточной «желчной» конституцией лучше потреблять жидкую и охлажденную пищу в большом количестве. Это способствует тому, что повышенные пищеварительные и теплотворные способности организма «расходуются» на пищу и не причиняют вреда самому организму.

Лицам с избыточной «ветреной» конституцией необходимо большое количество теплой, горячей, жирной, тяжелой пищи. Такое питание насыщает их сухое, маленькое, холодное тело жидкостью, гравитационной энергией и теплом.

В том случае, когда у человека все в норме, он может потреблять самые разнообразные продукты (естественно, натуральные), не обращая особого внимания на продукты, рекомендуемые для уравновешивания жизненных принципов. Но как только наметятся признаки перевозбуждения того или иного жизненного принципа, надо сразу же менять продукты в своем рационе на соответствующие. Со временем вы приобретете собственный опыт, узнаете, сколько и каких продуктов надо съедать для уравновешивания ваших жизненных принципов. Надо только понаблюдать за собой, за признаками перевозбуждения жизненных принципов и за тем, какие продукты вы при этом используете или использовали.

## ВЛИЯНИЕ ВКУСА ПИЩИ НА ЖИЗНЕННЫЕ ПРИНЦИПЫ

Вкус пищи говорит об особых свойствах энергии, заложенной в ней. Язык как орган вкуса позволяет распознать эту энергию. Энергия, заложенная в продукте, может благотворно влиять на жизнедеятельность организма: возбуждать или угнетать жизненные принципы.

Классическая Аюрведа различает шесть основных вкусов: сладкий, кислый, соленый, горький, жгучий и вяжущий. Эти вкусы по-разному действуют на три основополагающих жизненных принципа, лежащих в основе работы человеческого организма: «Слизь», «Желчь» и «Ветер».

**Сладкий вкус** наиболее силен по лечебной силе, укрепляет, увеличивает силы тела, способствует пищеварению, обладает небольшой теплотворной способностью. Сладкое способствует заживлению ран, проясняет органы чувств, способствует долголетию. Продукты, обладающие сладким вкусом, полезны детям, старикам и ослабленным. Другими словами, сладкий вкус стимулирует жизненный принцип «Слизи».

Однако чрезмерное употребление продуктов, обладающих сладким вкусом, вредно — приводит к тучности, жировикам и болезням.

**Кислый вкус** обладает освежающим действием, возбуждает аппетит, способствует размельчению и перевариванию пищи, задержке жидкости в организме, открывает закупорки и делает проходимым кишечник.

Чрезмерное употребление кислых продуктов вызывает слабость, головокружение, отеки, лихорадочное состояние.

**Соленый вкус** обладает очищающими свойствами: удаляет затвердевший кал и скопившиеся газы, очищает закупорившиеся кровеносные сосуды, удаляет плесень, поддерживает аппетит, вызывает выделение слюны и желудочных соков; холодным продуктам придает разогревающие организм свойства. Другими словами, он стимулирует жизненные принципы «Желчи» и «Ветра».

Чрезмерное употребление соленых продуктов ведет к выпадению волос, преждевременной седине, морщинам, болезням, порожденным перевозбуждением жизненного принципа «Желчи».

**Горький вкус** улучшает пищеварение и аппетит; согревает тело и стимулирует выход жидкости из организма; раскрывает сосуды; обладает разреживающими, растворяющими свойствами; увеличивает циркуляторные процессы в теле; способствует очищению полостей тела, особенно легких; помогает при отравлении, обмороках, лихорадочных состояниях, проясняет сознание.

Чрезмерное употребление горьких продуктов истощает организм, порождая болезни, связанные с перевозбуждением жизненного принципа «Ветра».

**Жгучий вкус** сильнее других стимулирует теплотворные способности организма, поднимает аппетит, полезен при болезнях горла, заживляет раны и тяжелые кожные нарывы.

Чрезмерное употребление продуктов жгучего вкуса отрицательно сказывается на работе половой функции, приводит к морщинам, обморокам, болям в спине и пояснице.

**Вяжущий вкус** обладает высушивающими свойствами; сушит гной, кровь, желчь; заживляет раны; улучшает цвет кожи, сильно охлаждает.

Чрезмерное употребление продуктов вяжущего вкуса обезвоживает и охлаждает организм, порождая болезни, свойственные перевозбужденному жизненному принципу «Ветра».

К классической аюрведической схеме можно добавить еще два вкуса: **терпкий** — похож на вяжущий, сгущает соки и охлаждает; **безвкусный** — увлажняет, размягчает и расслабляет.

## ОЗДОРОВЛЕНИЕ ОРГАНИЗМА С УЧЕТОМ ВКУСА ПИЩИ

**Практические рекомендации**

1. Для увеличения телесной «теплоты» используйте в одной трапезе продукты, содержащие: жгучий-кислый вкус либо кислый-соленый. В первом случае сочетание вкусов помимо увеличения «теплоты» тела будет способствовать похудению; во втором, наоборот, — большому набору веса (в основном — воды). Вот пример такой трапезы: вначале салат или тушеные овощи с добавкой приправ жгучего или кислого вкуса; второе блюдо — каша или белковый продукт, сдобренный специями кислого или жгучего вкуса.

2. Для увеличения легкости и подвижности тела и для того, чтобы похудеть, используйте следующие вкусы: горький-жгучий, кислый-жгучий. В первом варианте будет удаляться слизь из тела, во втором — увеличиваться теплотворная способность организма.

3. Для увеличения «сухости» в теле (удаление слизи, мокроты) используйте продукты со следующими вкусами: горький-вяжущий; жгучий-вяжущий; жгучий-горький. В первом случае вместе с «сухостью» будут увеличиваться «холодные» качества, что хорошо для лета. В двух последних, наоборот, прибавится «теплоты», что хорошо для холодного времени года либо для тех, кто постоянно мерзнет.

4. Для того чтобы «остудить» организм, используйте продукты со сладким вкусом либо горьким-вяжущим. В первом случае вы можете поправиться, во втором — похудеть.

5. Чтобы поправиться (стать «тяжелее» и «маслянистее»), используйте продукты с соленым-сладким вкусами либо сладким-кислым. В первом случае вы можете набрать в основном жировую ткань, во втором — нарастить мышцы.

Если вы чувствуете себя нормально, то в ежедневной трапезе старайтесь потреблять продукты, содержащие все шесть вкусов, не отдавая предпочтения ни одному из них. Такое питание будет гармонично стимулировать энергетические поля полевой формы жизни.

Пища, в которой преобладают горький и жгучий вкусы, способствует поднятию энергии организма вверх. Это хорошо использовать лицам с пониженным кровяным давлением, страдающим плохой циркуляцией крови в сосудах головного мозга. Подобную пищу хорошо применять и как рвотное для очищения организма от слизи.

Пища, обладающая сладким и соленым вкусами, направляет энергию организма вниз. Отсюда подобные продукты (морская капуста) являются хорошим естественным слабительным.

Если пища кислого вкуса способствует проходимости кишечника, то вяжущий вкус, наоборот, вызывает спазмы пищевода и делает кишечник малопроходимым. Это особенно важно знать лицам, страдающим запорами.

## ИНФОРМАЦИЯ, ЗАКЛЮЧЕННАЯ В ПРОДУКТАХ ПИТАНИЯ

Любое растение воспринимает всю информацию того места, на котором оно выросло, и приобретает его свойства. В сухих и жарких местах оно обладает жаркими свойствами, а во влажных — прохладными, водянистыми. Но если место слишком жаркое, растение вырабатывает в себе противоположные свойства — холодные, водянистые. Если растение должно перенести неблагоприятные холодные условия, то оно вырабатывает в себе противоположные — теплые, маслянистые — свойства.

Человек, потребляющий продукты, растения того региона, в котором проживает, поступает очень мудро: с помощью информации, которую содержат продукты, он борется с неблагоприятными внешними условиями. Так, внешней жаре летом он противопоставляет охлаждающие, водянистые свойства растительных продуктов —

огурцов, помидоров, капусты, ягод, фруктов, бахчевых. И наоборот, зимой, употребляя зерновые, орехи, семена, корнеплоды, сухофрукты (при высушивании фрукты приобретают теплые свойства) в сыром и слабо термически обработанном виде, то есть теплые, он противопоставляет их свойства холоду и сухости.

Все это было подмечено народной мудростью и прочно вошло в наш быт. Летом мы предпочитаем квас, окрошку (кислый вкус хорошо держит в организме воду), свежие салаты, пьем прохладительные напитки. Зимой, наоборот, пьем теплые чаи и отвары трав, компоты из сухофруктов, потребляем наваристые борщи, супы, тушеные овощи, каши в теплом виде.

Если пища цельная, минимально термически обработана, правильно употреблена и совмещена, — все пойдет во благо. Если же человек, к примеру, проживая в Воронеже, зимой соблюдает сыроедческий режим — усиленно потребляет цитрусовые из Египта, ест свежие салаты, парниковые овощи, запасся яблоками и тому подобным — он этим способствует переохлаждению организма, разлаживает собственный механизм борьбы с неблагоприятными климатическими условиями с помощью продуктов. И немудрено, что у него появляются зябкость, плохое пищеварение, вялость перистальтики, налитость тела водой и выделения в виде очень жидкой слизи из носа.

## ВОЗДЕЙСТВИЕ ЦВЕТА ПРОДУКТОВ ПИТАНИЯ НА ОРГАНИЗМ ЧЕЛОВЕКА

Цвет пищи воздействует на энергии полевой формы жизни, стимулируя или подавляя их. Кроме того, цвет оказывает огромное воздействие на вкусовые ощущения. Был проделан очень интересный эксперимент: богато сервированный разнообразной пищей стол осветили лучами, изменившими цвет продуктов: помидоры оказались фиолетовыми, огурцы — синими и т. д. Никто из сидящих за столом не захотел есть эти необычные продукты.

Комбинируя пищу в своей трапезе по цвету, вы можете многого добиться в плане личного оздоровления и целенаправленного влияния пищи на свой организм.

**Красный цвет** излучает тепло, оказывает возбуждающее, стимулирующее действие на нервную систему. Улучшает и ускоряет обменные процессы в организме, при этом активизируется деятельность кожи и желез внутренней секреции.

Красный цвет лечит заболевания, вызванные перевозбуждением жизненных принципов «Ветра» и «Слизи». Энергия красного оказывает стимулирующее влияние на костный мозг, нервную ткань. Воздействие красного цвета улучшает кровообращение и сердечную деятельность, устраняет застойные явления в органах, «разгоняет кровь». Лечит некоторые заболевания кожи: ветряную оспу, корь, рожу, волчанку. Повышает работоспособность и выносливость, улучшает настроение.

Избыток красного вызывает перевозбуждение жизненного принципа «Желчи» в организме. Противопоказан раздражительным и легковозбудимым лицам.

**Оранжевый цвет** обладает способностью восстанавливать нервную и мышечную ткань. Способен поддерживать сексуальность, лечит болезни, связанные с нарушением мочеполовой системы. Оказывает целебное действие на заболевания, вызванные «Ветром» и «Слизью», улучшает кровообращение и цвет кожи.

Оранжевый цвет очень эффективен при лечении заболеваний органов дыхания, селезенки, улучшает переваривание пищи.

Как цвет жизненности и тепла регулирует обменные процессы, оказывает влияние на работу эндокринных желез. Его воздействие целебно при ослабленной работе сердца.

Переизбыток оранжевого вызывает перегрев организма (перевозбуждение «Желчи»).

**Желтый цвет** — тонизирующий, действие его на наш организм и физиологию оптимальное, он не утомляет, оказывает стимулирующее влияние на зрение и нервную систему. Желтый цвет воздействует на весь организм — он лечит ум и тело. Созерцание желтого цвета (вообще и пищи в частности) гармонизирует физиологические процессы, обеспечивает организму равновесие, баланс, чувство оптимизма.

Желтый цвет лечит ряд кожных заболеваний. Очень эффективно лечение желтым цветом органов брюшной полости: он стимулирует печень, оказывает благотворное влияние на кишечник. Применяется для нормализации пищеварения и увеличения желудочной секреции.

Активизирует жизненный принцип «Желчи».

**Зеленый цвет** нормализует деятельность сердечно-сосудистой системы, снимает сильное сердцебиение, лечит аритмию, стабилизирует артериальное давление и функции нервной системы. Эффективно действие зеленого цвета при головных болях, утомлении глаз, нарушении зрения.

Воздействие зеленого цвета создает в организме ощущение мира и равновесия, недаром мы так отлично себя чувствуем на природе, на зеленой лужайке, в лесу. Зеленый цвет создает ощущение безопасности, свежести, прохлады, способствует концентрации мыслей.

Зеленый цвет успокаивает состояние, связанное с переизбытком жизненных принципов «Ветра» и «Слизи», но применять его при перевозбуждении «Желчи» нежелательно, это вызывает еще большее обострение. Передозировка зеленого может вызвать усиленную концентрацию желчи, вплоть до образования камней в желчном пузыре.

**Голубой цвет.** Лечебное значение синих и голубых тонов очень велико. Они обладают снотворным эффектом — это цвета холодной вибрации.

Голубой цвет охлаждает и успокаивает. С его помощью можно нормализовать артериальное давление и работу сердца, снять мышечное напряжение. Он лечит кожные процессы, связанные с нарушением пигментного обмена — витилиго. Используется при болезнях печени, разнообразных воспалительных процессах (при перевозбуждении «Желчи»), при заболевании горла — охриплости, воспалении голосовых связок. Рекомендован при ревматических заболеваниях (оказывает хорошее антисептическое действие), желтухе, ожогах.

Очень важно практическое значение голубого цвета для тех, кто хочет расстаться с лишним весом. Голубой цвет снижает аппетит, а поэтому и сервируйте стол голубой посудой, стелите голубую скатерть.

Избыток голубого цвета усиливает охлаждающие факторы и способствует перевозбуждению жизненных принципов «Ветра» и «Слизи», что приводит к разнообразным затвердениям.

**Синий цвет** оказывает успокоительное воздействие на все функции организма и способствует борьбе защитных функций с любыми процессами, связанными с подъемом температуры. Целебное действие синего цвета эффективно при болезнях горла, всевозможных спазмах, бессоннице, головных болях, сердцебиении, расстройстве кишечника (при перевозбуждении «Ветра»).

Хороший лечебный эффект от применения синего цвета наблюдается у больных с заболеванием щитовидной железы.

**Темно-синий (индиго)** цвет дает лечебный эффект при легочных заболеваниях, очищает от слизи, лечит воспаление, коклюш, желтуху, различные виды колик.

Синий и голубой цвета успокаивающе действуют на психику. Синий цвет несет психологически ощущение устойчивости, сдержанности, покоя.

Синий цвет оказывает действие на шишковидную железу, регулирующую функции глаз, ушей и носа. Его с успехом используют для лечения болезней глаз воспалительного происхождения, при катаракте и глаукоме. Применяют при лечении болезней легких, астме, воспалении легких.

Злоупотребление голубым и синим цветами может вызвать у лиц с индивидуальной конституцией «Ветра» чувство страха, боязнь нахождения в замкнутом пространстве.

**Фиолетовый цвет** успокаивает нервную систему, его можно использовать при всех психических и нервных нарушениях, невралгиях, ревматизме, сотрясении мозга, болезнях почек, мочевого и желчного пузыря. Фиолетовый цвет также дает эффект при различных воспалительных заболеваниях, нормализует сон, а при занятии творческим трудом, наоборот, повышает работоспособность, оказывает влияние на духовное развитие человека.

Длительное воздействие фиолетового цвета может вызвать состояние тоски и депрессии.

## МЕХАНИЗМ ВОЗДЕЙСТВИЯ ПИЩИ НА ЖИЗНЕННЫЕ ПРИНЦИПЫ ОРГАНИЗМА

Жизненные принципы подвергаются воздействию пищи. Механизм воздействия таков: на клеточном уровне из пищи образуются вода (дающая среду жизни), углекислый газ (регулирует pH среды, а через нее активность всех ферментов организма) и белковые вещества (на которых осуществляются все жизненные процессы).

Различные продукты будут оказывать свое специфическое влияние на три указанных параметра.

На **уменьшение жидкости** внутри клеток организма будет влиять пища горького, жгучего и вяжущего вкуса, легкая и жесткая по консистенции (сухофрукты), холодная и сухая по свойствам (сухари) и к тому же употребляемая в малом количестве. Все это приводит к сгущению коллоидов организма. Если человек, который имеет выраженный конституционный тип «Ветра», будет питаться такой пищей, он «заработает» похудение, зябкость, запор, тугоподвижность в суставах.

На **увеличение жидкости** внутри клеток организма оказывает влияние пища сладкого, кислого и соленого вкуса; тяжелая, мягкая по консистенции (сметана, творог); прохладная и водянистая по свойствам (молоко). Употребление такой пищи в большом количестве способствует задержке воды организмом, наполнению жидких сред организма крахмалом и белком (то есть слизью).

Если человек, имеющий выраженный конституционный тип «Слизи», склонный к удержанию воды и набору веса, будет питаться вышеуказанными продуктами, то он быстро наберет вес, потеряет теплотворные способности и хорошее пищеварение.

На **увеличение тепла** внутри организма будет оказывать влияние пища с жгучим, соленым и кислым вкусом (специи, соленья, квасное); легкая и жирная по консистенции (жареная свинина); горячая и сухая, а также маслянистая по свойствам (жареный картофель в подсолнечном масле). Употребляемая без всякой меры, она приводит к чрезмерной выработке желчи, которая «пережигает» кровь, лимфу и т. д.

Если человек с выраженной конституцией «Желчи» будет потреблять такую пищу, его теплотворные свойства придут в возбуждение, что выразится в сухости в ноздрях, изжоге, сыпи на коже, раннем поседении или облысении.

# ДИЕТА И ПИЩА ДЛЯ РАЗНЫХ ТИПОВ КОНСТИТУЦИЙ

## ДИЕТА ПРИ ВОЗБУЖДЕНИИ ЖИЗНЕННОГО ПРИНЦИПА «ВЕТРА»

### Общие рекомендации

Рекомендуется употреблять теплые, «тяжелые», мягкие продукты и напитки, маслянистую пищу. Преобладающий вкус в пище: сладкий, соленый и кислый. Есть можно до сытости.

*Крупы:* рис, пшеница, проросшая пшеница, приготовленная в виде хлеба или супа, лен в зернах.

*Молочные продукты:* все молочные продукты.

*Подслащивающие продукты:* мед, черная патока, тростниковый сахар, натуральные сиропы и варенья.

*Растительные масла:* все типы.

*Фрукты:* все сладкие фрукты, дыни, арбузы.

*Овощи* (подвергнуть слабой термической обработке — тушение, приготовление методом «антракта»): свекла, морковь, спаржа, молодая картошка, огурцы, тушеный лук, одуванчик, латук.

*Орехи:* все виды.

*Специи:* лук, чеснок, имбирь, корица, черный перец, кардамон, тмин, соль, гвоздика, зерна горчицы.

*Пища животного происхождения:* гусь, утка, рыба, раки, конина, курятина, баранина, яйца, морские продукты.

*Супы:* суп из проросшей пшеницы, крапивный суп, суп из чеснока, мясной бульон (в редких случаях).

*Лекарственные растения:* солодка, мускатный орех, ферула, можжевельник, девясил высокий, софора, бузина, малина, сосна, цветки шиповника, просвирник.

Люди с выраженной конституцией «Ветра» чувствуют резкое снижение энергии во второй половине дня. Выпейте травяной чай из указанных трав, особенно из солодки.

## ДИЕТА ДЛЯ УСИЛЕНИЯ ЖИЗНЕННОГО ПРИНЦИПА «ВЕТРА»

### Общие рекомендации

Легкая диета или голодание, сухие продукты, холодная пища. Преобладающий вкус: горький, жгучий и вяжущий.

*Крупы:* ячмень, кукуруза, просо, гречиха, рожь, овес.

*Подслащивающие продукты:* избегать.

*Молочные продукты:* избегать.

*Растительные масла:* избегать.

*Фрукты:* сухофрукты, яблоки, груши, гранаты, клюква, маслины.

*Овощи:* все овощи употреблять в сыром виде — капуста, картофель, горох, латук, шпинат, петрушка, сельдерей и фасоль.

*Орехи:* избегать.

*Специи:* кардамон, имбирь, шафран в минимальном количестве.

*Животные продукты:* обезжиренные говядина, свинина, кролик.

*Супы:* гороховый суп.

*Лекарственные растения:* шлемник, барбарис, перец Бунте, горечавка, шалфей, лютик, кора дуба и желуди, пивные дрожжи, мумие и мускус. Последние три особенно стимулируют «Ветер».

## ДИЕТА ПРИ ВОЗБУЖДЕНИИ
## ЖИЗНЕННОГО ПРИНЦИПА «ЖЕЛЧИ»

### Общие рекомендации

Прохладная, предпочтительно жидкая, пища и напитки. Вкус предпочтителен сладкий, горький и вяжущий.

*Крупы:* пшеница, пророщенная пшеница, овес, ячмень, белый рис.

*Молочные продукты:* молоко, масло сливочное, масло топленое.

*Подслащивающие продукты:* все, кроме меда и черной патоки.

*Растительные масла:* свежее масло оливковое и подсолнечное.

*Фрукты:* сладкие фрукты, размоченные сухофрукты и компот из них, дыни, арбузы.

*Овощи:* тыква, огурцы, картофель, капуста, латук, бобы, петрушка (корень и зелень).

*Специи:* кориандр, корица, кардамон, фенхель, укроп.

*Животная пища:* цыплята, индейка, белок яиц. Употреблять в остывшем виде.

*Лекарственные растения:* шлемник, шалфей, горечавка крупнолистная, змееголовник, термопсис, цветки и плоды шиповника, полынь веничная; яблочный сок, мятный чай, холодная вода, охлажденный кипяток и, особенно, пивные дрожжи.


## ДИЕТА ДЛЯ УСИЛЕНИЯ
## ЖИЗНЕННОГО ПРИНЦИПА «ЖЕЛЧИ»

### Общие рекомендации

Горячая, сухая пища с преобладающим кислым, соленым и жгучим вкусом.

*Крупы:* кукуруза, просо, рожь, темный рис.

*Молочные продукты:* кисломолочные продукты, сыр, пахта, кислые сливки.

*Подслащивающие продукты:* мед, черная патока.

*Растительные масла:* миндальное, сезамовое, кукурузное и прогорклое масла.

*Фрукты:* грейпфрут, кислые апельсины, айва, облепиха, лимоны, кизильник и прочие с кислым вкусом.

*Овощи:* редис, томаты, свекла, лук, чеснок (поджаренный лук обладает противоположными свойствами).

*Специи:* имбирь, тмин, гвоздика, соль, семя сельдерея и горчицы, черный перец, красный перец.

*Орехи:* кешью, арахис.

*Животная пища:* говядина, яичный желток, масло и красное мясо, баранина, рыба, морские продукты.

*Супы:* крапивный суп, суп из редьки.

*Лекарственные растения:* одуванчик, просвирник, семена фаната, аир, ферула, прутняк.

Следует помнить, что организм от избытка пищи, стимулирующей «Желчь», может приобрести кислотность.

## ДИЕТА ПРИ ВОЗБУЖДЕНИИ ЖИЗНЕННОГО ПРИНЦИПА «СЛИЗИ»

### Общие рекомендации

Теплая, легкая пища и напитки. Вкус — горький, жгучий и вяжущий. Стараться недоедать.

*Крупы:* ячмень, кукуруза, просо, гречиха, рожь, овес.

*Молочные продукты:* молоко малой жирности, свежее масло, сыворотка сыра.

*Подслащивающие продукты:* мед.

*Растительные масла:* прогорклое масло.

*Фрукты:* яблоки, груши, гранаты, клюква, виноград, хурма, айва, облепиха. Все сухофрукты.

*Овощи:* редис, картофель, морковь, капуста, лук, баклажаны, зеленые овощи, латук, тыква, сельдерей, шпинат, петрушка, бобы, горох.

*Специи:* все специи, кроме соли.

*Животная пища:* цыплята, баранина, яйца, колбаса (все виды мяса и колбаса должны быть обезжиренными).

*Лекарственные растения:* солодка, полынь, сосна, девясил кислый.

## ДИЕТА ДЛЯ УСИЛЕНИЯ ЖИЗНЕННОГО ПРИНЦИПА «СЛИЗИ»

### Общие рекомендации

Обильная, маслянистая пища, холодные продукты и напитки. Преобладающий вкус пищи — сладкий, соленый и кислый.

*Крупы:* рис, пшеница, овес, лен (семена).

*Молочные продукты:* молоко, сыр, кисломолочные продукты, пахта, сливки, сметана и сливочное масло.

*Подслащивающие продукты:* все, кроме меда.

*Растительные масла:* все, а также костный мозг и жир.

*Фрукты:* сладкие фрукты, арбузы, дыни и т. д.

*Овощи:* помидоры, огурцы, сладкий картофель, редька, репа и прочие широколистные овощи.

*Специи:* соль.

*Орехи:* все.

*Животная пища:* говядина, свинина, колбаса, гуси, утки, рыба, раки, курятина (чем жирнее мясо, тем лучше).

*Супы:* бульон мясной, гороховый суп, крапивный суп.

Следует помнить, что перестимуляция жизненного принципа «Слизи» приводит к появлению в организме слизи, особенно в верхней части тела — легких, носоглотке, гайморовых пазухах.

## РЕЖИМ ПИТАНИЯ С УЧЕТОМ ИНДИВИДУАЛЬНОЙ КОНСТИТУЦИИ

### Питание для «Ветра». Практические рекомендации

*Утренний прием пищи (8—9 ч)*

1. Горячий травяной чай (любая трава или сочетание трав: солодка, мускатный орех, ферула, можжевельник, девясил высокий, софора, бузина, малина, сосна, цветки шиповника, просвирник) с любым подслащивающим продуктом (мед, черная патока, тростниковый сахар, натуральные сиропы, варенья). Либо горячий сладкий компот из сухофруктов. Либо свежевыжатый сок из моркови и свеклы (4:1).

2. Теплое овощное блюдо (из овощей, рекомендуемых для данного типа конституции).

3. Крахмалистое или белковое блюдо в теплом виде. Крахмалистое блюдо приготовляют из риса, пшеницы, проросшей пшеницы и употребляют с маслом. Белковое — из гуся, утки, рыбы, курицы, баранины, яиц, морских продуктов. Можно употребить орехи — любые виды. Во все блюда можно добавлять рекомендуемые специи: лук, чеснок, имбирь, корица, черный перец, кардамон, тмин, соль, гвоздика, зерна горчицы.

*Дневной прием пищи (13—15 ч)*

Повторяет утренний прием пищи (продукты можно использовать другие, исходя из перечня, который рекомендуется для лиц с конституцией «Ветра»).

1. Если вы пили травяной чай, теперь можете выпить компот или сок.

2. Если ели тушеную свеклу с морковью и луком, теперь можете поесть фрукты.

3. Если ели рисовую кашу с маслом, теперь съешьте суп из проросшего зерна, отварной картофель с маслом или белковое блюдо из гуся, утки, рыбы, яиц или орехи.

*Вечерний прием пищи (18—19 ч)*

Для лиц с конституцией «Ветра» рекомендуется вечерний прием пищи, потому что у них обмен веществ происходит быстрее и им для нормального самочувствия надо пополнять гравитационную энергию. Вечерний прием пищи должен быть не таким большим, как предыдущие два (примерно вполовину меньше).

1. Любой из сладких рекомендуемых напитков.

2. Немного тушеных овощей или фруктов.

3. Какое-либо блюдо из рекомендуемых продуктов, желательно крахмалистое с небольшим количеством масла.

*Перед сном*

За час или полчаса до сна, если появится желание, можно выпить стакан теплого молока или отвара из трав с медом. Это будет способствовать нормальному сну.

В сухое, холодное время года всю пищу надо есть только в теплом или горячем виде. В жаркое время года можно есть пищу естественной температуры.

## Питание для «Желчи». Практические рекомендации

*Утренний прием пищи (8—9 ч)*

1. Прохладный компот из сладких сухофруктов; или травяной чай, отвар из шалфея, горечавки крупнолистной, змееголовника, термопсиса, цветков и плодов шиповника, полыни, мяты; или свежеприготовленный яблочный сок.

2. Салат или тушеные овощи (чуть теплые). Можно съесть фрукты. (Овощи и фрукты в соответствии с типом конституции.)

3. В качестве второго блюда приготовляют крахмалистый или белковый продукт. Крахмалистый продукт готовьте из пшеницы, пророщенной пшеницы, овса, ячменя, картофеля или белого риса с маслом; белковый — из белка яиц, цыпленка, индейки. В салаты и вторые блюда можете добавлять специи по вкусу: кориандр, корицу, кардамон, фенхель, укроп.

Принимая пищу, не переполняйте желудок. Лицам с конституцией «Желчи» рекомендуется наполнять желудок наполовину. Употреблять пищу в теплом или только что остывшем виде. Летом есть только остывшую пищу.

*Дневной прием пищи (13—15 ч)*

Дневной прием не отличается от утреннего. Вы только можете употреблять другие продукты в соответствии с рекомендуемым списком.

1. Выпить яблочный сок, если утром употребляли компот или травяной чай и т. п.

2. Съесть фрукты, если утром ели салат или тушеные овощи.

3. Вместо отварного картофеля (лучше «в мундире») с небольшим количеством масла, съеденного утром, можете съесть суп из проросшей пшеницы, рисовую кашу или плов (рис с овощами), любое мясное блюдо, приправляя рекомендуемыми специями.

*Вечерний прием пищи (18—19 ч)*

Лицам с конституцией «Желчи» можно лишь выпить молоко или сок, компот, съесть фрукты, свежий салат, отварные овощи, но не более.

Если сильно захочется, перед сном можно выпить компот или другой сладкий напиток, например, настой шиповника.

В холодное время года пища должна быть более теплой, более водянистой.

## Питание для «Слизи». Практические рекомендации

*Утренний прием пищи (8—9 ч)*

1. Пить надо мало или вообще обходиться без питья. Это относится к тем, у кого лишний вес. Если хочется принять жидкость, можно выпить стаканчик настоя солодки или полыни; в некоторых случаях — кипяченую воду с медом. Из фруктов можно съесть: яблоки, груши, гранаты, клюкву, виноград, хурму, айву, облепиху либо сухофрукты.

2. Небольшое количество салата или тушеных овощей (главное, чтобы они были приготовлены посуше). Тушеные овощи должны быть теплые, а сырые — комнатной температуры. Холодное употреблять нежелательно. Также нежелательно добавлять в овощи какие-либо масла́.

3. Небольшое количество крахмалистого продукта: картошка «в мундире» либо отварные бобы, горох. Можно другие рекомендованные продукты: ячмень, кукуруза, просо, гречиха, рожь, овес. Каша из этих круп должна быть сухой — содержать минимум воды. Масло добавлять не надо. Можно добавить белковый продукт: курицу, баранину, яйца, колбасу (все виды мяса и колбаса должны быть обезжиренными). В указанные блюда можно добавлять все специи, кроме соли, и употреблять их в теплом виде. Ешьте так, чтобы чуть-чуть «заморить» чувство голода.

*Дневной прием пищи (13—15 ч)*

Примерно такой же и дневной прием пищи, только продукты могут быть другие, рекомендуемые в списке для лиц с выраженной конституцией «Слизи» или когда она находится в перевозбужденном состоянии. Ешьте до первого чувства насыщения, тщательно пережевывая пищу.

*Вечерний прием пищи (18—19 ч)*

От вечернего приема пищи лицам с конституцией «Слизи» надо либо отказаться, либо принимать ее в минимальном количестве. Можно поесть сухофруктов или немного фруктов из списка либо сырую морковь, выпить стакан отвара полыни, солодки или кипятка с медом. Это питание «подсушит» организм, и человек с индивидуальной конституцией «Слизи» будет чувствовать себя вполне нормально.

# ПИЩЕВЫЕ ПРОДУКТЫ И ОЗДОРОВЛЕНИЕ

## ОСНОВНЫЕ ПРАВИЛА ВЫБОРА ПРОДУКТОВ ПИТАНИЯ И ПРИГОТОВЛЕНИЯ БЛЮД

Пищевые продукты воздействуют на наш организм своими вкусом и свойствами: они могут охлаждать или разогревать, обезвоживать или насыщать влагой организм. Поэтому выбор продуктов питания и их употребление не должны быть хаотичными.

В первую очередь питание должно быть согласовано с индивидуальной конституцией. При употреблении продуктов, которые не соответствуют жизненному принципу, нарушается баланс в организме, согласованность работы органов.

**Внимание!** Помимо этого, питаться надо в соответствии с сезонами года: весной есть травы, зелень; летом — ягоды, фрукты и овощи; осенью — осенние фрукты и овощи; зимой — орехи, злаки, бобовые, коренья, сухофрукты и сушеные травы. Нарушение этого правила может вызвать различные отклонения в работе организма.

Например, так широко пропагандируемое сыроедение приводит к тому, что фрукты, употребляемые зимой, охлаждают и излишне насыщают влагой организм человека, что вызывает постоянное чувство холода, потоки влаги из носа, ослабление пищеварения и всего организма в целом.

Для одного приема должны быть выбраны продукты питания, которые сочетаются между собой. Несоблюдение этого правила также наносит вред организму.

Таким образом, выбор продуктов питания и правильное их употребление имеют большое значение для здоровья.

Каждый продукт требует своей среды для пищеварения, своих ферментов, определенного количества времени. Два разнохарактерных продукта требуют различных условий для своего пищеварения в желудочно-кишечном тракте. Одновременно их создать невозможно. В итоге создаются какие-то средние условия для обоих продуктов, которые не позволяют их качественно переработать. Как следствие образуются промежуточные продукты пищеварения, подобные «составленным ядам».

О неправильных сочетаниях пищевых продуктов особенно важно знать ослабленным болезнями людям, чтобы не ухудшать своего состояния. Здоровым людям желательно избегать этих сочетаний, чтобы не стать больными.

## Белковые продукты

Во время приема пищи употребляйте только один вид белкового продукта.

С белковыми продуктами всех видов **лучше всего сочетаются** некрахмалистые продукты всех видов, в том числе некрахмалистые овощи: капуста, огурцы, шпинат, ботва свеклы, ботва репы, свежие зеленые бобы, все виды свежих кабачков, лук, сельдерей и др. **Плохо сочетаются**: свекла, репа, тыква, морковь, кольраби, брюква, бобы, горох, картофель, а также всевозможные крупы. Бобы и горох представляют собой сочетание белка с крахмалами, и их лучше есть как крахмал или как белок в сочетании с зелеными овощами без других белков и без других крахмалов.

Белковую пищу лучше всего есть на обед без кислых продуктов и растительного масла, а также масляных подливок.

**Внимание!** Прием любой белковой пищи должен сопровождать салат. В условиях средней полосы России в качестве основы для салата подходит капуста, а остальное в зависимости от сезона: редис, сельдерей, пастернак, огурцы, сладкий перец, петрушка, одуванчики и т. д.

**Сочетание белковых продуктов с белковыми.** Два белка различных характера и состава (например, мясо и яйца, мясо и молоко и т. п.) требуют различных изменений в пищеварительном тракте, различного времени для переваривания и усвоения. Например, наиболее сильнодействующий сок выделяется на молоко в последний час пищеварения, а на мясо — в первый. Если пищеварительный процесс не будет должным образом видоизменяться, белковая пища не будет полноценно переварена.

Поэтому вы не должны принимать одновременно такие сочетания, как мясо и яйца, мясо и орехи, мясо и сыр, яйца и молоко, яйца и орехи, сыр и орехи и т. п.

Рекомендуется есть один белковый продукт во время одного приема пищи.

**Сочетание белковых продуктов с крахмалистыми.** С точки зрения пищеварения надо знать, что первые стадии пищеварения крахмалов и белков происходят в противоположной среде. Крахмал требует щелочной реакции и обрабатывается в ротовой полости и 12-перстной кишке. Белок требует кислой среды в желудке, а затем обрабатывается совершенно другими ферментами в 12-перстной кишке, нежели крахмал.

Таким образом, каши, хлеб, картофель и другие крахмалы ешьте отдельно от мяса, рыбы, яиц, сыра, творога, орехов и другой белковой пищи.

**Сочетание белковых продуктов с углеводами (сладкими).** Все сахара́ — промышленные, сиропы, сладкие фрукты, мед и т. п. — тормозят выделение желудочного сока и моторику желудка, они перевариваются в кишечнике. Если их съесть отдельно, они долго не задерживаются в желудке и быстро переходят в кишечник. С другими продуктами (белками, крахмалами) они надолго задерживаются в желудке, пока не переварятся другие продукты. При этом они подвергаются бактериальному разложению и начинают бродить с выделением газа и т. п.

**Сочетание белковых продуктов с жирами и маслами.** Присутствие в желудке жира, масел задерживает выделение желудочного сока, что тормозит переваривание даже легкоусвояемой пищи. Замедляющее действие может продолжаться 2 ч и более. Таким образом, сливки, сливочное масло, растительные масла, жирное мясо, сметану и т. д. нельзя употреблять в один прием с орехами, сыром, яйцами, мясом. Те пищевые продукты, которые обычно содержат нутряной жир (орехи, сыр, молоко), требуют более продолжительного времени на переваривание, чем белковые продукты, не содержащие его.

Хорошо известно, что обилие некрахмалистых, зеленых овощей противодействует замедляющему действию жиров. Поэтому если вы употребляете жир с белками, можно устранить его тормозящее действие на переваривание белков путем употребления с ними большого количества зеленых овощей.

**Сочетание белковых продуктов с кислыми.** Активная работа по расщеплению сложных веществ на более простые, происходящая в желудке и составляющая первую стадию переваривания белков, совершается под действием пищеварительного фермента пепсина. Когда съедаются белки, желудочный сок кислый, так как он должен предоставить благоприятную среду для активизации пепсина и индуцированного автолиза.

Из-за того что пепсин активен в кислой среде, многие делают ошибку, считая, что, принимая кислые продукты (кислые и полукислые фрукты) с белками, тем самым помогут перевариванию белка. Фактически наоборот — кислые продукты задерживают выделение желудочного сока. Лекарства и фруктовые кислоты изменяют желудочный сок, разрушая и сокращая выделение пепсина.

Нормальный желудок выделяет все кислоты, которые требуются для переваривания белка с определенной концентрацией пепсина. Больной желудок может выделить слишком много кислоты (повышенная кислотность) или недостаточное количество кислоты (пониженная кислотность). В любом случае потребление кислотных продуктов с белковыми не помогает пищеварению. Не поливайте мясо ни уксусом, ни гранатовым соком и т. д.

## Крахмалистые продукты

Потреблять следует один крахмалистый продукт (один вид каши, без хлеба) не только потому, что существует противоречие этих продуктов, а также потому, что потребление двух или более крахмалов (например, каши, хлеба и картошки в один прием) практически обязательно приводит к перееданию.

Переваривание крахмалов начинается во рту, поэтому тщательно жуйте, чтобы не глотать, а «пить» крахмалистую пищу. Слюнное пищеварение будет длительно продолжаться в желудке, если крахмалы съедать правильно.

**Внимание!** Рекомендуется крахмалистую пищу съедать утром. Она должна быть сухой, каши круто сваренные. С крахмалом можно употреблять салаты. Лучше салат подобрать из слабокрахмалистых овощей: морковь, свекла и т. д. Ферменты и витамины, содержащиеся в слабокрахмалистых овощах, помогут хорошо переварить крахмал.

Чем меньше использовать масла и жира, тем лучше перевариваются крахмалистые продукты.

**Сочетание крахмалистых продуктов с углеводистыми.** Сахара́ подвергаются перевариванию только в тонком кишечнике. Употребленные с другой пищей, они на некоторое время задерживаются в желудке, ожидая, пока переварится другая пища. А в условиях тепла и влаги, имеющихся в желудке, при таком питании происходит кислая ферментизация брожения.

Желе, повидла, варенья, фрукты, конфеты, сахар, мед, патока, сиропы и т. д., добавляемые в пирожки, хлеб, печенье, каши, картофель и т. п., вызывают брожение. Многие считают, что, если вместо сахара употреблять мед, можно избежать брожения, но это не так. Мед с горячими пирожками, сироп, варенье с хлебом, блинами и т. п. гарантируют брожение.

**Сочетание крахмалистых продуктов с жирными.** Крахмалистые продукты без жиров кажутся не такими вкусными, поэтому их повсеместно соединяют (каша с маслом, картофель с маслом). Однако это не совсем удачное сочетание, ибо жиры замедляют пищеварение. Поэтому используйте минимум жира, когда употребляете крахмалистые продукты. Больным людям надо вообще потреблять крахмалы без жиров. При этом пищу надо тщательнейшим образом пережевывать.

**Сочетание крахмалистых продуктов с кислыми.** Кислоты фруктов, помидоры и т. п. разрушают фермент птиалин, который расщепляет крахмал. Сочетание этих продуктов с крахмалистыми (хлеб, каши, картофель) неудобоваримо.

## Фрукты

**Фрукты** лучше всего сочетаются с орехами, зелеными овощами и корнеплодами. Фрукты представляют собой идеальную пищу для человека.

**Внимание!** Фрукты надо есть отдельно от других продуктов. Их лучше потреблять в отдельный прием пищи, утром, вечером (вместо сока, травяного чая). Можно есть их перед едой за 20—30 мин: за это время они успеют пройти в тонкий кишечник и перевариться.

При кормлении больных фруктами лучше давать сладкие и очень кислые фрукты в разное время. Сахар, мед и другие сласти особенно нежелательны с грейпфрутом.

Следующее меню содержит правильные фруктовые сочетания и рекомендуется как фруктовая еда:

*вишни, абрикосы;*

*вишни, абрикосы, сливы;*

*персики, абрикосы;*
*яблоки, виноград, стакан простокваши.*
Не добавляйте сахар к фруктам. В пищу используйте только сезонные фрукты.

Весной и летом вкусный салат можно приготовить из сезонных фруктов: слив, абрикосов, вишен, черешни с добавлением салата-латука или сельдерея.

## Овощи

**Овощи** — наиболее полезные продукты питания.

1. Первым блюдом вашей трапезы должны быть свежий салат либо тушеные овощи. Летом больше используйте охлаждающие овощи, например огурцы, капусту, а зимой — разогревающие, например морковь, свеклу и другие корнеплоды. Овощи, принятые в начале еды, значительно облегчают пищеварительный процесс.

2. Используйте овощи с учетом сезона и индивидуальной конституции.

3. В качестве белковой пищи съешьте салат, состоящий в основном из листовых овощей нейтрального либо горького вкуса: капусты, петрушки, латука, огурца, редиса и т. д. Если вы собираетесь есть крахмалистую пищу, используйте слабокрахмалистые овощи сладковатого вкуса: морковь, свеклу и немного нейтральных — капусту.

4. Широко используйте в своем питании свежевыжатые овощные (и фруктовые) соки. Соковая терапия — одна из самых мощных и приятных. При этом фруктовые соки в основном способствуют очищению организма, а овощные — питанию.

О целебных свойствах овощей читайте в книге «Разумное питание».

## Приправы

Наши предки опытным путем нашли растения, которые своими особыми свойствами помогали человеку, обладающему неуравновешенной природой (конституцией), вернуть уравновешенность, а под старость стимулировать теплотворные и переваривающие способности организма.

Приправы и специи можно разделить на два вида: одни способствуют поднятию теплотворной функции тела, их большинство, а другие, уксус и квасцы, способствуют охлаждению. Почти все приправы освобождают организм от слизи, а также нормализуют его работу. Замечено, что с возрастом утрачивается теплотворная функция организма, а разогревающие специи стимулируют и поддерживают ее. Именно по этой причине они так высоко ценились и будут цениться, тем более в холодное время года.

- Охлаждающие свойства приправ хороши для лиц с конституцией «Желчи», и особенно в теплое время года.
- К приправам, усиливающим действие «Желчи», относятся: лук огородный, чеснок, кардамон, гвоздика, корица, имбирь, перец черный, лавр благородный, укроп, тмин, анис, фенхель, горчица, хрен.
- К приправам, усиливающим действие «Ветра», относятся: лук огородный, корица, перец черный.
- К приправам, угнетающим действие «Желчи», относятся: мята, уксус.
- К приправам, угнетающим действие «Ветра», относятся: чеснок, кардамон, гвоздика, лавр благородный, укроп, тмин, анис, фенхель, горчица.
- К приправам, угнетающим действие «Слизи», относятся: лук огородный, чеснок, кардамон, гвоздика, корица, имбирь, перец черный, мята, уксус, тмин, анис, фенхель, горчица, хрен.

## ПОЛЕЗНЫЕ БЛЮДА И ИСПОЛЬЗОВАНИЕ РАЗЛИЧНЫХ ПРОДУКТОВ

### Приготовление салатов

Салаты надо приготавливать из овощей по сезону. Так как салаты в кухне здорового питания являются основным, обязательным блюдом, то и отношение к ним должно быть особое. Для приготовления салатов необходимо использовать продукты, употребление которых не противоречит жизненному принципу.

Салаты — главные поставщики натуральных пищевых веществ. Для того чтобы полнее удовлетворять потребности организма, необходимо есть салаты, состоящие из корней, листьев и плодов растений. Такие салаты называются «триадами» и богаты микроэлементами, содержащимися в корнеплодах овощей (свекла, морковь, сельдерей), клетчаткой и хлорофиллом, содержащимися в листьях растений (петрушка, капуста), витаминами, энзимами, пигментами, структурированной водой, находящейся в плодах (огурцы, помидоры).

**Внимание!** Употреблять салаты также необходимо с учетом оздоровительных мероприятий.

На первом этапе оздоровления, 2—3 месяца, главная задача — заменить зашлакованные жидкостные среды организма и сформировать нормальную микрофлору. Следует использовать овощи, содержащие высокий процент щелочных элементов и структурированной воды.

На втором этапе, когда необходимо отрегулировать жизненные принципы, подбирайте продукты с учетом вкусовых ощущений от овощей, специй, майонезов.

## Приготовление первых блюд.
## Сохранение пищевой ценности продуктов

Первые блюда во время приготовления должны подвергаться возможно более короткой термической обработке. Крупы и картофель надо довести до полной готовности, овощи — до состояния «с хрустинкой» (во время жевания они похрустывают, как сырые). Стебли трав отваривают до готовности, а листья добавляют только после того, как кастрюля снята с огня.

Зерна проросшей пшеницы резко повышают питательную ценность первых блюд. Старайтесь класть их в только что приготовленные блюда. Они придают им своеобразный вкус, похрустывают на зубах, давая достаточную нагрузку на зубы. Возбуждают перистальтику и добавляют жизнь в наш организм.

## Эффективность сокотерапии

Для получения заметных результатов необходимо выпивать не менее 500 мл в день. Лучший эффект отмечен при потреблении в день от 1 до 4 л. Наибольшей пользой обладает только что отжатый сок из фруктов или овощей. Принимать его необходимо в течение первых 5 мин после приготовления. В противном случае он быстро потеряет свои силу и активность.

С помощью соков можно пополнить организм запасами биологически активных веществ, так как эти вещества в соках овощей и фруктов находятся в наиболее усваиваемой для организма форме. Необычайно полезен свекольный сок, так как он способствует образованию эритроцитов (красных кровяных шариков, которые переносят кислород по организму) и улучшает общий состав крови. Смесь морковного и свекольного соков — прекрасное средство, помогающее восполнять потерю крови. Очень полезно сочетать свекольный сок с яблочным — получается очень вкусная смесь. Она обладает несколько менее полезными свойствами, чем смесь сока свеклы с морковью.

Ввиду сильного действия свекольного сока его надо употреблять в смеси, постепенно увеличивая процентное содержание (начать с 5 мл на стакан и довести до 30—50 мл).

## Полезные свойства орехов и семян

В естественном питании орехи идут за фруктами и овощами, опережая зерновые, которые надо подвергать термической обработке. Орехи относят к зимним продуктам.

Они очень полезны. Их полезные свойства используют для лечения и оздоровления организма. В них содержатся аминокислоты, жирные кислоты, витамины, минеральные вещества и т. д. Употреблять орехи надо отдельно после фруктов или листовых овощей. В качестве приправы их можно в перемолотом виде добавлять в салаты.

Если орехи в результате хранения слишком высохли и сморщились, залейте их водой вместе со скорлупой на несколько часов, а можно и на сутки в зависимости от состояния ядра. В результате пересушенные ядра могут стать полноценными, если орехи были достаточно вызревшими.

## Использование зерна и крупы

Общие свойства зерновых таковы: свежесобранные сырые — «тяжелые», а созревшие, высохшие и старые — «легкие». Сырые зерна, сваренные и поджаренные, становятся «легче», лучше перевариваются и усваиваются.

Зерновые культуры лучше всего использовать зимой в сочетании с семенами и орехами. Зерна богаты белком и углеводами, а семена и орехи — белком и жиром.

Общие правила для приготовления каш из любых круп следующие: предварительно крупу замачивают на 2—3 ч. Затем лишнюю воду сливают. Кашу варят только на воде. Ее доводят до кипения и после этого снимают с огня и хорошо укутывают для упаривания. В готовую кашу по вкусу добавляют масло, можно подсластить или подсолить, что нежелательно.

Варят каши и на отварах трав, что придает им особенно пикантный вкус и целебность. Крупу желательно замочить на 12 ч. Затем воду сливают, заваривают травы и отвар доливают в крупу. Доводят до кипения и оставляют настаиваться в укутанном виде. Добавляют масло по вкусу. Правила приготовления проросших зерен, а также блюда из них приведены в главе «Здоровье пожилых».

## Полезные свойства бобовых

Семейство бобовых растений хорошо усваивает азот. Поэтому их плоды содержат большое количество белка. Связывание азота — очень энергоемкое занятие, требующее уплотнения структур создаваемого вещества. Именно по этой причине их расщепление связано с большими затратами энергии. Бобовые плохо перевариваются в сыром виде и требуют длительной термической обработки, которая «разрыхляет» их структуры, подготавливая тем самым для пищеварения. Для того чтобы переваренный белок был нормально усвоен, в блюда к бобовым надо добавлять немного проросшей пшеницы.

В связи с этим бобовые принято замачивать за сутки или даже за двое до приготовления. Бобовым свойственно закисать и загнивать, поэтому при их замачивании меняют воду каждые 5—6 ч, а в период варки — после первых 1,5—2 ч. Чечевицу доводят до готовности при кипении в течение 30—40 мин, горох — вдвое дольше, а фасоль — вдвое дольше гороха.

Бобовые особенно богаты белком, поэтому много их есть не следует.

Бобы и горох богаты фосфорными соединениями (фитаты), которыми обладают свойством соединяться с токсичными и радиоактивными элементами и выводиться через кишечник. Это делает их исключительно ценным продуктом питания. Однако следует помнить и то, что фитаты образуют сложные соединения не только с токсичными веществами, но могут соединяться и с необходимыми организму элементами (цинк и кальций), уменьшая их содержание в организме.

Многие из бобовых культур можно употреблять и в сыром виде в стадии восковой зрелости. Это относится к стручковым культурам: чечевице, белой и цветной фасоли, зеленому горошку, бобам, соевым бобам. Употребление их вместе со створками значительно улучшает обмен веществ в организме. В данном виде они больше напоминают листовые овощи.

## Употребление масла и жира

Лицам с конституцией «Слизи» масла лучше избегать — у них хватает своего жира и циркуляторные способности организма слабы, а масло их еще более ослабит. Зато лицам с конституцией «Ветра», у которых циркуляция в организме слишком быстра, прием масла ее замедлит, а значит, приведет функции организма в норму. Кроме того, масло придает телу объем и долго поддерживает его (объем) в стабильном состоянии. Это также весьма благоприятно для лиц конституции «Ветра». Лица с конституцией «Желчи» по потреблению масла занимают среднее положение: чем более в их конституции (помимо ярко выраженной «Желчи») присутствует «Ветер», тем больше прием масла, чем меньше «Ветра» и больше «Слизи», тем меньше прием масла.

Масло и жир используют для оздоровления организма. Употребляют следующим образом.

Растительное и топленое масла́, костный мозг и жир втирают в тело, голову, делают клизмы, закапывают в уши, глаза, нос и рот.

Масло лучше принимать на голодный желудок, не смешивая ни с чем. Кто желает долголетия, усиления «огня» и «тепла», ясности памяти и развития ума, используйте топленое масло.

При язвах, ожогах, болях в костях и суставах, в животе и матке, болезнях уха и головы используйте жир.

Для послабления ешьте топленое масло на рассвете.

Если масло есть после, до или во время еды, то соответственно оно окажет действие на верхнюю, нижнюю и среднюю части тела.

О том, что внутри хорошо умаслилось, говорит легкость движения пищи, газов, перестает сохнуть кал (идет колбаской), возрастает тепло, пропадает желание есть масло.

Топленое масло предпочтительно зимой, растительное — летом, костный мозг и жир хороши весной и в дневное время.

## Использование молочных продуктов

Молоко животных следует употреблять эпизодически и в лечебных целях, но нерегулярно. Так как у взрослого человека синтез лактазы — пищеварительного фермента, расщепляющего молочный сахар, подавлен (молоко является пищей для грудного вскармливания), то молоко плохо усваивается организмом. При его регулярном употреблении постепенно развивается дисбактериоз. Лицам, у которых не вырабатывается лактаза, любое молоко пить запрещено. Кроме того, из казеина (молочный белок, который идет на построение шерсти, рогов и копыт) образуются камни в почках.

В лечебных целях лучше всего молоко пить весной, когда природа его уравновешена (коровы пасутся на молоденькой травке). Природа молока холодная и влажная. Оно хорошо питает и согревает тело, усиливает работу мозга.

Молоко вредно при всех видах болезней слизистой природы.

## Применение съедобных дикорастущих растений в питании

Используйте дикорастущие съедобные растения. Они богаты полезными для организма веществами: содержат витамины, микроэлементы, аминокислоты и др. Употребление их в пищу разнообразит ваше питание, позволит вашему организму лучше приспособиться к местности проживания.

Наиболее распространенными растениями, которые используются для лечения и оздоровления, являются крапива, солодка (корень), одуванчик, подорожник, клевер, мать-и-мачеха, манжетка, спорыш, листья и цвет липы, листья березы и малины и др.

Из них можно приготовить отвары, настои, чаи, использовать в качестве приправ, добавляя в салаты, первые и вторые блюда. Можно, например, приготовить пасту, смешав измельченные травы с растительным маслом или каким-либо соусом. Такую пасту можно сочетать с луком и другой зеленью и использовать для бутербродов. Чайная ложка приправы-пасты, принятая до еды, обеспечит вас суточной дозой микроэлементов и витаминов.

## КАК УМЕНЬШИТЬ СОДЕРЖАНИЕ НИТРАТОВ В ПРОДУКТАХ ПИТАНИЯ

**Нитраты** — минеральный азот, которым удобряют растения. Попадая в организм человека, они превращаются в нитриты, которые заметно вредят здоровью, подавляя дыхание клеток. Основное количество нитратов, свыше 70%, попадает к нам с картофелем, овощными и бахчевыми культурами.

**Следует знать!**

В кожуре клубня картофеля нитратов больше, чем в мякоти, в 1,1—1,3 раза. У столовой свеклы накопителем нитратов являются сердцевина, кончик и верхушка. Поэтому необходимо отрезать верхнюю и нижнюю части корнеплода.

В белокочанной капусте наибольшее количество нитратов в кочерыжке. Наружные листья содержат их в два раза меньше, чем внутренние.

В моркови зоны высокой концентрации нитратов — верхушка, кончик корнеплода и сердцевина.

Редиску лучше употреблять нормального размера и круглую, в ней содержится значительно меньше нитратов, чем в крупной и продолговатой. Причем в середине корнеплода меньше нитратов, чем в кожуре.

Содержание нитратов в огурцах и кабачках уменьшается от плодоножки к верхушке плода, в кожице их больше, чем в мякоти. Поэтому перед употреблением в пищу необходимо отрезать часть плода, примыкающую к хвостику (это касается и плодов патиссона).

**Практические рекомендации** по обезвоживанию продуктов.

Покупая раннюю зелень, не берите сломанные и надорванные листья салата, петрушки и шпината. Свежую зелень лучше всего есть целиком, при измельчении образуется очень много нитратов, происходит быстрое окисление и превращение нитратов в нитриты.

Первоначальная обработка продуктов (очистка, мойка, сушка) снижает содержание нитратов почти на четверть. При термической обработке одна часть нитратов разлагается, другая — переходит в отвар.

Вымачивание малоэффективно, исключение составляет картофель. Если очищенные клубни замочить на сутки в 1%-ном растворе соли или аскорбиновой кислоты, а потом обжарить во фритюре, в них остается лишь 10—30% нитратов. Но при этом в раствор перейдут многие витамины и минеральные соли.

При варке овощей в первые 15 мин бóльшая часть нитратов переходит в отвар. Поэтому рекомендуется перед закладкой их в щи, борщ или суп предварительно отварить. Особенно это важно при готовке блюд для детей, больных и престарелых.

При получении свежевыжатых соков в морковный сок переходит более 40 % нитратов, в свекольный — почти 80 %. В томатном соке, подвергнутом термической обработке, количество нитратов снижается в 2 раза. Чем дольше хранится этот сок, тем больше он становится вредным, так как все больше нитратов превращается в нитриты.

При засолке и консервировании овощей происходит следующее. Если огурцы засолены без приправ, нитраты постепенно переходят в рассол и через месяц вредных солей в овощах останется примерно в 3 раза меньше, чем в исходном продукте, а через полгода — в 5—6 раз.

При квашении капусты происходит следующее. Сначала она активно выделяет сок и на восьмые сутки содержит лишь около 35% нитратов от исходного количества. Но два месяца спустя нашинкованная капуста вновь начинает их впитывать.

Если овощи заморожены, то их лучше в замороженном виде бросать в супы и борщи, а также тушить. При медленном размораживании в них идет активное преобразование нитратов в нитриты.

Уменьшается содержание нитратов и при зимнем хранении овощей. Но если овощи закладываются на хранение грязными, поврежденными или пораженными грибками и болезнями, то картина будет иная.

# УРИНОТЕРАПИЯ — МОЩНЫЙ СПОСОБ ОЗДОРОВЛЕНИЯ

## ТЕОРИЯ УРИНОТЕРАПИИ

### ОБРАЗОВАНИЕ УРИНЫ

**Моча (*urina*)** — жидкий продукт выделений человеческого организма, вырабатываемый почками и выводимый наружу через систему мочевыводящих путей. За сутки образуется 800—1800 мл мочи, что составляет в среднем 50—80 % объема принятой жидкости. В норме днем выделяется мочи больше, чем ночью. Соотношение между дневным и ночным выделением мочи — от 4 : 1 до 3 : 1.

Функциональной единицей почек, в которых происходит выработка мочи, является **нефрон**. Количество нефронов в обеих почках может достигать 2 млн. Общая поверхность внутреннего слоя нефронов, через которые происходит фильтрация, равна 5—8 м².

Моча образуется из плазмы крови. Вырабатывая мочу, почки изменяют элементный состав плазмы крови.

Ввиду того что моча образуется из крови, отравить организм она не может. Следует отметить, однако, что существуют такие состояния организма, когда в моче скапливается много вредных веществ, которые при обратном введении оказывают неблагоприятное воздействие. Ряд неблагоприятных реакций, возникающих у некоторых людей после употребления урины, — это не отравление, а очистительный, оздоровительный или энергетический кризис.

## ЦВЕТ УРИНЫ

Урина здорового человека имеет различные оттенки желтого цвета — от бледно-желтоватого до насыщенного красновато-желтого, чаще всего она бывает янтарно-желтой. Окраска урины зависит от содержания в ней различных пигментов.

Моча насыщенного, желтого цвета обычно концентрированная, имеет высокую плотность и выделяется в относительно небольшом количестве. Бледная (соломенного цвета) моча чаще имеет низкую относительную плотность и выделяется в большом количестве. Чем меньше в организм вводится жидкости, тем концентрированнее моча.

На цвет урины могут влиять переходящие в нее различные растительные пигменты, например свеклы, тогда она окрашивается в свекольный цвет. Когда человек усиленно практикует уринотерапию, из-за сильного растворения солей, шлаков его моча надолго может стать мутной.

При некоторых заболеваниях в урину могут переходить различные вещества, и тогда она приобретает не свойственные ей цвета и оттенки.

*Бесцветная* моча наблюдается при сахарном и несахарном диабете, при сморщенной почке и ряде других заболеваний.

*Молочно-белая* урина бывает от примеси большого количества гноя и от различных содержащихся в пище добавок и консервантов. Обычно эти добавки выводятся в первой трети струи урины, и человек видит, что начальная часть струи имеет молочную окраску, а далее обычно окрашенную, но мутноватую.

*Зеленый или синий цвет* урины отмечается при усилении процессов гниения белков в кишечнике. (Избавиться от этого можно, отказавшись от белковой пищи, особенно животной, и проведя чистку толстого кишечника.)

*Красный или розово-красный цвет* урины наблюдается при гемоглобинурии, а иногда после приема ряда лекарственных веществ.

*Коричневый или красно-бурый цвет* урины встречается при высокой концентрации уробилина и билирубина.

Повышенное количество желчных пигментов окрашивает урину *в шафранно-желтый, бурый, зеленовато-бурый, почти зеленый цвет.*

По цвету мочи можно судить, какие продукты хорошо усваиваются и не содержат шлаков, консервантов и т. д., а какие, наоборот, перенасыщены ими. Например, искусственные поливитамины «Декамевит», «Ундевит» и другие сразу же выводятся из организма, окрашивая мочу в *ярко-желтый цвет.*

## СВОЙСТВА УРИНЫ

**Прозрачность.** Свежевыпущенная урина здорового человека прозрачна и слегка флюоресцирует. При отстаивании из нее выделяется полупрозрачное облачко, а при более длительном хранении она может мутнеть вследствие образования в ней осадков.

**Запах.** Свежевыпущенная урина обладает характерным запахом. Различные вещества, вводимые с пищей в организм, могут придавать урине свойственный им запах. Если урина пахнет какой-либо пищей, значит, пища плохо переваривается. Поэтому либо откажитесь от этого вида пищи, либо повышайте пищеварительные способности желудочно-кишечного тракта.

**Реакция.** Свежевыпущенная урина дает кислую реакцию, ее pH колеблется в пределах 5—7. Кислотность урины выше всего утром, натощак. После приема пищи она уменьшается, что связано с выделением желудочного сока. Уменьшение кислотности урины отмечается при обильном потении. Усиленное потребление свежевыжатых соков может оказывать на урину ощелачивающее воздействие, а потребление круп повышает кислотность. Урина с аммиачным запахом дает щелочную реакцию.

**Удельный вес.** Зависит от количества выпитой жидкости, интенсивности потоотделения и режима питания.

**Плотные вещества**, образующиеся при выпаривании суточного количества урины, составляют 50—65 г. Из них на долю неорганических компонентов приходится 15—25 г.

**Температура замерзания.** Нормальная урина замерзает при температуре от −1,3 до −2,3 ˚С.

**Относительная вязкость** урины равна 1,02; она повышается при наличии в пище белковых тел.

**Поверхностное натяжение** урины 64—69 дин/см; оно понижается в присутствии белковых веществ, желчных кислот.

**Калорический коэффициент** зависит от количества белка, выводимого из организма. Число калорий, приходящихся на 1 г азота, выделенного с уриной, составляет в норме 7,7—8,6.

## КОМПОНЕНТЫ УРИНЫ И ИХ СВОЙСТВА

**Состав урины человека весьма сложен.** В ней содержится около 200 компонентов, в том числе вода, мочевина, мочевая кислота, пигменты, следы белков, аминокислот, глюкозы, ацетона, молочной кислоты, холестерина, жирных кислот и др. В урине найдены ферменты; стероидные гормоны, витамины; все имеющиеся в организме минеральные вещества; азот, углекислый газ, кислород.

При различных патологических состояниях организма увеличивается содержание некоторых составных частей, находящихся в нормальной урине в небольших концентрациях (белковые вещества, глюкоза, фруктоза и т. п., ацетон, ацетоуксусная кислота, аминокислоты, жиры, холестерин, молочная кислота и др.), появляется много других составных частей: пептиды, нуклеиновые кислоты, мукопротеиды, фибрин, гемоглобин, желчные и другие пигменты, гормоны, ферменты и ряд иных веществ, вырабатываемых организмом для коррекции данного вида заболевания. Многие лекарственные и случайно попавшие в организм вещества (в основном пищевые добавки) появляются в урине в неизмененном виде, но главным образом в виде измененных продуктов. Бо́льшая часть такого рода изменений сводится к уменьшению ядовитых свойств введенных веществ.

## Вода

Вода является главным компонентом урины. Вода в организме человека и свежевыпущенная урина находятся в особом льдоподобном жидкокристаллическом состоянии. Природная вода не имеет такой жидкокристаллической структуры, ее молекулы расположены беспорядочно. Для того чтобы вода, принятая в организм, начала «работать», ей необходимо придать вышеуказанную структуру. Считается, что наш организм затрачивает на структуризацию 1 л воды 25 ккал собственной энергии. Таким образом, принимая урину внутрь, мы тем самым экономим собственную энергию. При регулярном приеме в течение нескольких лет подобная экономия существенно увеличивает общую продолжительность жизни человека.

## Органические вещества

Подразделяются на азотистые и безазотистые. С уриной в основном удаляются конечные продукты белкового обмена. Суточное количество азота, выводимого с уриной, колеблется от 3,6 (при пище, бедной белком) до 17,0 г и выше (при пище, содержащей много белка). Поскольку наш организм может использовать выходящий азот, при приеме урины внутрь и накожно норма белкового питания может быть значительно сокращена без всякого ущерба для него. Если человек употребляет собственную урину 2—3 раза в день по 100—200 г, надобность в белковом питании (особенно животном) практически исчезает.

Главные азотистые компоненты урины — мочевина, мочевая кислота, пуриновые основания, аминокислоты, аммиак, креатиновые тела.

**Мочевина.** Основная часть азота — 80—90 % — выделяется из организма с мочевиной. Мочевина выводит излишки воды из организма, поэтому ее можно применять как мочегонное средство. Она усиливает активность пищевых ферментов и способствуют перевариванию пищи.

Мочевина оказывает великолепный **противоопухолевый эффект.** Врачи-практики на деле убедились, как быстро улучшается состояние здоровья даже у безнадежных больных при приеме этого лекарства. Проведенные исследования показали, что у здорового человека содержание нитромочевины в организме обычно в норме, но ее недостаточно в организме, пораженном опухолью.

**Аминокислоты.** За сутки здоровый человек с уриной выделяет около 1,1 г свободных аминокислот. Еще 2 г аминокислот выводятся в связанной форме. Повышенное содержание аминокислот в урине наблюдается при белковой недостаточности, усиленном распаде тканей, лихорадке, ожогах, отравлении и нарушении функции печени. Чтобы предотвратить потерю этих ценнейших для организма веществ, их необходимо вовремя в него возвращать. Прием собственной урины внутрь, а также накожно позволяет избежать нежелательных потерь и быстро нормализует функции организма.

**Внимание!** Для производства аминокислот из пищевых продуктов требуется огромное количество энергии. Больной, ослабленный организм дать ее не в состоянии. Поэтому прием пищи лишь ухудшает общее состояние больного. Напротив, прием урины, содержащей все распавшиеся вещества, никакой энергии не требует, организм человека быстро восстанавливается.

## Неорганические вещества

Неорганические вещества представлены солями натрия, калия, кальция, магния, железа, хлора, фосфора и множества других элементов, входящих в состав урины.

Все они весьма важны для нормальной жизнедеятельности организма.

Соли урины обладают сильными целебными свойствами. Они активно поглощают вредные кислоты, разрушая основу большинства болезней человека. Комбинация микроэлементов в урине «повторяет» формулу хорошего тонизирующего средства для организма. Поэтому регулярный прием собственной урины как внутрь, так и наружно — великолепный способ «минеральной подкормки» организма.

Урина, а особенно упаренная, является более эффективной и безопасной, чем тонизирующие средства.

Упаренная до 1/4 части первоначального объема урина концентрирует микроэлементы естественного происхождения и в этом отношении существенно превосходит все искусственные препараты.

## Биологические составные части

В состав урины входят абсолютно все вещества, которые производятся в организме: гормоны, ферменты, витамины и т. п. В урине обнаружены все гормоны, правда, концентрация некоторых очень мала. Наиболее насыщена гормонами урина молодых, здоровых людей, но особенно в этом отношении ценна урина беременных женщин.

**Гормоны** (от греческого слова «гормао» — «возбуждаю») — высокоактивные вещества, в ничтожных концентрациях оказывающие влияние на обмен веществ в организме, его развитие, рост, старение, поведение, репродуктивную функцию и т. д. Достаточно избытка или недостатка одного из гормонов, чтобы грубо нарушилась деятельность всего организма.

Вырабатываются гормоны эндокринной системой, в которой условно можно выделить два звена — железы внутренней секреции, являющиеся самостоятельными органами, и эндокринные клетки. Помимо гормонов в тканях и органах могут вырабатываться биологически и химически активные вещества — парагормоны. Другое их название — тканевые гормоны, или **биогенные стимуляторы**.

## Вещества, возникающие в организме во время болезни

В период болезни организм начинает сам корректировать свое состояние с целью возвращения его в норму. В нем появляются вещества, способствующие оздоровлению, которых нет в здоровом организме.

В организме человека происходит особый процесс иммунизации, связанный с протекающими в данное время в организме заболеваниями. В зависимости от тяжести болезни он выражается по-разному: от легкого недомогания до тяжелейших кризисных состояний, длящихся до 2—3 месяцев.

При иммунизации организма с помощью урины используются его собственные силы. Таким образом, каждый организм сам вырабатывает те или иные вещества, необходимые ему для выздоровления. Естественно, эти вещества выводятся вместе с уриной.

При любом патологическом процессе, происходящем в организме, вместе с мочой выделяются продукты этой болезни: отмершие клетки, гной, вещества, выработанные самим организмом в борьбе с болезнью, и т. д. В гомеопатии используется метод лечения, при котором в организм в сильно разведенном виде вводят непосредственных возбудителей болезней: токсины, патологически измененную ткань и т. п. Исходя из закона подобия, эти вещества можно использовать при лечении соответствующих им болезней. Лекарства такого типа называются **нозодами**.

Человеческая урина насыщена всеми нозодами, которые производятся болезнями, и поэтому является великолепным лечебным материалом, данным нам природой для исцеления.

Во время тяжелой болезни происходит усиленный распад тканей с последующим выведением их из организма. Чтобы восстановить распавшуюся ткань, организму необходимо затратить массу энергии — вначале на переваривание пищи, транспортировку питательных веществ, превращение их в свойственные организму и только после этого на синтезирование из них ранее утраченной ткани. Для ослабленного организма это непосильная нагрузка. Вот почему оздоровление идет очень медленно, возникают различного рода осложнения.

Академик Л. С. Штерн считает, что **метаболиты** (распавшиеся вещества), представляющие собой «осколки» белковых молекул, гормонов, ферментов и т. д., могут стать строительным материалом, возбудителем и регулятором жизненного процесса. Еще дальше в этом отношении пошел академик В. П. Филатов, утверждая, что, когда организм тяжело заболевает, он защищается всеми доступными ему средствами, мобилизуя на борьбу с недугами все защитные силы. В результате этой крайней мобилизации образуются небелковые вещества, воздействующие не на отдельную ткань, а на весь организм в целом, на все его функции одновременно — **биогенные стимуляторы**.

Лечение нозодами, биогенными стимуляторами, метаболитами (все это идеально скомпоновано в нашей урине) дает потрясающие результаты.

## ЛЕЧЕБНЫЙ ЭФФЕКТ ПРИ ПРИМЕНЕНИИ УРИНЫ

Применение урины дает энергосберегающий эффект. Происходит это за счет того, что урина является:
- структурированной жидкостью;
- жидкостью, состоящей из определенных изомеров воды;
- люминесцирующей жидкостью;
- жидкостью, содержащей метаболиты;
- жидкостью, насыщенной солями.

Лечебные эффекты от применения урины возникают за счет того, что она имеет кислую реакцию, иммунные и антибактериальные свойства, содержит мочевину, биогенные стимуляторы, оказывает полигормональное действие. Урина содержит информацию о конкретных болезнях организма, является универсальным нозодным лекарством. Метаболиты урины — возбудители и регуляторы жизненных процессов.

**Внимание!** Урина является самым эффективным, доступным и при умелом применении безвредным целебным средством.

## ВИДЫ УРИНЫ

Существуют всевозможные разновидности мочи, и каждая из них обладает помимо общих свойств качествами, присущими только ей, а следовательно, имеет соответствующее влияние на организм. Следует отметить также и разное воздействие мочи в зависимости от количества глотков — четного и нечетного.

**Итак, моча бывает следующих видов:**

- первородная, детская, людей зрелого возраста, старческая, мужская и женская, беременных женщин;
- свежевыпущенная, старая, очень старая, упаренная, охлажденная, насыщенная различными веществами и активированная;
- утренняя, дневная, вечерняя и ночная;
- первая порция мочи, средняя и последняя.

## ОСОБЕННОСТИ РАЗЛИЧНЫХ ВИДОВ УРИНЫ

**Первородная моча.** Реакция мочи у детей первых дней жизни — резко кислая. Бо́льшая часть азота, выводимого с мочой, выделяется в виде мочевины. Кроме того, моча новорожденных насыщена информацией быстроразворачивающихся жизненных процессов. Эти особенности хорошо использовать для подавления гнилостных и бродильных процессов, когда внутренняя среда организма сдвинута в щелочную сторону и он «заживо гниет». Старческий запах — внешнее выражение этого гниения. Лицам, имеющим такой запах от тела, рекомендуется пить первородную мочу, а страдающим дисбактериозом толстого кишечника и т. п., — делать клизмы с ней.

Урина новорожденных великолепно помогает при долго не заживающих ранах, гангрене и других подобных заболеваниях. Благодаря тому что она содержит много мочевины, ее можно использовать как естественное мочегонное средство для удаления излишка жидкости из организма, снижения давления цереброспинальной жидкости, внутричерепного и внутриглазного давления, для оздоровления почек, усиления пищеварительных процессов, подавления различного рода инфекционных заболеваний, растворения фибрина (тромбы) в крови, понижения ее свертываемости и применять при онкологии (питье внутрь, компрессы наружно).

**Детская моча.** Основное достоинство детской мочи (от 1 месяца до 12—13 лет) — в ее насыщенности иммунными телами. Иммунная система имеет центральные и периферические органы. К центральным органам относятся костный мозг и вилочковая железа; к периферическим — селезенка, лимфоузлы и лимфоидная ткань желудочно-кишечного тракта.

К старости вследствие зашлаковывания организма масса вилочковой железы снижается на 90 %, а селезенки — на 50 %; угнетается функция иммунитета в костном мозге, лимфоузлах. Опыты ученых показали, что при пересадке старых иммунных клеток в молодой организм их активность восстанавливается, но, если пересадить в старый организм молодые клетки, их деятельность угасает. Это прямое доказательство зависимости иммунитета от степени зашлаковывания организма. Поэтому человеку, желающему избавиться от инфекционных, вирусных и опухолевых заболеваний, необходимо не только принимать детскую урину для поднятия иммунитета, но и очистить организм на клеточном уровне, используя голодание на фоне приема урины. Детская урина (от 1 года до 10 лет) из-за малого содержания в ней гормонов, ответственных за половое различие, может быть использована лицами противоположного пола, но не более 1—3 месяцев. Чем младше ребенок — тем длительнее прием урины, чем он старше — тем короче.

**Моча людей зрелого возраста,** особенно от 18 до 30 лет, сбалансирована по своему гормональному составу и другим константам. Ее желательно использовать для корректировки функций организма в возрасте от 35 до 50—60 лет. Для лечения заболеваний необходимо применять только свою урину.

Если вы решили использовать для стимуляции организма «мочевого донора», подбирайте молодого, здорового человека одного с вами пола и одинаковой комплекции. Вы должны знать его образ жизни, привычки, особенности питания, а также чувствовать расположение к вам, полное понимание ваших «странных» просьб. Не стесняйтесь ввести его в курс дела, тем более если вы будете применять мочу в виде втираний или компрессов.

**Старческая моча.** Поскольку человек в этом возрасте живет как бесполое существо с пониженным иммунитетом, разбалансированными гормональными функциями и т. д., это самый неподходящий для лечения вид урины. Ее можно использовать только самому для лечения разнообразных болезней и расстройств. Другим людям ее можно применять лишь в безвыходных случаях, например, когда у человека затруднено мочеотделение.

**Мужская и женская моча.** Естественно, мужская и женская моча имеет свои отличительные особенности, которые в первую очередь зависят от гормонального набора, а также «намагниченности» ее мужским или женским началом. Поэтому и рекомендуется в качестве уринового «донора» использовать человека одного с вами пола. В редких исключениях и короткое время можно применять и мочу человека противоположного пола.

**Моча беременных женщин.** Этот вид урины весьма полезен и своеобразен. На составе урины и ее свойствах отражаются работа материнского организма, функционирование матки как детородного органа, плаценты и организма ребенка.

Во время беременности происходят структурные и функциональные изменения в почках и мочевых путях. Максимум этих изменений наблюдается на 20—35-й неделях беременности. Поток плазмы крови, проходящий через почку, возрастает на 45 %. В результате повышается выведение с мочой веществ, имеющих метаболическое и питательное значение. Наиболее обильно с мочой выводятся аминокислоты (удваивается выделение на 16-й неделе и к сроку родоразрешения достигает количества, в 4—5 раз большего, чем до беременности). В избытке выделяется кортизол. Выделение некоторых водорастворимых витаминов увеличивается в 3—4 раза. Увеличивается выделение с мочой конечных продуктов белкового обмена (мочевины) и обмена нуклеопротеинов.

Почками выделяется фермент эритропоэтин, стимулирующий образование красных кровяных телец. У беременных женщин во второй половине беременности эритропоэтина в пять раз больше, чем до этого.

Итак, моча беременных женщин — это питательнейший «коктейль». Повышенное содержание в ней мочевины делает ее хорошим мочегонным и противораковым средством, а ее свойства, связанные со стимуляцией кроветворения, помогают при анемии всех видов. Это действительно универсальная урина, которую можно использовать для стимулирования защитных сил организма и лечения огромного количества недугов.

**Свежевыпущенная моча.** Этот вид урины наиболее употребим и, в сущности, представляет собой плазму крови, насыщенную солями и т. д. Используют ее сразу же после выхода из организма. Она бывает двух видов — от здорового человека и от больного. Здоровому человеку ее рекомендуется употреблять в целях профилактики заболеваний, поддержки гормонального баланса на стабильном уровне и в целях экономии энергетических и материальных ресурсов организма. Моча больного человека употребляется как универсальное лекарство. После остывания урина утрачивает ряд своих свойств: теплотворность, жидкокристаллическую структуру, она разлагается на свету, окисляется на воздухе, в ней образуется осадок и т. д.

**Старая моча.** Старой считается урина остывшая, с появлением первых признаков разложения белковых веществ — с аммиачным запахом. Важная особенность ее заключается в том, что она постепенно утрачивает свой «магнетизм» — свечение, внутреннюю структуру. И если ее пить, применять для массажа и т. д., то она первым делом будет «тянуть» на себя энергию организма с целью первоначального восстановления своего «магнетизма», свечения и структуры. В связи с этим не рекомендуется использовать эту мочу. Для массажа можно использовать старую мочу, упаренную до одной четверти объема.

**Очень старая моча.** Появление в урине аммиачного запаха — признак разложения белковых веществ и изменение кислой pH на щелочную.

В разлагающейся урине создаются весьма неблагоприятные условия, при которых вырабатываются биогенные стимуляторы. Возможно, максимум появлений этих стимуляторов в урине будет наблюдаться между 3 и 7 сутками хранения при температуре 20 ˚C.

Очень старую урину можно применять наружно как укрепляющее и стимулирующее организм средство. Едкий аммиачный запах способствует раскрытию пор кожи и лучшему проникновению урины в организм человека.

Древние целители рекомендовали использовать подобную урину для детоксикации: благодаря расширению пор кожи токсины лучше выводятся из организма, а запах аммиака служит вытесняющим токсины средством. Жгучие и едкие свойства аммиака используются для уничтожения глистов. Она способствует очищению сосудов, удалению закупорок — за счет большой подвижности аммиачных паров; отторгает гниющую ткань.

### Практические рекомендации

*Для очищения толстого кишечника* применяйте клизмы с 1 л старой урины с несильным аммиачным запахом. «Выдержка» урины — не более 3—5 суток при температуре 20 °C. Урина с сильным запахом не подходит — она может вызвать щелочной ожог слизистой толстого кишечника.

*Для очищения сосудов и удаления закупорок* делайте компрессы из очень старой мочи; ее же можно использовать для очищения ран и поверхностей тела от омертвевшей и огоговевшей кожи, ставя на пораженные места компрессы. Вначале лучше применять урину с несильным запахом, а по мере привыкания — более старую.

**Для растворения отложений солей** также используйте компрессы. Чем «старее» отложения солей, тем более сильный запах должен быть у урины. Избегайте при этом ожога.

**Упаренная до 1/4 первоначального объема урина.** В древнем индийском тексте «Шивамбукальпа» рекомендуется использовать упаренную мочу. Для получения ее в эмалированную, стеклянную (неметаллическую) посуду помещают 400 г любой мочи, ставят ее на огонь и кипятят, пока не останется 100 г. Это и будет упаренная до 1/4 урина. Можете брать 1 л, 2 л и т. д., но при упаривании должна остаться 1/4 часть первоначального объема.

*Свойства упаренной урины.* В упаренной урине концентрируется все, что имелось в обычной, плюс то полезное, что получается при кипячении. Это очень концентрированный естественный солевой раствор, поэтому действует в несколько раз сильнее обычной в отношении послабления и очищения. «Тянущая сила» ее такова, что при использовании клизм она очищает не только слизистую толстого кишечника, но и воздействует аналогичным образом на всю брюшную полость.

Простые микроклизмы из упаренной урины (100— 200 г) освобождают организм от слизи, шлаков в почках, поджелудочной железе, стенках мочевого пузыря, половых органах, связках и мышцах паховой области. Разгружается вся выделительная система. Такую урину можно пить, но при этом надо тщательно контролировать питание. Эффекты от приема упаренной урины как внутрь, так и наружно поразительны.

Упаренная урина меняет свои вкусовые качества и цвет. У обыкновенного человека она приобретает очень горький вкус и особые, «отрывающие», свойства. Эти свойства выражаются в том, что при контакте упаренной урины, например, с полипами толстого кишечника, желудка, опухолями и т. д. их клетки отмирают и отторгаются. У многих людей после первых клизм с упаренной уриной выходят глисты и пр.

*Что происходит с уриной во время выкипания.* Под воздействием высокой температуры в урине образуются биогенные стимуляторы, причем в бо́льших количествах, чем в очень старой. Упаривать мочу более 1/4 части первоначального объема нельзя, ибо ее внутренняя структура приобретает свойства мыла. Характерно, что упаренная урина не изменяет своей pH и остается кислой жидкостью.

В упаренной урине вода с обычной кристаллической структурой заменяется на термоустойчивую, трудноразрушимую, а потому и более полезную для организма.

Теоретическое обоснование этого процесса заключается в следующем: из 48 природных видов воды, составляющих урину, остаются только наиболее устойчивые к температурному воздействию, а менее устойчивые испаряются.

*Особенности перестройки внутренней структуры урины при упаривании.* В чем же состоят особенности перестройки внутренней структуры урины при упаривании? При уменьшении мицеллы группируются в агрегаты воды в урине. Располагаясь особым, упорядоченным образом по всему объему урины, эти агрегаты придают ей особую структуру (рис. 5). Внутренняя структура урины за счет «эффекта полосных структур» накапливает энергию и образует стоячие волны. При этом происходит накапливание **хрональной энергии.** Такой энергией можно облучаться для повышения организованности структур своего тела, что будет выражаться в эффекте омоложения.

Наиболее мощными накопителями подобной энергии являются правильные шестиугольники. Природа давно их использует: бензольные кольца молекул, медовые соты и т. д. Упаренная до 1/4 первоначального объема урина содержит эти шестиугольники, за счет чего обладает наибольшей энергетикой из всех разновидностей урин. Дальнейшее упаривание урины приводит к образованию мыла и утрачиванию шестиугольной структуры.

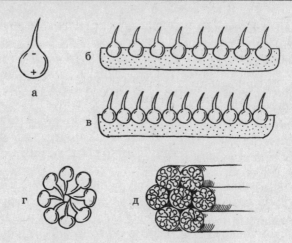

Рис. 5. Схемы строения упаренной и обычной урины:

а — мицелла; б — мицеллы, расположенные в обычной урине;
в — мицеллы, сконцентрированные в частично упаренной урине;
г — когда воды в урине становится еще меньше, мицеллы за счет
собственного заряда группируются в агрегаты;
д — агрегаты располагаются особым образом по всему объему урины,
придавая ей своеобразную структуру

**Охлажденная моча.** В свежевыпущенной урине, выдержанной в холодном (−4 °С), темном месте, под влиянием неблагоприятных условий также образуются биологически активные вещества.

**Насыщенная различными веществами моча.** Параметры мочи можно значительно менять, добавляя в нее различные вещества и таким образом избирательно воздействуя на усиление того или иного ее свойства, а значит, и на ту или иную функцию организма. Например, кипячение мочи с кусочком благородного металла дополнительно насыщает ее атомами золота, серебра и т. д., что усиливает специфические свойства.

При добавлении различных трав и их смесей в упаренной урине увеличивается количество микроэлементов. Положите в урину при упаривании 2 ч. ложки сухой морской капусты. Далее используйте такую урину в виде компрессов — для «минеральной подкормки» организма, для ванн — они дадут общий омолаживающий эффект.

Смешивая урину с медом, сахаром, мы меняем ее вкусовые характеристики, и несведущий человек, употребляя такую урину, думает, что пьет «оригинальный», приятный на вкус отвар из трав. Ее можно использовать для стимулирования работоспособности, а также для привыкания к ней на первых этапах лечения детей и т. д.

Насыщенная различными веществами урина — огромное поле для творчества: вы можете «нечаянно» открыть настоящий эликсир могучего здоровья.

**Активированная моча.** Пропуская урину через магнитотрон, мы подзаряжаем ее мицеллы, в результате чего она становится еще более активной во всех отношениях. Если урину довести до кипения (любую), она перестраивает свою внутреннюю структуру так, чтобы пропускать через себя большой поток тепловой энергии. Чтобы эту структуру зафиксировать, а затем использовать ее повышенную энергетику для укрепления организма, надо довести урину до кипения и охладить (например, в проточной воде). В результате такого охлаждения приобретенная ранее суперструктура «вмораживается», и вы можете ее использовать. Применять ее необходимо сразу после охлаждения (до температуры парного молока), иначе структура быстро распадется. При медленном охлаждении такого эффекта не достигнуть. Целебность такой урины (любой) в несколько раз сильнее, и ее, в отличие от омагниченой, можно применять постоянно.

**Омагниченную урину** лучше использовать для наружного применения, для ванн, с целью повышения общей энергетики тела. Это особенно хорошо подходит для случаев с обездвиживанием человека, обезвоживанием — омагниченная урина производит выравнивание общего заряда организма.

**Резко охлажденную урину** используют для постоянного приема при различного рода болезнях и расстройствах. Например, в онкологии — внутрь в виде питья и наружно в виде компрессов.

При сочетании разных видов активированной урины ее воздействие на организм увеличивается. Например, упарьте урину до 1/4 части первоначального объема, резко охладите и сразу же пропустите через магнитотрон, а затем смочите хлопчатобумажную ткань и сделайте компресс. Налейте такую урину в термос и по мере необходимости используйте для компрессов.

**Моча утренняя, дневная, вечерняя и ночная.** Каждая из этих видов мочи имеет свои особенности.

С 3 до 15 ч в организме преобладает кислая фаза, а с 15 до 3 — щелочная. Первая моча лучше способствует заживлению ран, рассасыванию опухолей, нормализует сдвинутую в щелочную сторону внутреннюю среду организма, поэтому при таких расстройствах лучше использовать этот вид урины.

Утренняя моча наиболее полезна, так как насыщена гормонами. За 2 ч до пробуждения активизируется гипоталамус, далее гипофиз, а затем все остальные железы. Активность щитовидной и поджелудочной желез приходятся на ранние утренние часы. Особенно хороша утренняя урина при женских заболеваниях (ее следует пить, использовать для тампонов): она обезболивает и лучше заживляет поврежденные слизистые оболочки половых органов.

Во второй половине дня и вечером моча насыщена пищевыми веществами, продуктами дневного метаболизма. Ее можно использовать как «пищевой продукт».

Ночью идет моча «болезненная», и ее необходимо использовать рано утром, нечетное количество глотков, причем для собственного исцеления.

Для закисления организма больше подходит ночная урина. Ночная урина, сбрасываемая сразу же после пробуждения, — самая полезная во всех отношениях, поэтому используйте ее во всех случаях: при болезни и как общеукрепляющее средство.

## УРИНОТЕРАПИЯ
## С УЧЕТОМ АКТИВНОСТИ ОРГАНОВ

Так как в организме происходит последовательное чередование активности органов, это отражается на количественном и качественном содержании веществ в урине (рис. 6). Так, если активна печень (2 ч), в это время в урине будет больше веществ, вырабатываемых печенью, ее метаболитов; если поджелудочная железа, — ее продуктов и метаболитов. Поэтому для нормализации функции какого-либо органа важно знать время его функционирования, собрать урину в это время, активировать (например, подержав в холодном, темном месте или доведя до кипения и остудив) и употреблять, когда работает данный орган.

Например, болит желудок. Время его активности — с 7 до 9 ч. Соберите мочу, которая выделялась в это время, поместите в холодильник (морозилку) на 3—4 дня, а

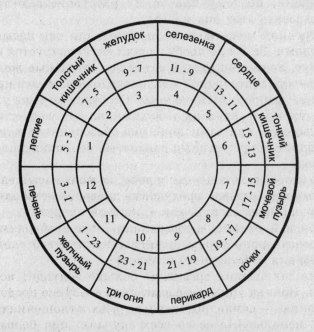

Рис. 6. Суточная активность органов и функций

затем употребляйте (подогретой до температуры парного молока) с целью лечебного воздействия на желудок с 7 до 9 ч. Так можно поступать с любым другим органом, добиваясь 100%-ного исцеления.

**Первая порция мочи, средняя и последняя; четное и нечетное количество глотков.**

Существует определенный вид энергии, который постоянно «подпитывает» программу развития человеческого организма и поддерживает ее в стабильном состоянии. Эта энергия называется **хрональной энергией** (энергией времени). Попросту говоря, это индивидуальный потенциал жизненной силы человека. У каждого человека он строго определен. С его угасанием наступает дряхлость, старость и т. д.

В мочевом пузыре жизненная сила, отражаясь от стенок, концентрируется в центре. Отсюда центральная часть урины, находящейся в мочевом пузыре, наиболее насыщена жизненной энергией, которая отвечает за то, сколько человеческое тело будет существовать. Потребляя эту энергию (в виде питья, массажа), мы продлеваем себе жизнь.

Первая и последняя части струи содержат мало жизненной энергии. Более того, в них могут содержаться вредные энергии, вытесненные из центра наружу.

Кроме того, урину надо пить залпом либо делать нечетное количество глотков. Это необходимо для соблюдения интерференции. Суть ее заключается в том, что наложение друг на друга двух равных волн может привести либо к их взаимной нейтрализации, либо к взаимному усилению. В первом случае эффект от употребления урины будет нулевым, а во втором — усиленным. Если человек пьет урину и прерывается, то последующие глотки за счет интерференции могут подавить друг друга; если залпом, — подавления не будет.

**Влияние на мочу питания.** Если в пищу входят продукты, богатые белком, они разлагаются на мочевину и азотистые вещества, которые, в свою очередь, разлагаются до аммиака, придающего моче специфический запах.

Таким образом, диета — самый важный фактор, определяющий вкус и запах мочи. Пища, повышающая гемоглобин, мясо действует затемняюще на рассудок человека, делая его характер взрывным, яростным, как у хищного животного.

Лучше всего употреблять мочу после использования в пищу натуральных продуктов: овощей, фруктов, каш, орехов, меда, травяных чаев. При правильном сочетании в небольшом количестве можно есть мясо, яйца, молоко, картофель, творог. Менее целебная моча получается от рафинированных, засоленных, неестественных продуктов и смешанного питания. По собственной моче вы сразу поймете, причем без всякой теории, какими продуктами надо питаться и как их правильно употреблять.

Существует и другая тонкость использования целительных продуктов. Так, при использовании отвара полыни на организм воздействуют ее растворяющие и бактерицидные свойства. Пройдя через него, вещества полыни совместно с растворенными веществами и уничтоженными бактериями образуют совершенно другое вещество, при повторном введении избирательнее и изощреннее воздействующее на патологию, от которой оно произошло. Это не что иное, как разновидность лечения нозодами, когда болезнь находится в неактивной стадии. Таким образом, эффект от повторного введения урины в организм (питье, втирание в кожу) более глубок и целенаправлен, чем в первом случае.

Весьма хороша урина, когда человек 2—3 дня и более питается хлебом из проросшего зерна без всяких приправ, в сыром виде, — ее можно использовать для лечения других людей. Если смешать такую урину с медом, вряд ли кто поймет, что это не травяной настой.

## ПРИЕМ УРИНЫ ВО ВРЕМЯ ГОЛОДАНИЯ

Уникальная урина образуется во время голодания. Поскольку начинается мощное отделение шлаков, принятие внутрь насыщенной ими урины, всей или частично (только дневной, частично дневной), способствует еще более мощному растворению залежей шлаков, лечению скрытых очагов инфекций. Чем больше сроки голодания, тем лучше организм освобождается глубоких отложений шлаков, вплоть до костной ткани.

На вкус такая урина делается все более резкой, едкой и все лучше изгоняет разнообразные патологические бактерии. Она настолько насыщена шлаками, солями и т. д., что сбрасывается через задний проход, заодно прочищая естественным путем толстый кишечник. По окончании глубинного очищения (примерно на 20-е сутки при условии, что до этого вы прошли очищение толстого кишечника, печени) урина приобретает нормальные вкусовые качества. Поэтому по вкусовым качествам урины можно весьма точно ориентироваться во времени окончания голодания. Показатель этот строго индивидуален и не требует наблюдений со стороны.

## ВЛИЯНИЕ НА МОЧУ МЫШЛЕНИЯ, ЭМОЦИЙ

Полевым уровнем человеческого существа руководят мысли, эмоции, настроение. На квантовом уровне от каждой мысли образуются квантовые флуктуации, которые в итоге создают физические вещества. Например, страх приводит к выделению адреналина, радость — к образованию эндорфинов. Все эти вещества по-разному влияют на физиологию организма. Естественно, они поступают в урину, которая от этого может становиться ядовитой или целебной. Практика показывает, что от переживаний, гнева и других отрицательных эмоций образуются вредные вещества. Прием насыщенной такими веществами урины может вызвать отравление. При радостном настроении урина насыщена благотворно влияющими веществами, которые при повторном приеме являются бальзамом для тела. Недаром в «Шивамбукальпе» всем практикующим уринотерапию советовалось владеть своими чувствами. Таким образом, настроив свое сознание на выздоровление, вы можете внутри себя вырабатывать собственные лекарства для исцеления и повторно использовать их с уриной.

**Предупреждение:** после перенесенных нервных потрясений, горя, ненависти, обиды и т. п. урину принимать нельзя. Пусть пройдут 1—2 дня.

## ПРИЕМ УРИНЫ В ЗАВИСИМОСТИ ОТ ЖИЗНЕННОГО ПРИНЦИПА

Там, где полевой уровень организма переходит в материальный (квантовый), действуют три главных жизненных принципа, называющиеся дошами. У каждого человека они строго индивидуальны и в системе «полевой уровень (сознание)—физическое тело» регулируют все функции организма.

Со временем, в основном из-за низкой культуры мышления, питания, неправильного образа жизни, координация между полевым и физиологическим уровнями организма нарушается. Это выражается в различных недомоганиях и болезнях. Отдых в течение нескольких дней, регулярная медитация (или релаксация), питание с учетом индивидуальной конституции и прием собственной урины позволяют быстро восстановить утраченную связь «сознание—тело», освободиться от «помех» и почувствовать себя полным сил и творческих планов.

Урина выполняет роль передатчика-корректора влияний успокоившегося сознания на разбалансированные функции организма. Таким образом, ваша индивидуальная конституция, налагая на урину свой отпечаток, делает ее специфичной жидкостью. Периодическое проведение (3—10 раз в году) подобных программ коррекции позволяет нам всегда быть в форме и вовремя освобождаться от разрывов между сознанием и телом.

## ВЛИЯНИЕ НА МОЧУ ЛУННОГО ЦИКЛА И СЕЗОННЫХ ОСОБЕННОСТЕЙ ГОДА

Зная, как функционирует организм в течение лунного цикла и сезонов года, можно более грамотно использовать урину для лечения и стимуляции его жизненных функций.

Учитывая годовую и суточную активность органов и лунный цикл, мы получаем уникальную возможность целенаправленного и эффективного воздействия урины на функции и органы собственного организма. Из этого вытекает главное правило оздоровления и применения уринотерапии: лечить или оздоравливать какой-либо орган необходимо в период его наивысшей активности — сезонной, лунной, суточной. В этом случае достигаются необходимые результаты и не бывает осложнений.

# ПРАКТИКА УРИНОТЕРАПИИ

## МЕТОДИКИ ПРИЕМА УРИНЫ ЧЕРЕЗ РОТ

Не существует лучшего средства для ухода за полостью рта, чем урина. Поступая в полость рта, она санирует ее, подавляет гнилостные процессы. Многие люди, серьезно занимающиеся уринотерапией, используют мочу вместо зубной пасты. Она абсолютно не раздражает слизистую оболочку и оказывает дезинфицирующее действие. Полоскание уриной рта вызывает оздоровление корней зубов. За счет эффекта «отсасывания» из них выходит гной и т. д., поступающие с уриной минеральные вещества подпитывают корни, что приводит к укреплению зубов, избавлению от стоматита, если он возник от потребления загрязненной пищи. (Если же это проявление болезни в толстом кишечнике, тогда надо воздействовать на него, и стоматит пройдет сам по себе.)

Поступая по пищеводу в желудок, урина очищает слизистую оболочку пищевода, санирует ее. В желудке урина долго не задерживается (если принимается натощак или перед едой). За счет растворяющих и отсасывающих свойств она очищает его от патологической слизи. Урина промывает секреторные клетки желудка, в результате чего они лучше функционируют. Содержащиеся в ней ферменты, гормоны, противовоспалительные вещества способствуют лечению, укреплению слизистой оболочки. Благодаря кислым свойствам урины отмечаются хорошие эффекты при лечении язвенной болезни желудка и 12-перстной кишки. Помните, что она при этом должна быть малосоленой, поэтому исключите на период лечения поваренную соль, употребляйте в пищу больше овощей, свежевыжатых соков и каш.

Более концентрированная урина, упаренная до 1/2, 1/3 и 1/4 первоначального объема, поможет вам избавиться от полипов. Сильнее будет действие концентрированной урины и на слизистую оболочку желудка. Для этого нужна упаренная урина, которую получают, употребляя такую же пищу, как при язвенной болезни. Помните эти особенности и применяйте в каждом случае нужную урину.

Из желудка частично разбавленная урина поступает в 12-перстную кишку и далее в тонкий кишечник. За счет силы осмоса она продолжает насасывать воду в полость кишечника, очищая стенки 12-перстной кишки, и микроворсинки теперь лучше выполняют свои функции — пристеночное пищеварение и всасывание расщепленных питательных веществ внутрь организма. Это выражается в улучшении аппетита, нормализации веса. Урина способствует и нормализации микрофлоры, что, в свою очередь, помогает избавиться от упорнейших дисбактериозов.

Дальше тонкого кишечника урина не идет, за исключением тех случаев, когда употребляется в больших количествах. Тогда она проходит через весь желудочно-кишечный тракт, вызывая послабление и очищение. Послабляющий эффект может наблюдаться только в первые 1—3 недели, в дальнейшем он становится менее выраженным и более естественным.

В тонком кишечнике происходит настолько сильное разбавление урины водой, что она начинает всасываться, а вредные для организма вещества и лекарства задерживаются кишечной стенкой и выбрасываются через анус. Этим и объясняется эффект очищения урины при повторном введении: из мутной она превращается в прозрачную жидкость, которая выбрасывается из организма уже как лишняя вода.

Всасываясь через стенку тонкого кишечника, урина попадает в кровь, где начинают проявляться положительные и лечебные свойства содержащихся в ней веществ. Принятая ранним утром натощак, урина всасывается малоизмененной; а в течение дня — подвергается воздействию пищеварительных ферментов, в результате чего в большей или меньшей степени инактивируются гормоны, витамины и другие вещества.

Попав в кровь, урина разжижает ее, а так как вся кровь от желудочно-кишечного тракта поступает в печень, то печень очищается, нормализуются ее функции, желчь делается менее вязкой. Благодаря разжижению желчи плотные конгломераты, сгустки, образовавшиеся в ней, постепенно растворяются и рассасываются.

Пройдя печень, составные части урины разносятся кровью по всему организму и оказывают положительное воздействие на болезнетворные очаги; гормональную регуляцию.

Пройдя все ткани организма, оставив ненужное в полости кишечника, урина в виде чистейшей лишней жидкости образуется в почках, очищая и оздоравливая почечную ткань, а затем в виде структурированной воды, насыщенной информацией об организме, выбрасывается.

Если в организме идут процессы разложения, воспаления, то благодаря закисляющим свойствам урины они будут подавлены, а содержащиеся в ней белковые тела будут способствовать повторному использованию, восстанавливая разрушенное.

Это далеко не полный перечень эффектов, возникающих при применении урины внутрь, посредством питья. Если вы будете пить урину детей, добавьте ко всему вышеизложенному иммунные и омолаживающие эффекты.

### Правила приема урины через рот

1. Следует использовать среднюю порцию (струю) урины, за исключением периодов голодания. Из утренней (первой) урины всегда берите только среднюю порцию.

2. Урину надо пить залпом, не отрываясь. Только в этом случае полностью используется эффект интерференции.

3. Наиболее ценной является утренняя урина, особенно между 3 и 4 ч.

4. Выпивайте, по крайней мере, 1 л жидкости (лучше протиевой воды) в день.

5. Не следует применять урину, если используются медикаменты. Между окончанием приема лекарств и началом уринотерапии должно пройти не менее 2—4 дней.

6. При интенсивной уринотерапии из рациона следует исключить соль. Употребляйте меньше белка. Избегайте очищенных и синтетических продуктов: сахара, муки тонкого помола, консервов, колбас, сыров. Откажитесь от пряной пищи — она делает запах и вкус урины неприятными. Некоторым рекомендуется воздержаться от употребления молочных продуктов.

## МЕТОДИКИ ИСПОЛЬЗОВАНИЯ УРИНЫ ПОСРЕДСТВОМ КЛИЗМ

Если при использовании урины через рот мы в основном воздействуем на верхние отделы желудочно-кишечного тракта, то применение клизм позволяет влиять на толстый кишечник, не затрагивая тонкий. Питье урины и клизмы с ней позволяют оздоровить весь желудочно-кишечный тракт.

Различные варианты урины (упаренная до 1/2— 1/4 первоначального объема, детская, активированная холодом, насыщенная микроэлементами и т. д.) — лучшее средство для клизм. Во-первых, исключена возможность передозировки. Во-вторых, урина дезинфицирует полость толстой кишки, не оказывая раздражающего эффекта на стенки. В-третьих, естественно нормализуется рН-среда, подавляется патогенная микрофлора толстого кишечника. В-четвертых, за счет насасываемой уриной в полость толстого кишечника воды очищаются его стенки. В-пятых, благодаря противовоспалительным свойствам урины восстанавливается разрушенная слизистая оболочка. В-шестых, она радикально, но мягко изгоняет всех паразитов, обитающих в толстой кишке. В-седьмых, разгрузив толстую кишку, нормализовав ее деятельность, вы повышаете собственную энергетику, иммунную защиту, продлеваете жизнь.

**Клизмы для очищения толстого кишечника.** Лучше всего начать с клизм с собственной уриной, подогревая ее перед употреблением, а старую — прокипятить и остудить до температуры парного молока. Дозировка подобных клизм — 500—1000 г урины за процедуру. Далее, пройдя 10—15 процедур, выполняющихся через день (после опорожнения), желательно сделать столько же клизм с упаренной уриной. В зависимости от переносимости упаренной урины их можно делать с 1/2 или 1/4 частью первоначального объема. Постепенно увеличивайте дозировку от 100 до 500 г, прибавляя с каждой последующей процедурой по 50—100 г. Дойдя до 500 г, начинайте постепенно уменьшать дозировку — так же, как и увеличивали. В дальнейшем подобные клизмы нужно делать с различными видами урины, в зависимости от самочувствия или в соответствии с лунным циклом (в особые дни второй и четвертой фазы).

Не злоупотребляйте сильными очистительными клизмами с упаренной уриной. Они мощно стимулируют энергетику организма вниз и при геморрое могут привести к выпадению геморроидальных узлов. Умеренное их применение, напротив, способствует лечению геморроя.

**Практические рекомендации**

**Клизмы для избавления от полипов, паразитов, различных расстройств и болезней толстого кишечника.** Используйте вариант 1.

**Клизмы для профилактики запоров, стимуляции и восстановления профилактики запоров, стимуляции и восстановления перистальтики толстого кишечника.** Используйте микроклизмы из урины, упаренной до 1/4 первоначального объема, по 100 г через день, до нормализации стула. Обратите внимание на питание и образ жизни. Имейте в виду: если не устранить причину запоров, эффект процедур будет временным.

## МЕТОДИКИ ПРИЕМА УРИНЫ
## ЧЕРЕЗ НОС И УШИ

Йоговская очистительная процедура «нетти» — промывание носоглотки путем втягивания урины носом и выплевывания через рот — очень сильное оздоравливающее лечебное средство.

Носовая полость обильно снабжена нервами, обеспечивающими рефлекторную связь слизистой оболочки со всеми органами тела. Раздражение различных участков слизистой оболочки носа влияет как на функции отдельных органов и систем, так и на весь организм.

Содержащиеся в урине вещества способны проникать в мозг через решетчатую кость и оказывать свое действие напрямую. Далее оно распространяется на весь организм по цепочке гипоталамус—гипофиз—эндокринные клетки—железы—клетки организма. Так осуществляется удвоенная обратная связь, которая через урину способствует выравниванию и координации функций организма, его внутренней среды, то есть излечению и оздоровлению.

Некоторые вещества, содержащиеся в урине, могут оказывать стимулирующий эффект на весь организм.

**Практические рекомендации**

*Для профилактики и лечения организма* подходит обычное промывание носоглотки 1—2 раза в день и более, в зависимости от степени поражения организма. Если урина очень концентрирована солями и раздражает носоглотку, разбавьте ее теплой водой. Для профилактики лучше использовать свежую собственную урину, детскую, активированную холодом (перед употреблением подогреть). Для лечения кроме указанных способов используйте упаренную урину (1/2, 1/3 или 1/4 первоначального объема), как разведенную со свежей, так и без нее.

*Для очищения головного мозга, восстановления зрения, обоняния, памяти* закапывайте различные виды урины в нос по 5—20 капель несколько раз в день.

*Для восстановления слуха и профилактики заболеваний уха* закапывайте различные виды урины в уши по 5—

10 капель несколько раз в день. Опробуйте все виды урины и подберите для себя наиболее приемлемую.

**Для стимуляции работоспособности организма** нюхайте некоторое время ватку, смоченную в старой урине (с несильным аммиачным запахом); **для излечения от инфекции, попавшей в легкие, и очищения их от слизи** вдыхайте пары старой мочи минут 5—15.

**Для активизации творческих способностей** вдыхайте аромат, идущий от упаренной урины. Для этого, как говорится в древних восточных текстах, подходит упаренная урина очень чистого человека, или Просветленного. Ее запах напоминает аромат лучших восточных благовоний.

## МЕТОДИКИ ИСПОЛЬЗОВАНИЯ УРИНЫ ЧЕРЕЗ КОЖУ

В древних текстах значительное внимание уделяется массажу или смазыванию кожи уриной, особенно упаренной до 1/4 первоначального объема.

Кожа образуется из наружного зародышевого листка, из которого возникают нервная система, все органы чувств и главные железы внутренней секреции. Таким образом, воздействуя на кожу, мы активно воздействуем и на нервную и эндокринную системы, благодаря чему добиваемся мощного стимулирующего эффекта через цепочку «кожа—нервная система—эндокринные железы—клетки организма».

Каждый участок кожи связан с определенным участком мозга, внутреннего органа (который контролирует этот участок) и костно-мышечной системы. Для биологического резонанса с болезнью лучше всего подходит собственная урина (рис. 7).

Исследования ученых показали, что меченая вода с одинаковой скоростью пробивается через кожу как снаружи вовнутрь, так и изнутри во внешнюю среду. На коже человека в области расположения точек акупунктуры имеются рецепторы. Это высокомолекулярные белки, способные воспринимать, трансформировать и передавать информацию и энергию от внешнего раздражителя

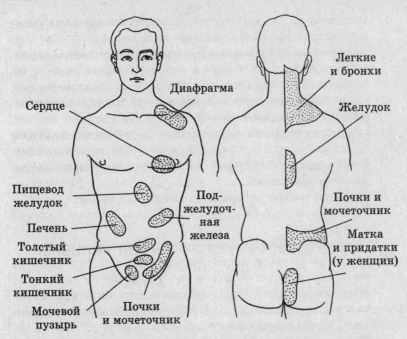

Рис. 7. Зоны Захарьина—Геда, их связь с внутренними органами

в акупунктурную систему, в результате чего вещества с поверхности кожи с током жидкости могут быстро попадать внутрь организма.

В каждом квадратном сантиметре кожи находится 150—200 точек, отвечающих за восприятие боли, 5—13 — холода, 1—2 — тепла и 25 — давления. Так как в этих точках (вернее, через них) осуществляется эффект сверхтекучести, воздействуя на них, например, приложив компресс из урины, можно легко вводить урину внутрь организма.

**Рекомендации для уринового массажа**

Он должен быть энергичным, до появления небольшой боли. Только такая проработка будет способствовать оптимальным ответным реакциям нервной системы и внутренних органов.

*Для очищения организма через кожные покровы* подходит массаж или растирание тела с упаренной уриной до 1/4 первоначального объема. Появление высыпаний на коже указывает на то, что очистительный процесс начался. Продолжайте массировать или смазывать тело до полного очищения кожи. При обильных высыпаниях переждите 1—2 дня, а затем снова приступайте к массажу. Парная баня облегчит и ускорит очистительный процесс.

*Для лечения, энергетической стимуляции и микроэлементной подкормки организма* хорошо подходят массаж, смазывание уриной, а также ванны с добавлением урины. Продолжительность процедуры — от 5 мин до 2 ч и более. Компрессы на ступни ног прекрасно стимулируют общую энергетику организма.

Для лечебных целей больше всего подходит активированная холодом детская и старая урина (с выдержкой не более 2—3 дней).

Для рассасывания солей хороша очень старая урина, упаренная до 1/4 части первоначального объема. Благодаря ее едкости расширяются поры кожи, а повышенное количество в ней солей способствует «вытаскиванию» отложений из организма за счет осмоса. При обострениях после применения такой урины попробуйте просто упаренную урину. Если и это будет вызывать осложнения, не похожие на очистительные реакции, прекратите процедуры: значит, происходит «перетаскивание» солей из урины в пораженное место по тому же закону осмоса. В этом случае используйте другие очистительные процедуры (сокотерапию, голодание и т. д.).

Для энергетической стимуляции организма подойдет урина, активированная магнитным полем и упаренная до 1/4 первоначального объема.

*Для целенаправленного воздействия на пораженные органы* используйте массаж по сегментам тела, а также компрессы из урины на них. Опробуйте различные виды урины и остановитесь на наиболее подходящей для вас.

Для целенаправленной стимуляции ослабленных органов подходит смазывание кожи или массаж с учетом биологических ритмов работы органов.

*Использование биологически активных точек.* Как уже ранее указывалось, через эти «входные ворота», которых особенно много в области рук, ног — соответственно до локтей и до колен, на голове, лице и шее, можно весьма успешно, используя эффект сверхтекучести, вводить урину внутрь организма. Когда у вас мало времени, вы можете воспользоваться этим способом введения урины и добиться хорошего эффекта стимуляции организма.

**Для косметических целей** лучше всего использовать свежую, активированную (холод, магнитное поле) или упаренную урину. Смажьте ею лицо, руки, шею. После высыхания повторите эту процедуру еще несколько раз и смойте теплой водой без мыла (конечное обмывание проведите прохладной водой). Можете массировать эти участки тела с уриной, а затем смыть ее. В результате ваша кожа лица, рук будет в прекрасной форме.

Для улучшения роста волос больше всего подходит старая, детская и активированная урина. Эти виды урины можно втирать в область корней волос или использовать для компрессов.

**Для омоложения организма** подходят массаж, натирание или ванны с детской уриной. В ванны добавляйте 500 г и более детской урины.

**При смазывании тела уриной** сначала применяйте легкие поглаживающие движения руками. Далее можно усилить воздействие до появления легкой боли, а затем вновь перейти на поглаживание. Если во время голодания с приемом воды и мочи не применять смазываний уриной, не всегда удается добиться положительных эффектов из-за большой нагрузки на сердце. При смазывании же тела уриной нагрузка уменьшается и голодание проходит легче. Улучшается кровообращение, нормализуется пульс, силы значительно сохраняются, и можно плодотворно трудиться.

## Уринотерапия и глинолечение

Наиболее эффективно — за счет своей огромной поглотительной способности — действуют через кожу глиняные катаплазии (компрессы). Замоченные на урине различных видов, они значительно усиливают эффект. Урина «расшевеливает» и «изгоняет» болезнь, а глина как бы впитывает ее в себя. Данная процедура является эффективным способом лечения болезней и применяется с очень давних пор. Согласно древней тибетской рекомендации, при поражении костей (когда болят суставы, ноги «крутит» и т. д.) следует прикладывать горячую глину, сваренную в моче. Замечено, что проваренная в урине глина лучше удаляет яды. Вообще при болезнях «Ветра» рекомендуется именно этот способ лечения.

Применяют глиняные катаплазии из урины следующим образом: глину замешивают на моче (старой, упаренной, детской и т. д.) до консистенции густой сметаны. На больное место кладут смоченную хлопчатобумажную или шерстяную ткань, а затем слой глины толщиной 2—3 см. Сверху накладывают ткань или вощеную бумагу, оборачивают тканью и закрепляют с помощью эластичных бинтов или другими способами. Помните: при всех болезнях «Ветра» глину прикладывают в горячем виде, а при болезнях «Слизи» и «Желчи» — в прохладном. При радикулите, простреле и т. п. глиняную катаплазию помещают в холщовый мешочек и носят на пояснице.

За счет своих свойств глина (в ней в естественных количествах и пропорциях имеются радиоактивные элементы) придает урине особую структуру, насыщает ее лучистой энергией, что благоприятно сказывается на здоровье человека. Помимо этого, урина насыщается и микроэлементами.

Некоторые сначала выдерживают урину 1—5 дней в металлическом сосуде (олово, красная медь), а затем уже замешивают на ней глину и применяют при ряде серьезных заболеваний. Такая моча «старится» и приобретает щелочные свойства, насыщается ионами металлов.

## К ЧЕМУ ДОЛЖЕН БЫТЬ ГОТОВ ЧЕЛОВЕК, ПРАКТИКУЮЩИЙ УРИНОТЕРАПИЮ

### Кризисы во время уринотерапии

При первых же приемах урины внутрь или наружно у одних могут возникать сильнейшие ответные реакции, у других подобные реакции наступают через несколько месяцев, а у третьих идет медленное, плавное улучшение и никаких кризисов не происходит.

Некоторых из-за неготовности к подобным кризисам они пугают и настораживают. У таких людей создается мнение, что они отравились уриной. Ряд ведущих специалистов в области медицины утверждают: без ярко выраженного ухудшения, свидетельствующего, что лечение «зацепило» и выводит из организма болезнь, исцеления не происходит. Японский профессор Кацузо Ниши, изучивший и проверивший на практике свыше 70 тыс. источников литературы по оздоровлению и успешно лечивший рак, говорит, что без характерных внешних симптомов излечение невозможно. Эти симптомы всегда выражаются в ухудшении здоровья больного человека. Выбросив из себя болезнь, организм быстро восстанавливается, и болезнь исчезает навсегда.

## КРИЗИСЫ ПРИ ИСПОЛЬЗОВАНИИ УРИНЫ

Итак, вы начали пить урину несколько раз в день по нескольку глотков. Обычно у большинства людей в желудочно-кишечном тракте много слизи и других патологических веществ, о которых они и не подозревают. Эти вещества отторгаются и выводятся из организма, что проявляется в очистительном кризисе; сила которого зависит от степени поражения и наличия жизненных сил для его осуществления.

Чтобы помочь организму, необходимо принимать урину по 1—3 глотка по утрам, делать компрессы на печень, уриновые клизмы, пить протиевую воду и почаще посещать парную (время пребывания в зависимости от самочувствия).

Начиная курс уринотерапии, прислушивайтесь к реакциям своего организма, увеличивайте дозировку урины плавно. Если организм поражен существенно, но жизненных сил достаточно, при использовании «сильной мочи» очистительно-оздоровительный кризис бывает очень мощным.

**Внимание!** Если у вас на коже после нескольких массажных процедур с уриной появляется сыпь, знайте, что механизм очищения запущен, и продолжайте его поддерживать, выполняя смазывание кожи или массаж через день, а то и два. Чаще ходите в баню. Не увлекайтесь высокими дозировками на начальном этапе.

Под влиянием уринотерапии возникает эффект накопления: из организма выходит скрытая, глубинная патология тонких уровней. В итоге происходят неприятные и болезненные вещи, через которые также необходимо пройти, чтобы освободиться от скверны, безоговорочно веря в положительный результат.

## С КАКОГО ВОЗРАСТА МОЖНО ПРИМЕНЯТЬ УРИНОТЕРАПИЮ И КОМУ ОНА НАИБОЛЕЕ ЭФФЕКТИВНО ПОМОГАЕТ

Урину можно применять в любом возрасте. Лучше всего она действует на организм человека через кожу. Грудной ребенок постоянно мочится и омывает уриной свое тельце. Поступайте и вы так же — делайте компрессы, смазывайте тело. Если ребенок отстает в развитии, начинайте уринотерапию — почаще смазывайте его тело уриной, омывайте, делайте массажи. Внутрь ее применять достаточно всего один раз, утром, по 50—100 г.

**Внимание!** Наиболее эффективно уринотерапия помогает тем, у кого внутренняя среда организма сильно сдвинута в щелочную сторону и идет тотальное гниение. Особенно часто это происходит в пожилом и старческом возрасте. Поэтому и прием урины в этих случаях дает наиболее поразительные результаты.

## КАК ПРАВИЛЬНО НАЧАТЬ УРИНОТЕРАПИЮ

Поскольку урина оказывает многогранное воздействие на человеческий организм и может подаваться внутрь разными путями, существует множество методик ее применения, в том числе комбинированные, взаимоусиливающие: уринотерапия — голодание; уринотерапия — глинолечение и т. д. Отсюда вывод: здоровому человеку в профилактических целях подходит одна методика, а при болезнях — совершенно другая.

Любая методика оздоровления действенна и приемлема, когда человек знает механизм этой методики, а сама она отвечает требованиям безопасности, эффективности, наглядности и простоты применения. На первом этапе применения любой методики важно получить исчерпывающие знания о данном предмете.

С использованием урины могут быть связаны страхи, имеющие отношение к сексуальным проблемам. Урина выходит из половых органов и может бессознательно ассоциироваться с чувством запрета. Однако сексуальный компонент уринотерапии обладает большим зарядом энергии. Запрет и подавление нарушают естественное циркулирование энергии.

Поэтому свободное отношение к урине — большой шаг, особенно если предпринимать его с мыслью, что мы устраняем умственную и физическую блокировку. Как только мы разрушим мысленные шоры, удерживающие нас от использования урины, энергетический процесс, а вместе с ним и физиологический пойдут беспрепятственно.

Когда психологический барьер снят, важно понять, что использовать урину безопасно, эффективно и просто. Если человек благодаря личному опыту приходит к выводу, что предложенное ему действительно соответствует услышанному ранее, сам чувствует улучшение и уверен в своей безопасности, его трудно в чем-либо разубедить, а тем более навязать противоположное мнение.

## КОГДА И С ЧЕГО НАЧИНАТЬ УРИНОТЕРАПИЮ

Любое новое дело начинайте с началом лунного цикла (месяца). Это естественный природный цикл, причем полный, и важно действовать в согласии с ним. В особенности это касается мужчин и детей. Женщины начало уринотерапии могут приурочить к началу менструального цикла (через 1—2 дня после месячных).

Уринотерапию лучше начать с клизм. С физиологической точки зрения это обосновывается тем, что у современного человека именно толстый кишечник является самым большим объектом интоксикации организма. Клизмы с уриной будут способствовать быстрому очищению толстого кишечника, что через неделю, если он не затронут серьезными заболеваниями, даст выраженный оздоровительный эффект.

Для этого сразу после опорожнения нужно ввести 200—400 г урины посредством резиновой груши в 2—4 приема (один за другим). Можно использовать детскую урину, желательно ребенка до 10 лет, независимо от пола. Поступайте так ежедневно в течение недели. Это первый этап, который покажет вам, что применять урину для улучшения здоровья просто, безопасно и полезно.

После этого вы можете приступать ко второму этапу. На этом этапе промывайте носоглотку свежей уриной, смачивайте кожу лица и рук, делайте клизмы с упаренной уриной. Помочившись утром, собирайте урину в кружку и сразу же промывайте ею нос и смазывайте кожу лица и рук (можно и шеи). Как только кожа высохнет, омойте ее теплой водой без мыла, а затем сполосните прохладной водой и вытритесь полотенцем. Если вы хотите использовать мыло, вначале умойтесь с ним, а после вытирания смажьтесь уриной. После высыхания кожи смывайте урину. Эти две простые процедуры улучшат ваше самочувствие, настроение, кожу.

Постепенно меняйте питание — вначале жидкости, потом овощи, фрукты по сезону (в холодное время — тушеные овощи и сухофрукты) и только после этого каши из цельных круп с минимумом специй. Вместо каш можете есть орехи, картофель, мясо и другие натуральные продукты, но только раздельно. Перестроив таким образом питание, вы убедитесь, что урина на вкус стала значительно лучше, а вы — здоровее. Из такой урины желательно готовить упаренную и употреблять ее для клизм. Клизмы из упаренной до 1/4 первоначального объема урины делайте через день. Первую сделайте с 50 г, через день добавьте еще 50 г и так, через день, увеличивая дозу на 50 г, доведите количество вводимой за один прием упаренной урины до 250—500 г, а потом также постепенно, через день, сбавьте до 50—100 г. На этот у вас уйдет около 20 дней. Эти клизмы продемонстрируют, что у вас «обитало» в толстом кишечнике и как легко жить без таких «соседей».

Теперь, когда вы разгрузили выделительные системы, приступайте к третьему этапу, который приурочьте к началу лунного цикла. На этом этапе пейте среднюю часть урины утром (нечетное количество глотков), промывайте нос и делайте 1—2 раза в день (можно и чаще) смазывание или массаж тела упаренной уриной. Попробуйте вместо массажа (если это обременительно) использовать компрессы на ступни ног, область поясницы, шеи. Вначале держите компрессы 10—20 мин. Если не будет сильных ответных реакций со стороны организма, постепенно увеличьте время до 2—4 ч (можно оставлять компрессы на ночь). Для женщин великолепной добавочной процедурой будет подмывание и спринцевание свежей уриной. Клизмы на этом этапе делайте по необходимости. По окончании 6-месячного курса вы будете совершенно другим человеком. Пройдя через очистительные и оздоровительные кризисы, вы обретете здоровье.

## УРИНОТЕРАПИЯ
## ПРИ КОНКРЕТНЫХ ЗАБОЛЕВАНИЯХ

### Заболевания желудочно-кишечного тракта

Урина производит благотворное действие во всех отделах желудочно-кишечного тракта.

Урина нормализует функцию желудка, что приводит к равновесию кислотности. Для более радикального лечения надо разобраться в питании, ведь повышенная кислотность — это возбуждение жизненного принципа «Желчи».

## Инфекционные заболевания

Уринотерапия очень эффективна при различных инфекционных заболеваниях благодаря своему интерференционному и нозодическому воздействию.

Методика применения в этих случаях простая — выпивайте залпом 50—100 г урины или нечетное количество глотков. При лихорадочном состоянии образуется высококонцентрированная урина, которую пить неприятно. Это можно поправить с помощью обильного питья протиевой, кипяченой воды или травяного чая. При высокой температуре наложите компресс из урины на область пульса.

## Грибковые поражения кожи

Усиление кислотных свойств кожи с помощью обычной или упаренной урины способствует быстрому выздоровлению. Для этого лучше всего применять компрессы на пораженные участки кожи.

## Болезни почек

Одними из основных причин инфекции в мочевой системе являются кишечная палочка, аэробактерия, гноеродный стафилококк и пр. Эти бактерии проникают в мочевыводящую систему из толстого кишечника, когда из-за неправильное питания там возникают гнилостные условия. Поэтому и цепочка лечения почечных заболеваний должна строиться так: нормализация питания, надежное закисление толстого кишечника с помощью урины различного вида посредством клизм и только после этого прямое воздействие на сам очаг болезни.

Многие острые и хронические заболевания почек успешно лечат уриной. В этих случаях ее следует пить 3 раза в день до еды по 50—100 г залпом, ставить компрессы из шерстяной ткани, смоченной в урине (детской, активированной, мочегоне и т. д.), на область почек на 2 ч и более; обязательно очищение толстого кишечника, а в тяжелых случаях — голодание на фоне приема урины с массажем всего тела в течение 1—3 ч. Последний способ позволяет в очень большой степени закислять организм и избавляться от особо устойчивых форм инфекции в почках.

В результате приема урины внутрь, растирания тела и компрессов восстанавливаются процессы сброса шлаков через почки и толстый кишечник, а также доставки кислорода к тканям, облегчается работа сердца, резко улучшается общее самочувствие. Наилучшее средство для почек — компрессы из мочегона на область поясницы.

## Болезни печени

Лучшая методика лечения при заболеваниях печени такая: пить урину 2—4 раза в день по 50—100 г, на ночь на область печени делать компресс из шерстяной ткани, смоченной в мочегоне. Пейте побольше крутого отвара шиповника, а если нет шиповника, — теплую кипяченую воду.

Например, при гепатите из-за блокировки желчевыводящих путей желчь не может попасть в кишечник и поступает в кровь, а затем в мочу. Человек испытывает боль, слабость, тошноту и т. д. Из-за недостатка желчи в пищеварительном тракте не могут полноценно перевариваться жиры и белки. Врачи прописывают таблетки, компенсирующие недостаток желчи, но эти вещества имеются и в урине. Желчь и другие ферменты печени, находящиеся в урине, могут циркулировать повторно. Повторное принятие такой урины способствует улучшению пищеварения и нормализации функции печени за счет гомеопатического принципа и промывания желчных протоков.

## Сахарный диабет

Урина хорошо справляется с этим недугом. Для этого рекомендуется пить ее 2—3 раза в день по 50—100 г, очистить толстый кишечник и печень, делать компрессы на область поджелудочной железы с наиболее приемлемым для вас видом урины. В начальных стадиях диабета вы можете воспользоваться Шанк-пракшаланой, добавляя в подсоленную воду мочегон или активированную урину (на 3 л воды 500 г урины). Эту процедуру рекомендуется делать раз в 3 дня, до полного исцеления. Общее количество жидкости может колебаться от 3 до 4 л.

## Болезни сердечно-сосудистой системы

Для нормализации работы сердечно-сосудистой системы необходимо очистить кровь и удалить всевозможные закупорки из кровяного русла. С этой целью прежде всего надо очистить толстый кишечник и печень. Остальное вещества, содержащиеся в урине, сделают сами: простимулируют сердечную мышцу, растворят тромбы. Пить урину в этих случаях рекомендуется 2—3 раза в день, нечетное количество глотков (50—100 г).

## Глазные болезни

Урина хорошо помогает при разнообразных болезнях глаз. Методика применения ее состоит в закапывании или промывании глаз. В более сложных случаях — компрессы из свежей урины на глаза и голодание. Хорошо подходит для лечения глаз детская или активированная моча. Можно использовать и соли мочи: для этого надо выпарить ее на солнце и посыпать глаза образовавшимся осадком.

Чтобы свести врожденную катаракту, необходимо голодать на урине дольше, прикладывать компрессы на глаза из урины, упаренной с медом в медной посуде. Поддается лечению уринотерапией и глаукома, но после хирургического вмешательства эффекта может не быть.

## Опухолевые заболевания

Уринотерапия весьма эффективна при различных опухолях, в том числе и раковых. В простых случаях достаточно пить урину, делать компрессы (обязательно!) на пораженную область или массаж всего тела, а в более запущенных случаях сочетать голодание с уринотерапией и глинолечением. Все это в комплексе позволяет вернуть человека к полноценной жизни.

## Простудные заболевания

Питье урины и полоскание ею горла дают великолепные результаты при простудных заболеваниях. Если добавить промывание носоглотки, то дополнительно очищаются гайморовы и лобные пазухи, а также близлежащие области мозга.

## Кожные болезни

При кожных болезнях урина применяется внутрь в виде питья; кроме того, обязательна чистка толстого кишечника и печени. Только после этой подготовки начинайте усиленно использовать урину на пораженные участки кожи (растирания, компрессы). Используйте все варианты урины: для отторжения омертвевшей кожи — очень старую (упаренную и простую); для заживления — простую детскую, активированную, упаренную; для смягчения — свежевыпущенную детскую и собственную. Пересмотрите образ жизни и питание. Твердо уясните себе, от чего возникла болезнь, и устраните причины.

## Отложение солей, полиартрит

Урина прекрасно очищает наш организм от солей, восстанавливает утраченную подвижность. На область поражения поочередно ставят компрессы с мочегоном и очень старой уриной. Воздействуя на очаг отложения солей кислой и щелочной средой, мы ускоряем процесс рассасывания. Кроме того, следует пить урину несколько раз в день и обязательно очистить толстый кишечник и печень.

К отложению солей приводит нарушение обмена минеральных веществ в печени. Желательно соблюдать диету (овощи, каши), все готовить на противой воде. Обязательно нужно посещать парную или принимать горячие ванны, а сразу после этого смазывать кожу пораженных участков маслом (топленым или оливковым).

## Женские болезни

Женские болезни — в основном результат несоблюдения элементарных правил, а именно, своевременного опорожнения. Запоры — бич современных женщин, итог неправильного питания. Содержимое толстого кишечника скапливается, гниет и отравляет близлежащие органы и всю кровь. От этого воспаляются органы, прилежащие к толстому кишечнику, и возникают разнообразные женские болезни.

Первым делом очистите толстый кишечник, затем печень. Далее надо пить раз в день залпом по 50—100 г собственной урины; ею же спринцеваться, вводить тампоны (вначале из свежей своей или детской урины, далее из мочегона). Полезно применять горячие полуванночки с добавлением в воду 500—1000 г мочегона. Дополнительно на ночь можно применять тампоны из различных видов урины.

Если у вас нарушение менструального цикла или другие гормональные расстройства, пейте урину раза 3—4 в день по 100—150 г, смазывайте тело мочегоном. В сложных случаях можете после изменения питания употреблять утром натощак по 50 г мочегона. Все это позволит вам выровнять гормональные перекосы и избавиться от неприятностей.

Собственная моча — прекрасное средство для профилактики женских заболеваний. Во-первых, она нормализует кислую среду, способствуя уничтожению паразитов и т. д.; во-вторых, обладает противоболевым эффектом; в-третьих, может предохранять от нежелательной беременности.

При бесплодии женщины урина может помочь в том случае, если бесплодие — результат заболевания половой сферы. Спринцевания, очищение толстого кишечника, тампоны приведут все в норму. Если бесплодие вызвано нарушением гормональной регуляции или недоразвитостью женских половых органов, то, массируя тело с уриной и употребляя ее внутрь, а также принимая сидячие ванны, можно решить эти проблемы. Урина наладит гормональную регуляцию и сделает возможным протекание нормальной беременности. В трудных случаях, чтобы стимулировать детородную функцию, надо поголодать на фоне приема урины 2—4 недели.

Невероятно сильно стимулирует организм активированная холодом собственная урина (выдерживается в темном, холодном месте при температуре 2—4 °С 4—5 дней). Применять ее лучше накожно. Поделайте неделю массаж с такой уриной, и вы почувствуете ее могучее влияние.

## Легочные заболевания

Лучшая методика для лечения заболеваний легких следующая:
* прием урины внутрь (лучше детской, насыщенной иммунными телами) 2—3 раза в день по 100 г;
* обертывание грудной клетки шерстяной тканью, смоченной в мочегоне, на 1—2 ч, с тем чтобы больной обильно потел и происходил выход шлаков через кожу, разжижалась и отходила мокрота;
* желательно голодание на урине (сроки зависят от степени поражения организма).

Для эффективного лечения бронхиальной астмы необходимо резко закислить внутреннюю среду организма за счет приема урины и голодания, делать на область груди компрессы из шерстяной ткани, смоченной в мочегоне. После голодания необходим сухой, теплый климат, питаться нужно сухофруктами, хлебом из проросшего зерна в подсушенном виде, тушеными овощами без масла.

## Незаживающие раны, ушибы, ожоги, укусы

В несложных случаях надо пить урину 1 раз утром, делать массаж, а также компрессы из мочегона на область поражения. Закисление пораженной части тела или всего организма способствует выздоровлению.

Так как днем раны заживают лучше, основной упор при лечении уриновыми компрессами переносится на ночное время, которое крайне неблагоприятно для заживления. В результате такой раскладки процедур эффект более выражен.

Еще в древние времена смесь урины с пеплом успешно использовалась для лечения ран и ожогов. В тяжелых случаях в дополнение к этому следует использовать голодание.

## Омоложение организма

Многие весьма успешно применяют уринотерапию для поднятия жизненного тонуса. Следующая информация предлагается тем, кто хочет отодвинуть старость, почувствовать себя моложе. А эпиграфом к этому материалу мог бы послужить такой эпизод.

— Сколько вы мне дали бы лет? — спросил фермер в разговоре с проходящим путником.

— Где-то около пятидесяти.

Собеседник удовлетворенно крякнул:

— Восьмой десяток разменял! И все благодаря, извиняюсь, моче.

Этим фермером был Джон Армстронг.

# ЭНЕРГИЯ ДЫХАНИЯ

## ОБЩИЕ СВЕДЕНИЯ О ДЫХАНИИ

Процесс дыхания можно разделить на три ступени: внешнее дыхание, транспортировка газов кровью и клеточное дыхание.

## ВНЕШНЕЕ ДЫХАНИЕ

Внешнее дыхание является первой ступенью дыхательного процесса. На этой ступени дыхание осуществляется через следующие органы: нос, носоглотку, трахею, бронхи, легкие и легочные альвеолы, а также 1—2 % газообмена осуществляются через кожу и пищеварительный тракт.

Прежде всего поток входящего внутрь организма воздуха проходит через носовую полость. При этом воздух согревается, увлажняется и очищается. Увлажняется воздух почти до полного насыщения за счет носовой слизи, которую выделяет слизистая оболочка носа.

Далее воздух идет через носоглотку, гортань и попадает в трахею, которая имеет вид цилиндрической трубки длиной 11—13 см и диаметром от 1,5 до 2,5 см. Трахея выстлана изнутри слизистой оболочкой, покрытой мерцательным эпителием. Движения ворсинок мерцательного эпителия позволяют выводить наружу попавшую в трахею пыль и другие чужеродные вещества, либо благодаря высокой всасывающей способности эпителия они всасываются внутрь и затем выводятся внутренними путями.

Далее трахея разветвляется на бронхи, а те, в свою очередь, на бронхиолы — более мелкие воздухоносные пути. В отличие от трахеи, бронхи имеют в составе стенки мышечные волокна, причем с уменьшением диаметра путей мышечный слой становится сильнее развитым. Сокращение этих мышц вызывает не только сужение просвета бронхов, но и некоторое укорочение их, благодаря чему они участвуют в выдохе. В стенках бронхов располагаются слизистые железы, и покрыты они мерцательным эпителием. Совместная деятельность слизистых желез, бронхов, мерцательного эпителия и мускулатуры способствует увлажнению поверхности слизистой оболочки, разжижению и выведению наружу вязкой мокроты при патологических процессах, а также выведению частиц пыли и микробов, попавших в бронхи с потоком воздуха.

Воздух, пройдя путь по вышеописанным воздухоносным путям, очищенный и нагретый до температуры тела, попадает в альвеолы, смешивается с имеющимся там воздухом и приобретает 100%-ную относительную влажность. Газообмен между внешним воздухом и кровью в легких происходит в основном в альвеолах, которые покрыты густой сетью кровеносных капилляров.

Воздух попадает в альвеолы благодаря изменению объема легких из-за дыхательных движений грудной клетки. Так, при вдохе объем легких увеличивается, давление в них становится ниже атмосферного и воздух засасывается в легкие. При выдохе объем легких уменьшается, давление воздуха в них становится выше атмосферного, и воздух из легких устремляется наружу.

Сам механизм дыхательных движений осуществляется диафрагмой и межреберными мышцами. **Диафрагма** — мышечно-сухожильная перегородка, отделяющая грудную полость от брюшной. Главная ее функция заключается в создании отрицательного давления в грудной полости и положительного — в брюшной. Края ее соединены с краями ребер, а сухожильный центр диафрагмы сращен с основанием сумки перикарда. Ее можно сравнить с двумя куполами: правый расположен над печенью, левый — над селезенкой. Вершины этих куполов обращены к легким.

Когда мышечные волокна диафрагмы сокращаются, оба ее купола опускаются, а боковая поверхность диафрагмы отходит от стенок грудной клетки. Центральная сухожильная часть диафрагмы опускается незначительно. Вследствие этого объем грудной полости увеличивается в направлении сверху вниз, создается разряжение и воздух входит в легкие. Сокращаясь, она давит на органы брюшной полости, которые выжимаются вниз и вперед, — живот выпячивается.

Когда же мышечные волокна диафрагмы расслабляются, оба купола поднимаются вверх, вытесняемые органами брюшной полости, в которой давление всегда выше, чем в грудной. Сокращение мышц брюшного пресса еще больше усиливает это давление. Вследствие этого объем грудной полости уменьшается, создается высокое давление и воздух выходит из легких.

Межреберные мышцы за счет разворачивания ребер в стороны и некоторого поднятия их вверх увеличивают объем грудной полости, что и приводит к засасыванию в нее воздуха. При выдохе они расслабляются, и в силу анатомических особенностей ребер и грудной клетки и их тяжести грудная клетка принимает свое исходное положение. В результате этого в легких создается повышенное давление и воздух устремляется наружу. Внутренние межреберные мышцы и мышцы живота помогают сделать форсированный выдох.

## НИЖНЕЕ, СРЕДНЕЕ, ВЕРХНЕЕ И СМЕШАННОЕ ТИПЫ ДЫХАНИЯ

В зависимости от того, какие мышцы задействованы во время дыхания, различают четыре типа дыхания: нижнее, среднее, верхнее и смешанное (рис. 8).

**Нижнее дыхание,** или «брюшное», «диафрагмальное», — это когда в дыхательных движениях участвует

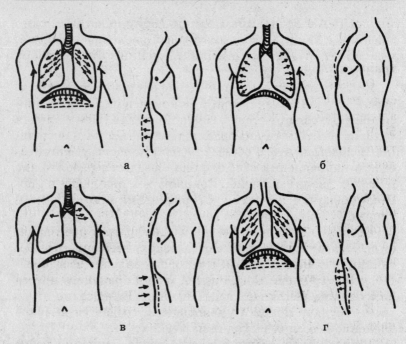

**Рис. 8. Типы дыхания:**

а — нижнее; б — среднее; в — верхнее; г — смешанное

только диафрагма, а грудная клетка остается неподвижной. При этом в основном вентилируется нижняя часть легких и немного — средняя.

**Среднее дыхание,** или «реберное», — когда в дыхательных движениях участвуют межреберные мышцы, грудная клетка расширяется в стороны и несколько поднимается вверх. Диафрагма при этом слегка поднимается.

**Верхнее дыхание,** или «ключичное», — когда дыхание осуществляется только за счет поднятия ключиц и плеч вверх, при неподвижной грудной клетке и некотором втягивании диафрагмы. При этом в основном вентилируются верхушки легких и немного — средняя часть.

**Смешанное дыхание,** или «полное дыхание», объединяет в себе все вышеуказанные типы дыхания, равномерно вентилируя все части легких.

## ТРАНСПОРТИРОВКА ГАЗОВ КРОВЬЮ

Второй ступенью дыхательного процесса является **транспортировка газов кровью.**

Обмен газов между легкими и кровью происходит в силу разности их парциального давления. У человека в альвеолярном воздухе содержится: углекислого газа — 5—6 %, кислорода — 13,5—15 %, азота — 80 %. При таком процентном содержании кислорода и общем давлении в одну атмосферу его парциальное давление составляет 100—110 мм рт. ст. Парциальное давление этого газа в притекающей в легкие венозной крови всего 60—75 мм рт. ст. Образующейся разности в давлении вполне достаточно для обеспечения диффузии кислорода в кровь со скоростью 6 л кислорода в минуту. Такого количества вполне достаточно для того, чтобы человек мог выполнять самую тяжелую работу. Во время покоя в кровь поступает около 300 мл кислорода.

В крови, оттекающей от легких, почти весь кислород находится в химически связанном с гемоглобином состоянии, а не растворен в плазме крови. Наличие дыхательного пигмента — **гемоглобина** — в крови позволяет при небольшом собственном объеме жидкости переносить значительное количество газов.

**Кислородная емкость** крови определяется количеством кислорода, которое может связать гемоглобин. Реакция между кислородом и гемоглобином обратима. Когда гемоглобин связан с кислородом, он переходит в **оксигемоглобин.**

Повышение температуры значительно увеличивает скорость отдачи оксигемоглобина кислорода, мало сказываясь на скорости реакции его соединения с кислородом в легких. Насыщению крови кислородом способствует сдвиг кислотно-щелочной реакции крови в кислую сторону. Наиболее важной причиной изменения реакции крови является содержание в ней углекислоты, которая, в свою очередь, зависит от наличия в крови углекислого газа.

Чем больше в крови углекислого газа, тем больше углекислоты, а следовательно, и сильнее сдвиг кислотно-щелочной реакции крови в кислую сторону, что способствует насыщению крови кислородом. Значительному образованию углекислого газа способствует мышечная работа или повышенная активность органа.

Степень насыщенности крови кислородом у каждого человека индивидуальна и зависит от многих факторов, главными из которых являются следующие: общая поверхность мембран альвеол, толщина и свойства самой мембраны, качество гемоглобина, психическое состояние человека, а также от возраста, типа дыхания, чистоты организма и эмоциональной устойчивости человека.

Обмен кислорода между кровью и тканями осуществляется подобно обмену между альвеолярным воздухом и кровью. Ввиду того что в тканях происходит непрерывное потребление кислорода, концентрация его падает. В результате кислород диффундирует (переходит) из тканевой жидкости в клетки, где и потребляется. При недостатке кислорода тканевая жидкость, соприкасаясь со стенкой содержащего кровь капилляра, способствует диффузии кислорода из крови в тканевую жидкость. Чем выше тканевый обмен, тем ниже концентрация кислорода в ткани. И чем больше эта разность (между кровью и тканью), тем большее количество кислорода может поступать из крови в ткани при одной и той же концентрации кислорода в капиллярной крови (рис. 9).

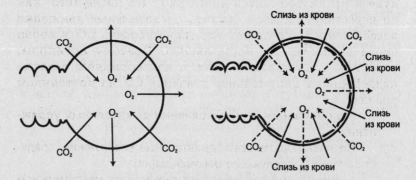

Рис. 9. Альвеолы

Процесс удаления углекислого газа напоминает обратный процесс поглощения кислорода. Образующийся в тканях при окислительных процессах углекислый газ диффундирует в межтканевую жидкость, где его концентрация меньше, а оттуда диффундирует через стенку капилляра в кровь, где его еще меньше, чем в межтканевой жидкости. Проходя через стенки тканевых капилляров, углекислый газ отчасти растворяется в плазме крови как хорошо растворимый в воде газ, а частично связывается различными основаниями с образованием бикарбонатов. Эти соли затем разлагаются в легочных капиллярах с выделением свободной углекислоты, которая, в свою очередь, быстро диссоциирует под влиянием фермента угольной ангидразы на воду и углекислый газ.

Главным фактором, регулирующим дыхание, является концентрация углекислого газа в крови.

Повышение содержания $CO_2$ в крови, притекающей к головному мозгу, увеличивает возбудимость как дыхательного, так и пневмотоксического центра. Повышение активности первого из них ведет к усилению сокращений дыхательной мускулатуры, а второго — к учащению дыхания. Когда содержание $CO_2$ вновь становится нормальным, стимуляция этих центров прекращается и частота и глубина дыхания возвращаются к обычному уровню. Этот механизм действует и в обратном направлении. Если человек произвольно сделает ряд глубоких вдохов и выдохов, содержание $CO_2$ в альвеолярном воздухе и крови понизится настолько, что после того, как он перестанет глубоко дышать, дыхательные движения вовсе прекратятся до тех пор, пока уровень $CO_2$ в крови снова не достигнет нормального. Поэтому организм, стремясь к равновесию, уже в альвеолярном воздухе поддерживает парциальное давление $CO_2$ на постоянном уровне.

### Рекомендации при выполнении дыхательных упражнений

Начиная практиковать дыхательные упражнения, следует запомнить следующие рекомендации:

1. Никогда не задерживайте дыхание на максимальном вдохе, это может привести к растяжению легочной ткани, уве-

личению диаметра альвеол, что неблагоприятно отразится на здоровье. Если нужно сделать максимальный вдох, то выполняйте его без задержки. Задерживать дыхание на вдохе рекомендуется в пределах 70—80% от глубины максимального вдоха, при этом чем старше человек, тем меньше глубина вдоха за счет ребер. При вдохе больше работайте диафрагмой и умеренно — межреберными мышцами и плечами.

2. Никогда не задерживайте дыхание на максимальном выдохе — это верное средство разладить работу сердца. Если нужно сделать максимальный выдох, делайте его без задержки. Задерживать дыхание на выдохе рекомендуется в пределах 70—80% от максимального выдоха. Чем слабее сердце, тем меньше величина задержки на выдохе. Выполняя выдох, больше работайте диафрагмой — это массирует внутренние органы и сердце.

## КЛЕТОЧНОЕ ДЫХАНИЕ

Клеточным дыханием называют совокупность протекающих в каждой клетке ферментативных процессов, в результате которых молекулы углеводов, жирных кислот и аминокислот расщепляются в конечном счете до углекислоты и воды, а освобожденная биологически полезная энергия используется на усиление жизнедеятельности клетки.

Питательные вещества служат для построения структур нашего тела, а подвергшиеся деструктуризации дают нам энергию в виде электронов. Конечные продукты деструктуризации питательных веществ: вода дает нам среду для протекания жизненных процессов; углекислый газ регулирует жизненные процессы (изменяет кислотнощелочную реакцию, активизирует генетический аппарат клетки, влияет на усвоение кислорода организмом); кислород, потребляемый при дыхании, выводит из организма электроны с пониженным энергетическим потенциалом в виде продуктов конечного звена деструктуризации — углекислого газа и воды.

**Внимание!** Уменьшение содержания углерода и его соединений в организме сразу же сказывается на всех жизненно важных процессах, вызывая массу заболеваний. Наибольшее количество углекислого газа получается при приеме углеводистой пищи, а наименьшее — при потреблении жирной и белковой.

# ВИДЫ ОЗДОРОВИТЕЛЬНЫХ ДЫХАТЕЛЬНЫХ ПРАКТИК

## ЦИ И ПРАНА

Весьма туманен вопрос о том, что подразумевают под понятиями «ци» и «прана». Их описание дается в малопонятной терминологии и трудноприложимо к практическому применению.

В древних китайских трактатах рассказывается о «трех драгоценностях»: ци, цзин и шень. Это названия энергий, поддерживающих жизнь человека, ценнее их нет ничего на свете.

1. Основная энергия — ци, она поддерживает организм и образуется из пищи.

2. Большая энергия цзин является главной энергией человека. Она вызывает вдох и выдох, собирается в груди, удаляется через нос и глотку.

3. Духовная энергия шень создается при зачатии. Шень сохраняется — жизнь, теряется — смерть.

В древних индуистских писаниях — Ведах и Упанишадах — рассказывается о трех видах энергии — праны, поддерживающей жизнь человека: пищевой и дыхательной пране и энергии Кундалини.

1. Пищевая прана содержится в пище, воде и поддерживает физическое тело человека.

2. Дыхательная прана содержится в воздухе и поддерживает праническое (энергетическое) тело человека, давая силу всем физиологическим процессам организма.

3. Энергия Кундалини — источник всех видов энергий человеческого организма, универсальная энергия

космоса. Кундалини Шакти — тончайшая из всего тонкого, она хранит в себе тайну творения. Ее сиянием озарена Вселенная.

## МЕТОДИКИ НАБОРА ПИЩЕВОЙ ПРАНЫ

Под набором пищевой праны надо понимать процесс создания внутри организма благоприятных условий для проведения качественной деструктуризации пищи на клеточном уровне. Для этой цели наиболее подходят два типа дыхания: метод волевой ликвидации глубокого дыхания К. П. Бутейко и «дыхание зародыша».

### Метод Бутейко

**Константин Павлович Бутейко** открыл свой метод дыхания. Проводимые им исследования показали, что увеличение глубины дыхания может привести к негативным последствиям для всего организма. Происходит это по следующим причинам:

- в связи с тем что при глубоком дыхании углекислый газ быстрее вымывается из организма, чем кислород, возникает его дефицит. В результате ухудшаются условия передачи кислорода от гемоглобина к тканям. Наступает кислородное голодание всего организма;

- изменение внутренней среды клеток из-за вымывания углекислоты при глубоком дыхании разлаживает работу 700 ферментов и 20 витаминов. В результате нарушается обмен веществ и энергии в организме;

- уменьшение количества углекислого газа в клетках возбуждает их (точнее, понижает порог возбудимости). Это, в свою очередь, приводит к возбуждению нервной системы со всеми вытекающими отсюда вредными последствиями;

- защитная реакция от потери углекислого газа в организме приводит к спазмам бронхов и сосудов, к накоплению слизи в организме.

Лечатся болезни глубокого дыхания (практически все болезни), по методу ВЛГД (волевой ликвидации глубокого дыхания).

Дыхание здорового человека протекает так: вдох, выдох, автоматическая пауза, которая возникает непроизвольно. Самой важной характеристикой процесса дыхания является автоматическая пауза (АП) — непроизвольная задержка дыхания после выдоха. В это время не происходит потери углекислоты. Затем процесс повторяется снова.

Вся методика Бутейко сводится к тому, чтобы вернуть больному, глубокодышащему человеку эту автоматическую паузу. Как показала практика, автоматическая пауза восстанавливается после 3 лет регулярных тренировок. Причем контролировать ее нужно постоянно — тогда успех обеспечен.

## Определение глубины дыхания

В приведенной ниже таблице 1 с помощью цифр показана различная степень глубины дыхания.

*Примечание:* ЧП — частота пульса; ЧД — частота дыхания (число вдохов и выдохов в минуту); % $CO_2$ — процентное содержание углекислого газа в альвеолах легких; АП — автоматическая пауза; КП — контрольная пауза, задержка дыхания после среднего выдоха до первой трудности; ВП — волевая пауза, задержка дыхания от первой трудности до предельной (выходить из нее нужно более частым, но не глубоким дыханием, дыша через слегка зажатый нос); МП — максимальная пауза, сумма КП и ВП.

Приведенная таблица 1 показывает степень нашего здоровья. Так, если у вас частота пульса равна 60 уд./мин, частота дыхания — 8, автоматическая пауза после выдоха — 4, максимальная пауза — 120 с, значит, у вас содержание углекислого газа в альвеолах легких равно 6,5 % и вы вполне здоровый человек. Если ваши показатели уходят вверх от состояния нормы, — вы об-

| Состояние организма | Форма дыхания | Степень отклонения от нормы | ЧП | ЧД | |
|---|---|---|---|---|---|
| Сверхвынос-ливое | Поверхностное | 5 | 48 | 3 | |
| | | 4 | 50 | 4 | |
| | | 3 | 52 | 5 | |
| | | 2 | 55 | 6 | |
| | | 1 | 57 | 7 | |
| Нормальное | Нормальное | — | 60 | 8 | |
| | | −1 | 65 | 10 | |
| | | −2 | 70 | 12 | |
| | | −3 | 75 | 15 | |
| | | −4 | 80 | 20 | |
| Болезненное | Глубокое | −5 | 90 | 26 | |

**Примечание:** ЧП — частота пульса в минуту; ЧД — частота дыхания в минуту (число вдохов и выдохов); АП — автоматическая пауза, непроизвольная задержка дыхания после выдоха (самая важная характеристика, так как при этих паузах не происходит потери углекислоты); КП — контрольная пауза,

ладаете более высокими показателями здоровья. Но если они находятся ниже — вы глубокодышащий человек, и ваше здоровье хуже нормального уровня. Это есть не что иное, как состояние предпатологии. В зависимости от того, насколько эти показатели уходят вверх или вниз, вы сверхвыносливы или больны.

## Тренировка по методу Бутейко

Существует множество инструкций по применению метода ВЛГД, в которых даются различные варианты тренировок. Данный вариант взят из статьи К. П. Бутейко «Очищение дыханием» (Природа и человек. 1989. № 5).

Тренировка по данному методу производится так: нужно удобно сесть, спина должна быть прямой, потянуть вверх шею, руки положить свободно на колени, но

*Таблица 1*

| Процентное содержание углекислого газа в альвеолах | Пауза после выдоха | | | |
|---|---|---|---|---|
| | АП | КП | ВП | МП |
| 7,5 | 16 | 180 | 180 | 360 |
| 7,4 | 12 | 150 | 150 | 300 |
| 7,3 | 9 | 120 | 120 | 240 |
| 7,1 | 7 | 100 | 100 | 200 |
| 6,8 | 5 | 80 | 80 | 160 |
| 6,5 | 4 | 60 | 60 | 120 |
| 6,0 | 3 | 50 | 50 | 100 |
| 5,5 | 2 | 40 | 40 | 80 |
| 5,0 | — | 30 | 30 | 60 |
| 4,5 | — | 20 | 20 | 40 |
| 4,0 | | 10 | 10 | 20 |

задержка дыхания после среднего выдоха до первой трудности; ВП — волевая пауза, задержка дыхания от первой трудности до предельной (выходить из нее нужно более частым, но неглубоким дыханием, дыша через слегка зажатый нос); МП — максимальная пауза, сумма КП и ВП.

чтобы они не соприкасались. Теперь необходимо максимально расслабиться, успокоить дыхание и пульс. При расслаблении особенно проконтролируйте расслабление плеч, рук (особенно изгибы руки и кисти), лицо (особенно мышцы вокруг глаз и лоб), ноги (особенно ступни), мышцы грудной клетки, живота и диафрагмы. Если у вас сильно напрягается спина во время занятий, то прислонитесь к спинке стула, но держите ее ровной.

Теперь замерьте частоту своего пульса, частоту дыхания и контрольную паузу. Контрольную паузу, то есть задержку дыхания после обычного выдоха, надо держать до первой трудности. Если вы будете ее передерживать, то получите неправильные исходные данные. Так, если ваша КП — 15 с (норма — 60 с), то 60 : 15 = 4, это показывает, что при каждом вдохе вы вдыхаете в четыре раза больше воздуха, чем нужно. Все эти замеры запишите в тетрадь и в дальнейшем по ним будете следить за ходом тренировочного процесса.

Итак, приняв нужное положение, начинайте постепенно уменьшать глубину дыхания, сводя ее на нет. При этом должна ощущаться легкая нехватка воздуха. Внешнее дыхание должно стать незаметным. Уменьшению глубины дыхания способствуют поднятие глаз вверх (подбородок не поднимать) и слегка надутые губы.

Уменьшать глубину дыхания нужно шесть раз в сутки в 0, 4, 8, 12, 16 и 20 ч, причем два цикла — в ночные часы. В каждом цикле — пять попыток, и тренироваться лучше так, чтобы в районе пятой минуты вы уже не могли дышать в выбранном режиме. Дальше время попыток увеличивается до 10 мин. Освоив такой ритм, нужно переходить ко второй степени и опять стараться еще больше уменьшить глубину дыхания и дышать в новом режиме сперва до пяти, а затем до десяти минут. Таких степеней уменьшения дыхания несколько. Переходить от одной к другой можно лишь тогда, когда полностью освоишь предыдущий режим и вернуться к прежнему дыханию невозможно.

Итак, вы в течение 5 мин (а в дальнейшем 10) уменьшали глубину дыхания. Теперь измерьте КП. Это и есть одна попытка. Далее вы уменьшаете глубину дыхания снова в течение 5 мин и делаете КП — это вторая попытка, и так до пяти попыток. Этим ограничивается 1-й цикл упражнений, который продолжался 5 попыток по 5 мин. Если прибавить время, затраченное на КП, одно занятие будет равно 30 мин в случае 5-минутной попытки и около часа в случае 10-минутной попытки. Закончив такое занятие, вы замеряете в конце ЧП и ЧД.

Каждый цикл (занятие) выглядит так:

1-й цикл — 0 ч. ЧП = ЧД = КП = (то есть данные в начале занятия)

Т1 = КП1 = (Т1 — это время попытки, равное 5 или 10 мин, а КП1 — контрольная пауза после нее)

Т2 = КП2 =

Т3 = КП3 =

Т4 = КП4 =

Т5 = КП5 =

Теперь еще раз замерьте ЧП и ЧД.

**2-й цикл** (тренировка) вы проведете в 4 ч утра, и все повторится снова. Суточные упражнения заканчиваются расчетом среднего арифметического из замеренных за сутки 36 КП. Эту цифру также заносят в тетрадь и затем по этим данным смотрят динамику тренировочного процесса.

Критерии правильности проведения тренировки следующие: легкая нехватка воздуха в начале 5-минутной попытки, переходящая в очень сильную; ощущение теплоты с переходом в испарину и даже пот; рост КП от одной попытки к другой, от одного дня к другому. В самом начале занятий КП может увеличиваться очень медленно или даже стоять на месте. Это значит, что углекислый газ, накопленный во время попытки, тут же используется организмом, а для накопления в крови его еще недостаточно. Поэтому не думайте, что вы неправильно поступаете, продолжайте тренировки, и КП начнет потихоньку расти.

Такой программы необходимо придерживаться, пока не дойдете до легкой задержки, равной 60 с. После этого можно заниматься 2 раза в день в течение 1 года. Занятия проводить часовые: утром после подъема и вечером перед ужином. После этого переходите на одно занятие по часу, которое выполняйте перед ужином. А утром только проверяйте КП, которая должна быть не ниже 60 с. Через полгода-год прекратите занятия (а можете и продолжить) и сделайте две вещи: проверьте утром КП (чтобы она была не ниже 60 с) и выполните легкие физические упражнения, которые способствовали бы накоплению углекислоты в организме.

Если КП по утрам у вас начинает падать, обязательно найдите причину и ликвидируйте ее. Если КП по-прежнему падает, вновь приступайте к занятиям по всем вышеуказанным правилам.

## ПРИЧИНЫ, СПОСОБСТВУЮЩИЕ УВЕЛИЧЕНИЮ ГЛУБИНЫ ДЫХАНИЯ

Увеличению глубины дыхания, то есть падению КП, способствуют:

- хронические тонзиллиты, холециститы, аппендициты, бронхиты, пневмония;
- все, что содержит много кофеина: кофе, какао, чай, шоколадные конфеты;
- антибиотики, спазмолитики и другие подобные лекарства;
- алкоголь, никотин, наркотики;
- гиподинамия (малоподвижный образ жизни);
- жаркая погода, чрезмерное увлечение парной и другими горячими процедурами;
- отрицательные эмоции;
- положение глаз вниз;
- обильное и смешанное питание. Белковые продукты: мясо всех видов, рыба, яйца, молочные продукты, а также цитрусовые и дрожжевой хлеб.

## ОЧИСТИТЕЛЬНЫЕ КРИЗИСЫ — ЛОМКИ

Накопление углекислого газа в организме идет ступенчато — каждые 5—7 дней (у всех строго индивидуально), когда КП увеличивается на несколько секунд. Это и есть ступени дыхания, во время которых оно уменьшается по глубине, а количество углекислого газа в организме возрастает. Такие перестройки в организме проявляются в виде очистительных кризисов, по Бутейко — **ломки**.

По наблюдениям Бутейко, должно пройти 8 ломок. Во время ломок можно определить пораженные органы и системы. Чем больше они поражены, тем острее пройдет ломка. Самая тяжелая, первая, ломка возникает из-за того, что первым восстанавливается КЩР крови, — это мощный отрицательный кризис. Последующие ломки будут слабее.

Одна ломка может продолжаться от трех до шести недель. Все зависит от степени поражения. Чем раньше начнется ломка, тем последующие будут слабее. Чтобы ломка началась быстрее, можно подержать ноги в холодной воде. Во время ломок могут вновь дать о себе места, которые давно зажили. Например, ожоги в детстве, места ранений и т. д. Помните — без ломок не будет выздоровления. Шестимесячная ломка обязательна, если хорошо идет набор КП.

Перед началом ломки легче, чем раньше, происходит задержка дыхания — растет КП.

По **признакам ломки** можно судить, какие органы и системы организма поражены.

- Если нарушен сон, появляются головные боли, раздражительность, плаксивость и т. д., — сильно поражена нервная система.
- Тошнота, изжога, рвота — больная печень.
- Галлюцинации бывают при пораженной психике.
- Судороги указывают на недостаток витаминов группы В.
- Кашель — хронический бронхит.
- Боли в сердце, шум в голове, одышка и т. д. — поражена сердечно-сосудистая система.
- Если мерзнут ноги — поражены кровеносные сосуды ног.
- Если обостряется астма — поражены бронхи и легкие.

**Практические рекомендации: как преодолеть кризисы-ломки**

1. Не бояться ничего, пройдет ломка, и все нормализуется.

2. Как только вы обнаружите, что у вас начинается ломка, то есть кроме ухудшения состояния, обострения заболеваний у вас начнет падать КП, сразу принимайте меры по ее сохранению: а) прибавьте к занятиям еще одну попытку; б) если очень тяжело даются задержки, — парьте ноги во время занятия, но не перегревайтесь до пота. Можно пить по 200—250 г горячей воды в течение 10—15 мин, а затем через 15—20 мин начинать заниматься. Можно принимать и горячую ванну, вымыть голову горячей водой, ставить горчичники на грудь, растирать грудь теплыми руками (особенно во время кашля).

3. Если у вас сильная ломка, вы приняли все меры и все равно не можете выдерживать ранее взятых КП, не волнуйтесь, включите еще одно-два занятия сверх нормы с целью усиленного накопления углекислого газа и кислорода в организме.

4. Если не хочется есть, — не насилуйте себя, но пейте побольше для вымывания шлаков.

5. Во время ломок строго соблюдайте принципы правильного питания и полностью исключите белковые продукты, цитрусовые и дрожжевой хлеб, а также продукты, содержащие кофеин.

6. Во время ломок особенно страшен кашель (обостряется бронхит), старайтесь унять его любой ценой: трите переносицу, растирайте грудь теплой рукой, ставьте горчичники и т. д.

7. Больше двигайтесь на свежем воздухе, но не спите и не лежите. Если станет невмоготу, то засните на 30—35 мин, затем снова будьте в движении и регулярно выполняйте тренировочное дыхание.

Во время занятий по методу Бутейко в организме ощущается недостаток калия, кальция и натрия. Их необходимо восполнять пищей, содержащей в повышенном количестве эти микроэлементы. Такие продукты потребляйте в течение 10 дней, а затем сделайте перерыв на этот же срок. И наоборот, когда появляется в организме избыток калия, наступает насморк. На 1—2 дня прекратите принимать калийные продукты.

## «Дыхание зародыша»

В этом виде дыхания прекрасно сочетаются оба фактора: накопление углекислого газа в организме и максимальное потребление свободных электронов. Поэтому я рекомендую выполнять именно этот вариант.

Для получения эффекта необходимо заниматься по 30—50 мин 3—4 раза в день. Например, в 6, 12, 18, 24 ч. Естественно, начинать надо минут с пяти и постепенно довести время до вышеуказанного.

Техника выполнения: сесть прямо, спина ровная, глаза лучше закрыть. Воздух следует вдыхать через ноздри медленно, настолько плавно, что не должно быть слышно никакого шума, и вдох надо прекратить, когда грудная клетка начинает расширяться. Затем дыхание следует задержать как можно дольше, по крайней мере на время, которое необходимо, чтобы сосчитать от 1 до 120. После этого необходимо выдохнуть воздух через рот (но лучше через нос) полностью и так плавно, чтобы лебединое перо, подвешенное перед лицом, не шевельнулось. Затем опять следуют вдох, задержка, выдох и т. д.

Теоретическая цель этого процесса состоит в том, чтобы вернуться к дыханию плода в утробе матери, при котором зародыш непрерывно растет, ничего не теряя. Идеалом была бы задержка дыхания на время, которое необходимо, чтобы сосчитать от 1 до 1000, так как воздух восстанавливает и оживляет организм человека.

Воздух должен быть живым, а не мертвым. Это упражнение необходимо выполнять между полночью и полднем.

Тот, кто выполняет дыхательное упражнение данного типа, должен быть вегетарианцем. Помимо обновления организма, как говорят древние мудрецы, это дыхание способствует отвлечению мыслей и как следствие хорошей концентрации ума. Оно приносит здоровье и полное умиротворение.

## МЕТОДИКИ НАБОРА ДЫХАТЕЛЬНОЙ ПРАНЫ

Под набором дыхательной праны надо понимать процесс поглощения и распределения свободных электронов в организме с помощью дыхания. Для этой цели наиболее подходят методика Стрельниковой и разновидность йоговского дыхания «Сат-нам».

### Метод Стрельниковой

Александра Николаевна была когда-то актрисой и пела. Потом сорвала голос, лечила ее мать, Александра Северова, педагог по постановке голоса, которая удачно отобрала дыхательные упражнения. Александра Николаевна систематизировала эти упражнения, и появилась дыхательная гимнастика Стрельниковой. Получив диплом педагога-вокалиста, работала с певцами. Ставила голос, распевала их перед спектаклями, восстанавливала звучание. Потом стала замечать, что вместе с голосом оздоравливается организм, в особенности органы дыхания. Тогда она стала принимать больных людей. В начале семидесятых годов Стрельникова запатентовала свою дыхательную гимнастику и стала официально лечить астматиков.

Итак, что же предлагает Стрельникова. «Наш предок ежесекундно нюхал воздух: „Кто может меня съесть? Кого я?", как делает каждое дикое животное. Иначе ему не выжить. Потому что обоняние может сообщить о спрятавшемся враге или добыче. И мы тренируем вдох предков — естественный вдох предельной активности. Выдох происходит самопроизвольно... Наш вдох должен быть взволнованным».

Свою систему дыхательных упражнений она назвала «парадоксальной дыхательной гимнастикой» и упор делает на четыре правила.

### Четыре правила дыхательной гимнастики

**Первое правило.** Думайте: «Гарью пахнет! Тревога!» И не делайте вдох, а шумно, на всю квартиру, нюхайте воздух, как собака след. Чем естественнее, тем лучше. Делая вдох, не стремитесь раздуваться что есть силы — это самая грубая ошибка — тянуть вдох, чтобы набрать воздуха побольше. Вдох должен быть короткий и активный. Думайте только о вдохе. Следите только за тем, чтобы вдох шел одновременно с движением. Выдох — результат вдоха. От природы вдох слабее выдоха. Тренируйте активный вдох и самопроизвольный, пассивный выдох, это поддерживает естественную динамику дыхания.

**Второе правило.** Не мешайте выдоху уходить после каждого вдоха как угодно, сколько угодно — лучше через рот, чем через нос. Не помогайте ему. Думайте: «Гарью пахнет! Тревога!» И выдох уйдет самопроизвольно. Увлекайтесь вдохом и движением, и все выйдет: чем активнее вдох, тем легче уходит выдох. Невозможно накачать шину, действуя по принципу: пассивный, медленный вдох, активный, медленный выдох. Следовательно, невозможно по такому принципу наполнить воздухом мельчайшие дыхательные пути легких.

**Третье правило**. Накачивайте легкие, как шины, в ритме песен и плясок. Все фразы песен идут на 8, 16 и 32 такта. Следовательно, этот счет физиологичен. И, тренируя движения и вдохи, считайте на 4 и 8, а не на 5 и 10. Скучно считать мысленно про себя — пойте. Норма урока — 1000—1200 наших вдохов, можно и больше — 2000 (для инфарктников — 600).

**Четвертое правило** (и очень важное). Подряд делайте столько вдохов, сколько в данный момент можете легко сделать. В тяжелом состоянии — по 2, 4, 8 вдохов сидя или лежа; в нормальном — по 8, 16, 32 вдоха стоя. Доходите до 1000—1200 вдохов постепенно. Чем хуже самочувствие, тем больше делайте гимнастику, но отдыхайте чаще. 4000 вдохов в день, а не в один раз — хорошая норма для оздоровления.

### Разминка для ноздрей

Стрельникова рекомендует вернуть ноздрям естественную подвижность. Для этого она предлагает следующую разминку.

Встаньте прямо. Руки по швам. Ноги на ширине плеч. Делайте короткие, как укол, вдохи, громко шмыгая носом. Не стесняйтесь звука. Заставьте ноздри соединяться в момент вдоха. Мы зажимаем резиновую грушу, чтобы из нее брызнуть. Так же надо зажать крылья носа, чтобы брызнуть воздухом внутрь тела.

Тренируйте по 2, 4 вдоха подряд. Сотня вдохов. Можно и больше, чтобы ощутить, что ноздри двигаются и слушаются вас.

Чтобы лучше понять нашу гимнастику, выполняйте такое упражнение. Делайте шаги на месте и одновременно с каждым шагом — вдох. Правой-левой, правой-левой, вдох-вдох. А не вдох-выдох, как в обычной гимнастике.

### Движения головой

**1. Повороты.** Поворачивайте голову вправо-влево в темпе шагов. И одновременно с каждым поворотом — вдох носом. Короткий, как укол, шумный — на всю квартиру. В первый день по 8 вдохов подряд. Всего 96 вдохов. Можно и дважды по 96.

**2. «Ушки».** Покачивайте головой, как будто кому-то говорите: «Ай-ай-ай, как не стыдно!» Следите, чтобы поворота не было. Работает другая группа мышц. Правое ухо идет к правому плечу, левое — к левому. Плечи неподвижны.

**3. «Малый маятник».** Кивайте головой вперед-назад, вдох-выдох. Думайте: «Откуда пахнет гарью? Снизу? Сверху?»

«Ушки» и «Малый маятник» делайте не менее чем по 96 вдохов на каждое движение, по 8, 16 или 32 вдоха подряд, сколько сможете сделать легко. Можно и две сотни — 192 вдоха — движения головой каждое. Думайте: «Заставлю ноздри двигаться как никогда, склеиваться в момент вдоха».

### Главные движения

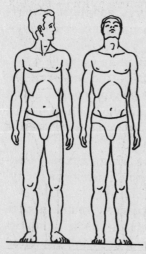

Рис. 10.
Упражнение «Кошка»

После разминки приступают к главным движениям.

**1. «Кошка»** (рис. 10). Вспомните кошку, которая крадется, чтобы схватить воробья. И повторяйте ее движения — чуть-чуть приседая, покачивайтесь то вправо, то влево. Тяжесть тела переносите то на правую ногу, то на левую. На ту, в какую сторону вы повернулись. И яростно нюхайте воздух справа, слева в темпе шагов. Сделайте два раза по 96 вдохов. Можно и больше. Это упражнение иногда останавливает приступ астмы. В плохом самочувствии его надо делать сидя.

2. «Насос» (рис. 11). Возьмите в руки свернутую газету или палочку, как будто вы накачиваете шину автомобиля. Вдох — во *второй половине наклона*. Кончился наклон — кончился вдох. Поскольку наклоны пружинистые, не разгибайтесь до конца. Повторяйте вдохи одновременно с наклонами, часто, ритмично и легко. Чем больше похоже на накачивание шины, тем лучше. Так надо делать 3—4 раза в день. Сделайте это движение-вдох больше, чем все остальные: 3, 4 и даже 5 раз по 96 в урок. Вдох, как укол, мгновенный. Из всех наших движений-вдохов это упражнение самое результативное. Останавливает астматический, сердечный приступы и приступы печени, потому что выкачивает из нее избыток желчи, который этот приступ вызывает. Во время приступа делайте это движение-вдох по 2, 4 вдоха подряд, сидя удобно на краю стула. Упритесь ногами в пол, руками в колени и накачивайте ваши живые шины, чтобы спасти их от удушья, в темпе пульса. Не замедляйте ритм, но отдыхайте чаще и дольше, чем делая гимнастику в нормальном состоянии.

3. «Обними плечи» (рис. 12). Легкие конусообразны. Узкие вверху, они расширяются к основаниям. Следовательно, если, делая вдох, вы раскидываете руки — воздух

Рис. 11.
Упражнение «Насос»

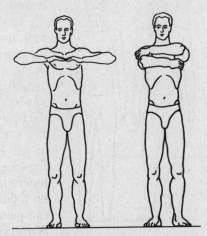

Рис. 12.
Упражнение «Обними плечи»

расходится в узких верхушках. Если обнимете плечи, — воздух заполняет легкие от верхушек до дна, не искажая их форму.

Поднимите руки на уровень плеч. Поставьте ладони перед грудью, чуть ниже шеи. Бросайте руки навстречу друг другу так, чтобы левая обнимала правое плечо, а правая — левую подмышку, то есть чтобы руки шли параллельно друг другу в темпе прогулочных шагов, и строго одновременно с каждым броском повторяйте короткие вдохи. Думайте: «Зажимаю там, где болезнь расширила». Сделайте 2 раза по 96 вдохов. Подряд столько, сколько можете сделать легко. Думайте: «Плечи помогают вдоху». (Я бы посоветовал выполнять 108 раз и исходить от него кратными — 9, 99, 81, 72, 63, 54, 45, 36, 27, 18, 9. 108 — священное число, а в числах, кратных 9, задействована магия цифр.)

4. «Большой маятник» (рис. 13). Это комбинация самых результативных движений — «Насоса» и «Обними плечи». В темпе шагов — наклон вперед, руки тянутся к земле — вдох, наклон назад, плечи поднимаются — тоже вдох. Вперед-назад, вдох-вдох, тик-так, тик-так, как жи-

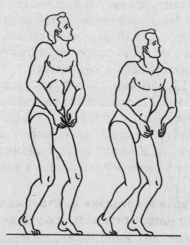

Рис. 13. Упражнение «Большой маятник»

вой маятник. Делайте 2 раза по 96, начиная движение: первую сотню с «Насоса», вторую — с «Обними плечи».

### Заключительные пояснения

Александра Николаевна говорит о своей гимнастике: «Из сорокалетней практики я знаю: наша гимнастика нормализует волнение, давление и температуру. При повышенной температуре делайте ее лежа или сидя, при нормальной — стоя. Если вам более 60 лет — осторожно: по 8 вдохов подряд, если меньше лет, делайте смело и измеряйте температуру. Она будет нормализовываться после каждой подкачки, опускаясь на 0,5 °C — если она ниже 39 °C, на 0,3 °C — если выше.

Подкачка — единственная надежда при отеке легких. Она великолепно влияет на щитовидную железу и состав крови; при диабете снижает процент сахара, при лейкемии повышает процент гемоглобина, причем с необычайной быстротой. Великолепно ее применение и при туберкулезе. Осторожно ее применять надо только тяжелым сердечникам. Начать с 600 вдохов в урок, затем 800, 1000, 1200 и т. д.

На 4—5-м занятиях делают 2000 вдохов легко. Если вам трудно, значит, вы где-то допускаете ошибку. Ищите. Чаще всего это стремление взять воздуха побольше. Не делайте этого. Сердитесь на болезни, делая гимнастику, сердитесь на свою слабость, и она отступит. Помните: вдох не объемный, а активный.

Если через 15—20 мин после тренировки у вас одышка, — не пугайтесь. Продолжайте тренировку, но делайте не 960 вдохов (в урок), а половину. Отдых 15—20 мин — и вторую половину. Одышку остановите, делая повороты головой, „Насос“ и „Кошку“ по 2, 4 вдоха подряд, и продолжайте бороться, потому что наша гимнастика сильнее болезни».

#### Комментарии к методике А. Стрельниковой

Суть этого метода отражает следующее:

1. *Короткие, как укол, вдохи, громко шмыгая носом, с сильным акцентом на обоняние.* Именно такое дыхание

позволяет пропускать наибольшее количество воздуха через нос, раздражать обоняние и производить регулирующее действие на весь ферментативный аппарат человека.

2. *Вдохи, короткие и проделываемые на сжатой грудной клетке, не позволяют вымываться углекислому газу* — он накапливается в организме, нормализуя внутреннюю среду для протекания биологических реакций.

3. *Выполнение движений стимулирует выработку углекислого газа и подзаряжает организм энергией* — свободными электронами, которые активизируются и поступают в акупунктурную систему в результате мышечной деятельности. Именно эти эффекты и обеспечивают подкачку организма энергией, о которой говорит Стрельникова.

## ЙОГОВСКОЕ ДЫХАНИЕ «САТ-НАМ»

Это особый вид дыхания, который применяется в Кундалини-йоге для возбуждения энергетики. Меня поразили изощренность разработки этого метода и его многочисленные эффекты.

Выполнение: сядьте на пятки и вытяните руки вверх над головой, чтобы плечи закрывали уши. Переплетите все пальцы, кроме указательных; указательные пальцы должны быть направлены вверх (рис. 14). Начинайте петь «Сат-нам» с чувством и постоянным ритмом, примерно восемь раз в десять секунд. Звук «Сат» произносится резко — как свист, и живот поджимается к позвоночному столбу. Это резкий выдох с произнесением звука «Сат». Произнося звук «нам», вы вдыхаете через нос ровно настолько, насколько произносится сам звук. Живот при этом расслабляется, это очень небольшое вдыхание. Если сказать вернее, то нет ни вдоха, ни выдоха. Резко произнося звук «Сат», вы делаете выдох, он небольшой по объему, то же самое и с вдохом — его нет. Произнося звук «нам», сколько воздуха вошло, — это и есть вдох. Он также очень мал по объему.

Таким образом, в области пупка возникает ритмическое колебательное движение. Произнося звук «Сат», вы

Рис. 14.
Положение рук при йоговском дыхании Сат-нам

должны еще сжать анус и слегка подтянуть его вверх, а на вдохе, произнося «нам», — расслабить.

Это дыхание необходимо выполнять минимум три минуты, затем вдохнуть медленно и плавно — полностью заполнить легкие, задержать дыхание и, напрягая все мышцы от ягодиц вверх вплоть до плеч, сильно напрячься. Мысленно представьте, что энергия течет через верхнюю точку черепа. Затем вы должны расслабиться на время вдвое большее, чем затратили на выполнение этого дыхания.

Это дыхание предназначено для здоровых людей, которые хотят получить мощный энергетический заряд на весь день. Вначале выполняете 3 мин и отдыхаете 6 мин. Далее увеличиваете время: 3 мин дыхания, 1 мин полного отдыха, еще 3 мин дыхания и только затем 12 мин полного отдыха. В дальнейшем постепенно наращиваете время выполнения такого дыхания, пока у вас не будет 15 мин дыхания, 10 мин перерыва и снова 15 мин дыхания, а затем глубокое расслабление 20—30 мин.

Постепенно во время выполнения этого дыхания вы почувствуете, как тело начинает гудеть от протекающей по нему энергии. Но все делайте постепенно и с умом.

## Что происходит в организме
## во время йоговского дыхания

В этом дыхании задействованы следующие физиологические и энергетические механизмы:

* прокачка больших масс воздуха через нос с вытекающими отсюда эффектами;
* плохая вентиляция легких с накоплением в них углекислоты с вытекающими отсюда эффектами;
* эффект низкочастотных вибраций в плазменном теле, возникающий от произнесения слова «нам» (это больше напоминает внутриносовой звук, чем слово); эффект высокочастотных вибраций в плазменном теле, возникающий от произнесения слова «Сат»;
* колебания живота и области пупка вызывают сжатие и расширение плазменного тела с его магнитным полем, что приводит к появлению мощных токов в теле;
* сжатие ануса на выдохе при произношении слова «Сат» по закону распределения энергии концентрирует ее в этой области, где и происходит ее съем с рецепторов ануса. Поднятые вверх руки направляют энергию вдоль позвоночника вверх;
* конечное напряжение всех мышц с мысленным представлением-посылом этой энергии способствует лавинообразному появлению свободных электронов и направлению их вверх;
* дается мягкий, ритмический массаж всем внутренним органам. Сердце укрепляется благодаря ритмическому повышению и понижению кровяного давления, которое возникает от насосообразных движений пупка;
* происходит балансировка нижних трех чакр, которые ответственны за психические расстройства, возникающие от сексуальности и чрезмерной мыслительной деятельности.

Таким образом, данный вид дыхания позволит вам контролировать настойчивые половые желания и направлять сексуальную энергию на созидательную, оздоровительную работу в организме.

# ОЧИЩЕНИЕ ПОЛЕВОЙ ФОРМЫ ЖИЗНИ. «ДЫХАНИЕ СЧАСТЬЯ»

Эта методика поможет избавиться от «паразитических раковин», которые не только резко снижают энергетический потенциал человека, но и препятствуют накоплению энергии в организме.

## Методика очищения полевой формы жизни

Методика очищения полевой формы жизни человека заключается в следующем.

1. Настраиваете себя на восхищение всем, что вы чувствуете.

2. Все ощущения будете воспринимать как прекрасные, внутренне прославляя их.

3. Включаете музыку и принимаете расслабленное, удобное положение, лучше всего лежа.

4. Начинаете выполнять циркуляторное дыхание легко, просто и саморегулируемо. У вас не должно быть эффекта «накачивания» легких — в результате нескольких быстрых вдохов заполняете легкие до предела, дальше некуда вдыхать, и вы делаете вынужденный длинный выдох. Выдох самопроизволен и расслаблен, успевает за быстрым, активным вдохом.

5. Все, что всплывает в вашем сознании (страхи, переживания и т. д.), что вы ощущаете и чувствуете в физическом теле (сильную локализованную боль, будто кол вбит), является для вас блаженством. Вы «купаетесь» в безграничном океане разнообразного блаженства, ощущая и переживая его в мельчайших деталях.

6. Все, что вы делаете (произвольные движения, крики и т. д.), ведет к очищению вашего существа от скверны.

7. Заканчиваете сеанс очищения только после того, как достаточное количество психических зажимов было активизировано, вышло на поверхность и было удалено. В результате вы почувствуете себя великолепно, внутренне более освобожденным.

## Циркуляторное дыхание

Дыхание используется для того, чтобы обеспечить доступ к «раковинам» и «искажениям» в полевой форме жизни человека. Это дыхание подразумевает любой вид дыхания, который отвечает следующим критериям.

* Вдох и выдох связаны между собой так, что в дыхании нет паузы.
* Выдох самопроизволен, без напряжения, естественно следует за вдохом.
* Вдох и выдох необходимо делать через нос. В отдельных случаях допускается дыхание через рот.

В результате частого циркуляторного дыхания (60—80 раз в минуту) происходят нагнетание энергии в полевую форму жизни и усиление ее циркуляции. Человек, дышащий таким образом, чувствует поток энергии, чувствует, где она блокирована (боль, распирание) «раковиной» или «искажением». В легкие воздух попадает в ограниченном количестве, ибо он циркулирует, или «колеблется», в районе носоглотки. Это важная особенность этого дыхания. Вы не тянете воздух в легкие, а гоняете его в носоглотке за счет резких нюхательных движений и пассивного выдоха.

При таком способе дыхания — активный вдох, пассивный выдох — активизируется симпатический отдел вегетативной нервной системы, который усиливает обменные процессы в организме, повышает содержание красных кровяных телец, сахара и гормонов в крови, останавливает развитие воспалительных процессов и аллергических реакций, поднимает артериальное давление, расширяет бронхи. Ввиду того что в легких воздух как бы стоит, в организме накапливается и углекислота. В результате этого появляется испарина, открываются поры кожи. Эти признаки (поток энергии, распирание в области зажимов, испарина) указывают, что вы правильно дышите. Другими словами, подобный способ дыхания активизирует организм на самоисцеление и укрепление.

Существуют различные виды циркуляторного дыхания, которые по-разному меняют интенсивность и форму потока циркулирующей в полевой форме жизни энергии. Это, в свою очередь, приводит к активизации тех или иных психических зажимов. Поэтому различные виды циркуляторного дыхания приносят специфические эффекты. Дыхание можно менять по следующим параметрам: увеличивать или уменьшать объем вдоха, варьировать скорость вдоха, вдыхать воздух в нижнюю, среднюю или верхнюю часть легких, дышать носом или ртом (дыхание через рот малоэффективно из-за малого усвоения энергии, которая усваивается в каналах носа).

Может меняться заполняемость легких — верхняя или нижняя часть. Если вы почувствуете выход «раковины» из области головы или верхней части тела, то дыхание верхушками легких облегчит процесс; если же выход начинается в ногах или нижней части тела, то дышите животом.

**Внимание!** Важно отметить следующее: правильное циркуляторное дыхание не вызывает гипервентиляции и не вымывает из организма углекислоты. Оно «накачивает» вас энергией. Руки, ноги, все тело начинают «гудеть». Это важный признак того, что вы дышите правильно.

## Расслабление

Основная цель полного расслабления тела — это напомнить, что дыхание способствует росту потока энергии в организме, и вы можете либо расслабиться в нем и позволить ему исцелить себя, либо сковаться, что вызовет еще большее напряжение. Расслабление тела при дыхании наступает само собой в связи с тем, что вы утомляетесь от поддержания ритма дыхания (утомление структур мозга, ответственных за поддержание дыхания, вызывает разлитое торможение в коре головного мозга, что приводит к расслаблению и погружению в своеобразное гипнотическое состояние). Но активный вдох, стимулируя симпатический отдел вегетативной нервной системы, позволяет вам постоянно сохранять высокую концентрацию внимания, что особенно важно для полного расслабления мышц и сосредоточения на возникающих эмоциях, ощущениях.

Когда тело расслаблено, скованные области становятся более осознаваемыми. Помните: область тела, которая «не хочет» расслабляться, напичкана энергией, образующей «раковину». В полном расслаблении значительно проще чувствовать ток энергии в полевой форме жизни. Непосредственно в самый момент выхода «раковины» расслабление помогает тем, что энергия, образованная психическим зажимом, освобождается и, не сдерживаемая мышечным напряжением, свободно выходит из организма.

**Тетания** — это сокращение (подергивание) мышц во время выхода «раковины» из организма. При выполнении полевого очищения это явление наиболее часто возникает в руках и мышцах лица (особенно рта), а также в других частях тела, где имелся энергетический блок. Для того чтобы уменьшить тетанию либо вообще избежать ее, необходимо не сосредоточиваться на ней, а наоборот, расслабляться и переживать неприятное ощущение как очень приятное.

## Положение тела

Практикующим методику очищения полевой формы жизни рекомендуется принять положение лежа на спине, ноги не скрещивать, ладони вверх. Но надо помнить, что полевая форма жизни, представляя собой пространственное образование, в котором циркулирует энергия, будет лучше «вымывать» из отдельных участков «эмоциональный мусор» и прочие подавления, когда форма ее меняется, а энергетический поток за счет этого возрастает. Например, когда выводится сильный страх или печаль, то лучше свернуться в клубок.

**Внимание!** Важно знать следующее: приняв удобное положение, больше не шевелитесь и не почесывайтесь во время сеанса очищения. Вместо движения или почесывания у вас появляется возможность испытать ощущение *желания* это сделать. Это один из лучших способов быстро активизировать энергию подавления и легко ее вывести вон.

## Концентрация внимания

Во время сеанса очищения необходимо сосредоточить внимание на ощущениях в теле. «Раковины» при своем выходе могут вызывать любые ощущения: это может быть локализованная боль, щекотание, кошачий вой на улице, воспоминание о чем-либо и т. п. Поэтому обращайте свое внимание на любое ощущение, возникающее в данный момент.

Итак, когда у вас появились какие-либо ощущения, вы сосредоточиваете свое внимание на них и исследуете каждую деталь, которую ощущаете. Заостряйте внимание на ней до тех пор, пока она не исчезнет. Неприятный аспект ощущения воспринимайте как очень приятный.

Гипнотическое состояние, возникающее из-за утомления центра, поддерживающего необходимый уровень циркуляторного дыхания, позволяет лучше «схватывать» все детали активизированных подавлений. А постоянная активизация симпатического отдела вегетативной нервной системы опять-таки циркуляторным дыханием позволяет постоянно сохранять высокую концентрацию внимания для полного расслабления мышц и сосредоточения на возникающих эмоциях, ощущениях и лучше выводить их вон.

Подавленные эмоции располагаются «слоями». Каждый слой подавлений формируется в определенное время вашей жизни. Поэтому, когда подавленный слой энергии вышел, он обычно активизирует другой подавленный слой, лежащий под ним. В результате этого вы можете переходить от одних ощущений к другим, ведь слои подавления образованы из различных зажатых эмоций и ощущений.

**Внимание! Поймите главное:** каждый раз, когда во время сеанса очищения что-то начинает «отвлекать внимание», это значит, что проявляется подавленная энергия, которая обращает ваше внимание на себя с требованием концентрации на ней и ощущением ее во всех деталях именно в данный момент.

## Экстаз

Суть этого принципа в том, что каждый человек постоянно находится в состоянии экстаза, что бы при этом он ни ощущал. Катха-Упанишада гласит: Первопричина — Атман, Пуруша, создавшая человека, постоянно наслаждается своим творением, что бы при этом ни ощущал человек — плохое или хорошее. Но тело и разум все ощущения подразделяют на полезные — приятные и вредные — неприятные. Вредные и неприятные ощущения вызывают в полевой форме жизни «раковины» — подавление.

Теперь вам предстоит преобразовать все отрицательное, что будет «вымываться» циркуляторным дыханием из глубин полевой формы жизни (по-другому — подсознания), в положительное. Другими словами, вы будете вновь переживать страх, гнев и т. п., не пугаясь и гневаясь, а восторгаясь их силой, яркостью. Вы должны пережить их позитивно, радуясь и прославляя.

## Благодарность

У каждого человека имеется чувство благодарности за существование, за бытие здесь, за возможность все ощущать. Осознание того, что происходит с вами во время сеанса очищения, вызывает ощущение благодарности.

## Адекватное сравнение

Если ваши руки свела судорога и вы сравниваете ее с обычным ощущением в руках, то судорога окажется болезненной и неприятной вещью. Но если судорогу сравнить с нею самой, то она будет казаться сладостным ощущением энергии в руках. То же самое можно сказать и о боли. Не сравнивайте ее ни с чем, а наслаждайтесь ощущением интенсивного проявления энергии.

## Изумление

Ощущения, возникающие в вашем теле, должны вызывать в вас интерес и очарование энергетическими переливами. В некоторых случаях этого вполне достаточно для очищения.

## Любовь ко всему,
## восторг и восхищение всем

Любите каждый момент своей жизни. Восторгайтесь каждой мелочью.

## Доверие

Проводя сеанс очищения, полностью доверьтесь процессу очищения. Помните: данная методика только тогда эффективна, когда вы всецело доверяетесь ей и действуете смело.

## Целительный потенциал музыки

Хорошая музыка обладает особой ценностью в необычных состояниях сознания. Она помогает обнаружить забытые психологические зажимы и выразить их, усилить и углубить процесс, а также придает смысл переживаемому, делает его более значимым. Продолжительный музыкальный поток создает несущую волну, которая помогает человеку двигаться сквозь трудности переживаемого опыта, преодолевать психологическую защиту, смиряться и освобождаться. Особым образом подобранная музыка способствует активизации скрытой агрессии, физической боли, сексуальных (весьма много психологических зажимов на этой почве) или чувственных ощущений и т. п.

Во время сеанса очищения очень важно **полностью подчиниться музыкальному потоку**, позволить ему резонировать во всем теле и отвечать на него в самопроизвольной манере. Это означает дать волю всему, что возникает под действием музыки: крику, смеху, любым звукам, поднимающимся на поверхность, различным гримасам, верчению отдельными частями тела, вибрациям или изгибам всего тела и т. п.

Что касается подбора музыки, то выбор очень широк — от классической до естественных звуков природы (шум ветра, вой волков, пение птиц, звуки насекомых и т. д.). Отдавайте предпочтение музыке высокохудожественной, малоизвестной, не имеющей конкретного содержания. Если в ней имеются слова, то они должны быть на незнакомом вам языке.

### Рекомендации по освоению методики очищения полевой формы жизни

Для того чтобы освоить методику очищения полевой формы жизни без лишних хлопот, начните практиковать ее в течение 5 мин. Затем постепенно доведите до 30 мин. И только после того, как вы почувствуете, что у вас все хорошо получается, проводите больше времени, выполняя условия пункта 7.

Ввиду того что у каждого человека «раковин» и прочих психических зажимов и подавлений имеется невероятно большое количество («шлакоемкость» полевой формы жизни огромна, она во много сотен, а то и тысяч раз больше, чем у физического тела, но и у нее имеется предел), процесс очищения полевой формы жизни растягивается на несколько лет (если регулярно практиковать сеансы очищения, через день по 1—2 ч, то достаточно года, а то и меньше). Зато благотворное влияние вышеуказанных механизмов оздоровления на физическом теле сказывается значительно быстрее. Каждый правильно проведенный сеанс очищения делает вас здоровее, а жизнь — лучше.

Во время проведения очищения полевой формы жизни с человеком могут происходить разные вещи. В основном они вписываются в две категории. Во-первых, проявляются и выходят наружу психологические зажимы; во-вторых, активизируются полевые паразиты, если они есть.

Все это происходит из-за того, что во время циркуляторного дыхания полевая форма жизни энергетически уплотняется, ощущается циркуляция энергии. На психические зажимы это действует нагнетающе, и они проявляют себя в виде «твердых» и болевых образований. Как только энергия организма уравнивается с энергией психологического зажима, он «растворяется» — и начинается его выход.

# ДВИЖЕНИЕ И ВОДНЫЕ ПРОЦЕДУРЫ

## ДВИЖЕНИЕ ДЛЯ УВЕЛИЧЕНИЯ СОБСТВЕННОЙ ЭНЕРГЕТИКИ

В мировой практике имеется множество фактов, подтверждающих возможность человека брать энергию и «строительные материалы» из окружающего пространства напрямую.

Для того чтобы организм хорошо усваивал энергию из окружающей среды, необходимо вести подвижный образ жизни. Во время движения, при беге, интенсивной работе на свежем воздухе идут мощные окислительно-восстановительные реакции, образуется сильная, молодая кровь. Кроме того, для увеличения энергетики необходимо соблюдать другое непременное условие — кожа должна быть всегда чистой.

## МАЛОПОДВИЖНЫЙ ОБРАЗ ЖИЗНИ — ОДНА ИЗ ПРИЧИН НЕДОМОГАНИЯ

В человеческом организме каждое мгновение отмирают миллионы клеток. Они должны вовремя удаляться из организма. Если по каким-то причинам замедляется их выведение, то при их разложении образуются очень токсичные вещества — протамины (по Залманову — «токсины усталости»). Они проникают в межклеточную жидкость, кровь, лимфу, разносятся по всему организму, вызывая утомление, общее недомогание. Одной из причин, приводящих к недомоганию, является малоподвижный образ жизни.

Скапливаясь в организме, «токсины усталости» вызывают предрасположение к инфекционным, дегенеративным и раковым заболеваниям. Клетки в застойной внутренней среде переходят на бескислородный способ питания, отрываются от центральных регуляторов и начинают делиться как раковые. В застоявшейся внеклеточной жидкости полно канцерогенов собственного происхождения, которые лишь усугубляют этот процесс.

Движение: ходьба, бег, гимнастика и т. д. — позволяет многократно увеличивать циркуляцию жидкостей в организме. Во время движения мышцы сокращаются, выдавливая жидкость в кровяное русло, помогают продвижению венозной крови к сердцу. Сильно возросшая циркуляция крови, дыхание окисляют, вымывают и выбрасывают вон «токсины усталости», позволяют очистить организм. Недаром великий физиолог И. П. Павлов сказал: «Движение может заменить почти все лекарства, но никакое лекарство не заменит движение».

## ХОДЬБА

Ходьба — наиболее простое и доступное средство, приемлемое для людей всех возрастов. Процент травм во время ходьбы наименьший по сравнению с более интенсивными видами движений, а удовольствие такое же. Ходить надо интенсивно, но по самочувствию. Добиваться легкой испарины и поддерживать ее в процессе ходьбы. Это первый признак, что вы вышли на режим эффективного энергонабора и активизации биосинтеза. Возросший кругооборот жидкости и дыхания позволит вам эффективно удалять «токсины усталости» из организма, оздоравливать внеклеточную среду. Помните: час ходьбы приносит лучшие результаты, чем 15 мин бега. Недаром Поль Брэгг считает ходьбу «королем» среди упражнений и советует, начав с малого, ежедневно проходить от 5 до

8 км (час ходьбы) и быть способным удвоить это расстояние. Никакие внешние обстоятельства не должны помешать ежедневным прогулкам в быстром темпе.

Во время ходьбы наблюдается несколько специфических воздействий: от мышечных сокращений до инерционных усилий жидкости, пищи, каловых масс и т. д.

## Роль мышечных сокращений

При движении по капиллярам венозная кровь почти теряет давление, возникающее от сердечных сокращений. На движение крови по венам эффективно влияет движение диафрагмы во время дыхания. Но этого оказывается весьма мало для того, чтобы поднимать кровь вверх против силы тяжести. Поэтому природа создала на внутренних поверхностях вен от пальцев рук до плеча и от пальцев ног до бедра через промежутки около 4 см особые клапаны-карманы. Эти клапаны (22 на венах ног и 17 на венах рук) позволяют пропускать кровь только в одном направлении — вверх, к сердцу.

При каждом сокращении мышц ног или рук, возникающем при ходьбе, вены сжимаются от мышечного сокращения, и кровь проталкивается вверх.

## Роль инерционных усилий

При расслаблении кровь под действием силы тяжести устремляется вниз, но встречает сопротивление полулунных клапанов (клапаны-карманы). Они закрываются и не дают ей течь вниз. Столкнувшись с сопротивлением клапанов, кровь меняет свое направление и устремляется вверх. При ходьбе (или при беге) инерционное усилие становится сильнее и кровь еще быстрее движется по кровеносным сосудам.

Инерционные усилия позволяют взбалтывать пищу в желудке и кишечнике, желчь — в желчном пузыре, не давая ей сгущаться и выпадать в осадок. Ритмическое надавливание пищевых и каловых масс на стенки кишечника рефлекторно возбуждает их и вызывает сокращение, в результате которого продвижение масс идет нормально.

Внутренние органы: печень, почки, мочевой пузырь, желчный пузырь, поджелудочная железа — все содержимое брюшной полости во время интенсивной ходьбы встряхивается, промывается кровью и насыщается энергией. «Токсины усталости» активно удаляются, и человек после хорошей прогулки ощущает здоровье и умиротворение во всем теле.

Инерционные усилия играют громадную роль в массаже межпозвоночных дисков, связок и всей соединительной ткани. Никакой массаж не оздоравливает так межпозвоночные диски, как ходьба и бег. Ритмические сжатие и расслабление позволяют питать пульпозное ядро, хрящевую ткань и сухожильные связки позвоночника.

Люди, которым на первых порах трудно ходить в быстром темпе, могут делать простые упражнения. Подняться на носках так, чтобы пятки оторвались от пола на сантиметр, и резко опуститься на пол. Вы ощутите удар, сотрясение. Возникшее при этом инерционное усилие вызовет весь ряд вышеописанных эффектов. Это сотрясение тела нужно делать не чаще одного раза в секунду.

Такую виброгимнастику делайте 3—5 раз в день по одной минуте, то есть 60 сотрясений. Слабым, больным людям после 30 сотрясений нужно сделать отдых 5—10 мин, а затем провести остальные 30 ударов. Слишком частые сотрясения не позволяют скапливаться достаточному количеству крови в межклапанных пространствах вен и поэтому малоэффективны в отношении прокачки крови. Слишком высокое отрывание пяток от пола может вызвать нежелательную нагрузку на позвоночные диски, особенно травмированные.

Виброгимнастика весьма полезна для людей, ведущих преимущественно сидячий образ жизни, она помогает предупредить ряд болезней внутренних органов — от тромбофлебита до инфаркта.

# БЕГ

Обыкновенный бег оказывает еще большее влияние на наш организм, нежели ходьба. Намного возрастает кровоток, активизируется микроциркуляция крови, открываются мельчайшие капилляры. В результате этого усиливается энергонабор из окружающей среды, улучшается биосинтез в клетках. Многократно возрастает оздоровительный эффект.

Бег оказывает положительное влияние на эндокринную и нервную системы. Как правило, после длительного бега (30 и более минут) возникает ощущение счастья (эйфории). Это результат усиленной работы гипофиза, который вырабатывает особые гормоны — эндорфины. Они вызывают естественное ощущение блаженства, оказывают противоболевой эффект. Таким образом, бег — прекрасное средство против депрессии.

В процессе тренировок по бегу уменьшается количество сердечных сокращений, сердце работает более экономно. При длительном ритмическом беге пульс становится 120—130 уд./мин, периферические кровеносные сосуды расширяются, снижается их сопротивление, что ведет к понижению кровяного давления. И наоборот, если у человека пониженное давление, при беге оно поднимается. Таким образом, при беге нормализуется артериальное давление.

Бег способствует нормализации кислотности желудочного сока. Так, при пониженной секреции желудочного сока перед бегом выпейте стакан структурированной или омагниченной воды — это усилит секреторную функцию желудка. Бегайте не менее 30 мин и не более часа. Более длительный бег, по законам распределения энергетики, может подавить и без того слабую секрецию.

Когда секреция повышенная, можно перед бегом съесть 250 г овсянки для нейтрализации повышенной кислотности. При этом можно бегать гораздо дольше — до 2 ч.

Кроме вышеперечисленного бег эффективен при гипертонии и гипотонии, вегетососудистой дистонии, стенокардии, ишемической болезни сердца, ревматизме, остеохондрозе, язвенной болезни желудка. Бег тормозит процессы старения, ибо активизирует внутриклеточный биосинтез, нормализует деятельность центральной нервной системы, активизирует и регулирует деятельность эндокринных желез, укрепляет иммунную систему, заряжает организм энергией. Помогает бороться против чрезмерного и неконтролируемого употребления пищи. Так, если у вас к вечеру наблюдается это явление, сделайте легкую пробежку от 20 до 40 и более минут. Аппетит исчезает на 1—2 ч, и вас легко удовлетворит небольшое количество пищи.

## Бег и оздоровление сердца

Причины, вызывающие ревматизм сердца, связаны с малоподвижным образом жизни и обильным потреблением белковых продуктов, особенно молочного происхождения. Если к тому же человек по своей индивидуальной конституции «Ветер» (хрупкого телосложения), со слабым пищеварением, то у него белок при таком образе жизни не окисляется до стадии мочевины, которая легко выводится из организма, а «застревает» на стадии мочевой кислоты, которая в медицине известна под названием СРВ — реактивный белок. Мочевая кислота трудно выводится из организма и откладывается в виде кристаллов. Такие кристаллы, откладываясь в мышцах и связках, вызывают ревматизм. Если такие кристаллы откладываются в мышце сердца и его клапанах, — это вызывает ревмокардит, который по мере прогрессирования переходит в порок сердца.

При помощи бега можно полностью излечиться от ревмокардита.

В дополнение к бегу нужно применять малобелковую диету, исключить все молочные продукты и употреблять мумие для укрепления сердечной мышцы.

## Бег и очищение желчного пузыря

Во время бега, достаточно длительного и регулярно выполняемого, в желчном пузыре возникают сильные инерционные усилия. Если в нем находятся твердые камешки, то во время бега они бьются друг о друга, дробятся и могут легко выходить через желчный проток.

**Методика дробления и изгнания камней из желчного пузыря** заключается в комбинированном очищении печени. Она включает в себя бег, парную и сокотерапию. Во время очищения печени необходимо соблюдать диету. Данная методика подробно изложена в главе «Очищение организма — путь к оздоровлению».

## ГИМНАСТИЧЕСКИЕ УПРАЖНЕНИЯ, АТЛЕТИЧЕСКАЯ ТРЕНИРОВКА

Различные упражнения, выполняемые с внешним отягощением, носят название атлетической (культуристической) тренировки. При сильных мышечных напряжениях происходит разрушение протоплазмы клеток, расход внутриклеточных материалов, что в итоге сильно активизирует биосинтетические процессы. При мышечном сокращении с достаточно сильным усилием происходит лучший обмен внеклеточной жидкости с кровью, очень сильно возрастает кровоток в работающих мышцах, что позволяет быстро восстанавливать травмированные связки, мышцы.

Никакие другие методы не могут увеличить кровоток так, как работа с отягощениями. Причем мощный кровоток можно создавать изолированно в различных мышечных группах, добиваясь целенаправленного воздействия.

Длительная и достаточно интенсивная тренировка с отягощениями также способствует выработке эндорфинов.

Недостаток тренировки с отягощениями заключается в том, что она дает мало инерционных усилий, в результате чего нет вибрационного воздействия на организм. В целом это очень сильное средство для восстановления здоровья, улучшения биосинтеза и повышения энергетики.

## Профилактика и лечение заболеваний позвоночного столба

Есть такая поговорка: «Человек настолько молод и здоров, насколько молод и здоров его позвоночник». Статистика говорит, что после 35 лет каждый пятый из нас становится обладателем радикулита — одного из многочисленных синдромов остеохондроза. Болезни позвоночника — источник страданий для многих людей.

**Строение позвоночника.** Позвоночник является частью скелета и состоит из отдельных позвонков. В позвоночнике, как в футляре, находится спинной мозг. От спинного мозга двумя парами отходят нервные корешки, которые в виде шейных, грудных, поясничных, копчиковых нервов проходят между позвонками и иннервируют соответствующие органы.

Позвоночный столб представляет собой сложную и жизненно важную систему, опорная и двигательная часть его состоит из отдельных позвонков, соединенных между собой межпозвоночными дисками, суставами, связками и поддерживаемых мышцами.

**Роль физических упражнений.** Исследования, проведенные во Всесоюзном научно-исследовательском институте физической культуры, показали, что одноразовые занятия в неделю положительно сказываются на состоянии позвоночника, но только при трех и более занятиях в неделю эффект становится выраженным и устойчивым.

**Внимание!** Физические упражнения помогают решить следующие задачи:

• затормозить процесс развития остеохондроза: ослабить сдавливание межпозвоночного диска, разблокировать межпозвоночный сегмент, укрепить связки и мышцы и таким образом снизить интенсивность дегенеративно-дистрофических процессов;

• активизировать реакции оздоровления, ускорить рост здоровой коллагеновой ткани в межпозвоночном диске, укрепить костную ткань, улучшить кровоток, активизировать рост мышечного корсета;

• очищать хрящи и связки от патогенных накоплений, поступающих в них с пищей.

**Классификация упражнений.** Следующие упражнения помогут решить задачи, связанные с оздоровлением позвоночника.

**Упражнения, направленные на декомпрессию различных отделов позвоночника.** Это могут быть висы на перекладине, шведской стенке. Конкретно для шейного отдела — наклоны головой в разные стороны, вращения; для грудного отдела подходят подтягивания на перекладине; для поясничного — подъем ног в висе на шведской стенке, покачивание ногами в висе в стороны и кругами.

**Упражнения на увеличение подвижности блокированного сегмента позвоночника** в любом из его отделов. К этой категории упражнений относятся постепенное растягивание блокированного сегмента с помощью покачиваний, наклонов и вращений. Выполнять вначале надо осторожно, а затем амплитуду можно увеличивать.

В связи с тем что позвоночник поддерживают тонические и физические мышечные волокна, необходимо выполнять **как динамические, так и изометрические упражнения.** Для шейного отдела хорошо подходят наклоны и вращения с внешним сопротивлением (собственными руками, с отягощением и т. д.), стойка на голове в борцовском мосту и покачивание в этом положении, поза йогов «Золотая рыбка». Для грудного отдела — разнообразные силовые прогибания вперед-назад, влево-вправо, поза «Змея», мостик, а также покачивание, лежа на животе, — «Лук». Для поясничного отдела полезны разнообразные наклоны. Статически прекрасно тренирует поясницу поза «Кузнечик».

Для того чтобы хорошенько напитать кровью связки и мышцы спины, оздоровить их, вымыть шлаки, необходимо **создать мощный кровоток.** Для этой цели подходят упражнения, направленные на крупные мышечные группы: становая тяга с умеренным весом до 10 раз подряд, наклоны через козлы (специальную скамейку) — излюбленное упражнение штангистов, которое позволяет им залечивать даже очень тяжелые травмы поясничного отдела позвоночника. И наконец, подтягивания на перекладине. Весьма хорошо тренирует тонические волокна всего позвоночника упражнение «Золотая рыбка», выполняемое по 5—20 с. В заключение обязательно выполняйте упражнения для укрепления брюшного пресса. Без этого ваша тренировка позвоночного столба будет неполноценна.

**Плавание в теплой воде различными стилями позволяет «поставить» все позвонки на свои места** и восстановить их подвижность относительно друг друга. В воде тело человека теряет вес, а в теплой воде мышцы хорошо расслабляются и освобождают сдавленные и заблокированные межпозвоночные диски. Те, кто часто страдает обострением остеохондроза, процедуры с холодной водой должны применять очень осторожно. Холодная вода может вызвать дополнительные мышечные спазмы и обострить болезнь.

**Упражнения, направленные на развитие оптимальной гибкости позвоночника.** К этой категории относятся асаны йогов и прочие растяжки. Я рекомендую вам из приведенных упражнений отобрать из каждой классификации по 1—2.

У вас получится комплекс, позволяющий всесторонне укреплять позвоночник. По мере тренированности усложняйте упражнения и увеличивайте нагрузку. Общая продолжительность такого комплекса должна быть не менее 10 и не более 40 мин.

**Прорабатывать межпозвоночные диски** вам позволят разнообразные вибрационные упражнения — виброгимнастика, ходьба, бег. Ритмичные сжатия, возникающие во время бега или ходьбы, заставляют межпозвоночный диск набухать, то есть впитывать окружающую жидкость, что значительно улучшает его питание, а заодно тренирует рессорные свойства. Без подобных тренировок, находясь всегда в одном положении, диски теряют эти качества. Рекомендуется соблюдать питьевой режим и не обезвоживать без особой надобности организм. Обезвоживание очень сильно сказывается на состоянии хрящевой ткани, связок, суставной жидкости.

## Упражнения, направленные на декомпрессию различных отделов позвоночника

1. Вис на перекладине. Концентрируйтесь на растягивании поясничного отдела. Выполняйте это упражнение 2—3 раза в течение дня по 10—15 с.

2. Полувис (ноги на полу) на перекладине или гимнастической стенке. Расслабиться, почувствовать, как тянется грудной отдел позвоночника.

3. Вис на гимнастической стенке. Отвести ноги назад, потихоньку покачать ногами влево-вправо, поделать круговые вращения.

4. Упор на письменный стол кистями, локти под реберную дугу, ноги от пола не отрывать. Наклоняя туловище к столу, чувствовать, как растягивается поясничный отдел позвоночника. Держать натяжение 8—10 с. Выполнять в течение дня 3—5 раз.

5. Лежа на животе, руки вперед, потянуться, как бы растягивая грудной отдел. Подержать натяжение 5 раз по 5—8 с.

6. Лежа на спине, руки вытянуты за головой. Потянуться, стараясь растянуть поясничный отдел. Держать натяжение 5 раз по 5—8 с.

## Упражнения, направленные на увеличение подвижности блокированного сегмента позвоночника

1. Стоя, руки на поясе. Наклоны в стороны 10 раз.

2. Руки на поясе. Наклон вперед, коснуться ладонями пола, вернуться в исходное положение.

3. Руки расслабленно висят. Вращение корпусом в стороны. Чувствовать натяжение мышц в пояснице.

4. Руки вдоль бедер. Поднять согнутую в коленном суставе ногу, отвести бедро в сторону и упереться стопой в бедро ноги, стоящей на опоре. Чувствовать натяжение

мышц бедра, ягодиц и поясницы в течение 5—8 с. Затем сменить ногу. Повторение — по самочувствию.

5. Руки вдоль бедер, согнуть ногу в коленном суставе, взяться за нее обеими руками и подтянуть бедро к животу. Внимание направлено на натяжение мышц поясницы.

6. Руки на поясе. Движение тазом вперед-назад. Количество повторений — по самочувствию.

7. Стоя. Боковой наклон вправо, а затем влево, одна рука поднята, другая опущена. Выполнять по самочувствию.

8. Руки на опоре. Махи прямой ногой вперед и назад с увеличением амплитуды.

9. Сидя на полу. Ноги вытянуты. Согнуться и достать ладонями носки. Почувствовать натяжение поясницы. С каждым разом помогайте себе руками согнуться больше.

10. Лежа на спине, руки вдоль туловища. Медленно согнуть правую ногу и плавно, но с силой прижать обеими руками к груди, почувствовать, как растягивается поясница. То же самое другой ногой.

11. Лежа на спине, руки вдоль туловища. Плавно согнуть обе ноги в коленных суставах и с силой прижать бедра к груди. Подержать «натянутую» поясницу 5—10 с. Повторить несколько раз.

12. Стоя на коленях, туловище прямое, руки вперед. Повернуться к пяткам, коснуться правой рукой левой стопы, затем в исходное положение, и наоборот. Постепенно увеличивайте скручивание с каждым разом. Выполнять по самочувствию.

13. Лежа на спине, ноги согнуты, руки в стороны. Наклонить оба бедра вправо, затем влево. При этом голову и руки от пола не отрывать. Старайтесь с каждым разом все более приблизить соединенные колени к полу. Выполнять по самочувствию.

14. Стоя, одна нога на опоре, боковой наклон к ноге, которая находится на опоре. Повторить 5—10 раз, постепенно увеличивая амплитуду наклона. То же самое в другую сторону.

# Упражнения,
## развивающие тонические
## мышечные волокна позвоночного столба

1. Лежа на спине, руки в стороны. Напрячь мышцы шеи, согнуть голову, одновременно согнуть носки стоп на себя. Подержать напряжение 5—10 с. Повторить 3—5 раз.

2. Сидя на пятках, взявшись кистями рук за голеностопный сустав. Согнуться медленно вперед, коснувшись лбом пола. Перенести часть веса тела на голову. Сохранять положение 10—30 с, увеличивая нагрузку.

3. Стойка на плечах и затылке. Удерживать такое положение 10—30 с. Можно повторить 3—7 раз, по самочувствию.

4. Сидя на стуле, руки за голову, прогнуться, подержать напряжение 3—5 с. Повторить 3—5 раз.

5. Стоя. Завести руки за спину и сцепить в замок, напрячь руки. Поменять положение рук и выполнить снова 5—10 раз.

6. Лежа. «Золотая рыбка» — одно из эффективнейших упражнений, прорабатывающее тонические волокна позвоночного столба. Прогнувшись, одновременно поднимите руки и ноги от пола. Подержите данную позу в течение 3—10 с. Повторить не более 7 раз (рис. 15).

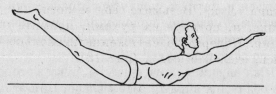

Рис. 15. Упражнение «Золотая рыбка»

7. Асана «Змея». Делая медленный, плавный вдох, только за счет мышц спины поднимитесь вверх, руки лишь поддерживают. В конечном положении прогнитесь как можно сильнее и задержите дыхание. Ноги не сгибайте и не отрывайте от пола (рис. 16).

Рис. 16. Асана «Змея»

**8. Стоя на четвереньках, руки на гимнастической стенке, спина прямая. Прогнуться в пояснице, подержать прогиб 5—10 с. Повторить несколько раз. Это упражнение значительно легче предыдущего (рис. 17).**

Рис. 17. Упражнение «Прогиб в пояснице»

**9. Асана «Лук». Возьмите себя за ноги, как указано на рисунке, и, потянув их руками, примите конечное положение. Подержите натяжение несколько секунд. Опускаясь, сделайте выдох (рис. 18).**

Рис. 18. Асана «Лук»

Рис. 19. Прогиб в положении лежа

Рис. 20. Прогиб в положении лежа (силовой вариант)

10. Лежа на животе, руки вдоль туловища. Поднять туловище и руки над полом. Подержать напряжение 3—10 с. Повторить по самочувствию. Как усложненный вариант этого упражнения — держать руки не сзади, а в стороны (рис. 19).

11. Лежа на спине, ноги согнуты, прогнуться в пояснице и грудном отделе, руки прямые, упор на плечи и голову. Держать напряжение 5—8 с. Повторить 5 раз (рис. 20).

## Упражнения, направленные на развитие мышц брюшного пресса

Брюшная полость содержит много жизненно важных органов, которые должны быть расположены в определенном порядке относительно друг друга. Любое смещение, опускание и тому подобное приводит к угнетению их функций, сдавливанию соседних органов и в итоге к неправильной работе, застою в соседних с ними органах. Поэтому в брюшной полости должно быть определенное давление, которое не только удерживает органы брюшной полости на своих местах, но и помогает позвоночнику в поддержании правильного положения. Сильные мышцы брюшного пресса создают «пневматическую» подушку внутри брюшной полости. Эта подушка служит опорой для позвоночника и не дает позвонкам сдвигаться со своих «насиженных» мест, предохраняет межпозвоночные диски от трещин и разрывов.

Есть много упражнений, развивающих силу брюшного пресса. Ниже будут приведены некоторые из них. Главное при выполнении этих упражнений — ощущать нагрузку на мышцы брюшного пресса и добиваться появления в них болевых ощущений типа жжения.

1. Стоя, руки на поясе, попеременный подъем прямых ног, на каждый счет стараться достать носок поднятой ноги ладонью противоположной руки. Количество повторений по самочувствию.

2. Лежа на спине. «Велосипед». Есть два варианта выполнения данного упражнения: легкий — ноги подняты под углом $90°$ и более сложный — ноги под углом $45°$. «Крутить педали» по 20—120 с.

3. Руки вдоль туловища, ноги прямые. Ноги приподнять на высоту 40 см над полом, менять попеременно высоту подъема ног — одна движется вверх, другая вниз, и наоборот. Повторить 15—30 раз.

4. Ноги прямые, руки вдоль туловища. Приподняв ноги, выполнять «Ножницы» — перекрещивающиеся движения ногами 15—30 раз.

5. Ноги прямые, руки вдоль туловища. Приподнять ноги и зафиксировать их в этом положении на 10—30 с.

6. Ноги прямые, руки вдоль туловища. Подняв прямые ноги на $70—80°$ относительно пола, постарайтесь достать голеностопные суставы руками одновременно. Выполнять 10—25 раз.

7. Из положения лежа поднять и медленно опустить ноги за голову 5—15 раз.

8. Сидя на стуле, ноги закреплены под опорой, руки за головой (или на поясе — облегченный вариант). Медленно разгибаться, опускаясь как можно ниже, и подниматься. Делать 10—25 раз.

9. Вис на перекладине. Подъем прямых ног до прямого угла. Выполнять по самочувствию от 5 до 15 раз. Как вариант усложнения — задерживать поднятые ноги на 5—10 с.

10. Подскоки. Старайтесь подтягивать колени к животу. Выполнять по самочувствию.

## СКРЫТЫЙ МАССАЖ ВНУТРЕННИХ ОРГАНОВ

Органы брюшной полости либо имеют мягкую консистенцию (почки, печень, железы внутренней секреции), либо они полые (желудок и кишечник, желчный и мочевой пузыри). В связи с этим, в них происходит накопление крови (депо крови — селезенка и печень) и жидкостей с высокой концентрацией веществ (в желчном и мочевом пузырях), пищевой кашицы в тонких кишках и каловых масс — в толстых.

Эти «накопления» имеют тенденцию к застою, который приводит к образования твердых осадков и развитию разнообразной патологии. Эту особенность первыми заметили древние йоги и придумали массу упражнений, которые с помощью мышц брюшного пресса и диафрагмы, а также поз тела позволяют сжимать и растягивать органы брюшной полости, что приводит к ликвидации застойных явлений, увеличивает кровоток, перемешивает жидкости, способствует продвижению пищевых и каловых масс.

**Упражнения для массажа внутренних органов.** Упражнения йогов — вернейшее средство для оздоровления органов брюшной полости, а отсюда и всего организма.

1. **Уддияна бандха.** Встать прямо, слегка наклонясь вперед, согнув немного ноги в коленях, упереться руками в колени и сделать полный выдох. При этом живот максимально втянуть в полость грудной клетки. В результате этого движения органы брюшной полости не только со-

жмутся, но и подтянутся вверх, становясь на свои места, если они были опущены (рис. 21).

Это упражнение можно делать на выдохе — после втягивания расслабить диафрагму и обратно втянуть. Так повторить несколько раз, а затем сделать вдох и немного отдохнуть. Либо после втягивания живота сделать медленный плавный вдох — надуть живот, как футбольный мяч. Затем снова выдох-втягивание и вдох-выпячивание. Такие движения необходимо ежедневно проделывать не менее 100 раз, а лицам, страдающим дискинезией желчных путей, запорами и плохим пищеварением, гораздо больше.

Упражнения проделываются натощак, обычно по утрам.

**2. Наули.** Это более сложное и более эффективное упражнение, чем предыдущее. Выполняется оно в том же положении, что и предыдущее, после втягивания живота прямые мышцы живота выпячиваются (напрягаются) и посредине живота образуется мышечная перегородка. Нажимая руками поочередно на колени (по мере достижения совершенства вы будете управлять этим произвольно), заставьте эту перегородку двигаться из стороны в сторону, что прекрасно массирует органы брюшной полости (рис. 22). Упражнение нужно делать на выдохе.

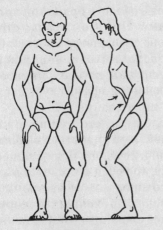

Рис. 21.
Уддияна бандха

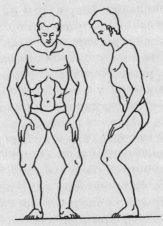

Рис. 22.
Наули

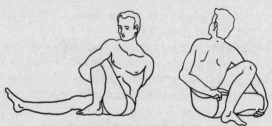

Рис. 23. Ардха-матсиендрасана

**3. Ардха-матсиендрасана.** Это скрученная поза. Простейший вариант этой позы таков: сесть на пол, ноги вытянуть вперед и максимально развести в стороны. Сделать выдох и, скручивая туловище (не наклоняя), повернуться вправо (ягодицы и ноги при этом не отрывать от пола).

Чтобы скручивание было сильнее, помогайте себе руками. Одной рукой упирайтесь в пол для поддержки (можно держать руку за спиной), а другой давите на колено с целью усилить скручивание. Зафиксировать скрученное положение и медленно, плавно дышать (рис. 23). При каждом выдохе постарайтесь немного подкручивать себя, чтобы усилить давление на правую сторону. После 1—5 мин это положение сменить на обратное. Это позволит теперь сдавить левую сторону тела в области брюшной полости с находящимися там органами. При этом правая сторона теперь растягивается, активно снабжается кровью. При сжатии вы удаляете шлаки, застоявшееся, ненужное, а при растяжении напитываете органы кровью, питательными веществами. Здесь наблюдается эффект губки: сжатие-выжимание и отпускание-впитывание.

**4. «Павлин».** Встать на колени, кисти рук положить между колен, наклониться и локтями упереться в область живота (район пупка), потихоньку смещая центр тяжести тела вперед. При этом локти упираются в живот и вызывают сильнейшее давление, которое может на время перекрыть кровоток в аорте, венах, почечных артериях (рис. 24). При выполнении более сложного варианта этого упражнения следует опираться только на ладони и носки вытянутых ног, а затем поднять ноги, опираясь только на

Рис. 24. «Павлин»

ладони. После 2—5 с такого давления подняться и повторить еще 3—5 раз. После снятия давления на аорту кровь сильнейшей струей бьет в почечные артерии и промывает почки. Прекрасно массируются женские половые органы, мочевой пузырь, прямая кишка.

5. **Йога-мудра** (вариант). Сесть на пятки, руки сжать в кулаки и положить перед животом на бедра, соединив их вместе. Медленно делая вдох-выдох, наклониться вперед. При этом кулаки упрутся в брюшную полость и вызовут в ней сжатие. Затем, медленно вдыхая, выпрямиться — кулаки выйдут из брюшной полости (рис. 25).

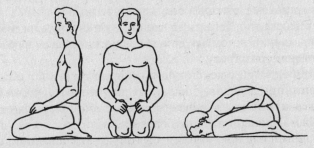

Рис. 25. Йога-мудра

Такое периодическое сжатие прекрасно массирует низ живота — восходящую и нисходящую толстую кишку, мочевой пузырь, половые органы, что оздоровляюще воздействует на них. Выполнять не менее 50 раз.

### Практика упражнений для людей с разной конституцией

Для того чтобы правильно и с большей пользой применять физические упражнения, подбирайте их для себя с учетом индивидуальной конституции, а также времени года.

1. Упражнения для мышц брюшного пресса и позвоночного столба все люди, независимо от индивидуальной конституции, должны выполнять ежедневно. Но при этом лицам с конституцией «Слизи» надо больше внимания уделять животу, а с конституцией «Ветра» — позвоночнику. У первых пищеварение замедлено, у вторых есть склонность к скованности. Лицам с конституцией «Желчи» уделять равное внимание животу и позвоночнику.

2. Ходьба, бег, аэробика, атлетическая гимнастика, упражнения на растяжку выполняются в таком порядке.

В молодом возрасте — бег, подвижные игры, атлетическая гимнастика (для женщин — аэробика).

В зрелом возрасте — умеренный бег, атлетическая гимнастика с небольшими отягощениями, упражнения на гибкость.

В пожилом возрасте — ходьба, длительный бег трусцой, гимнастика йогов. Больше физических упражнений несложного характера, работы в саду, на огороде на свежем воздухе.

Зимой выполняйте упражнения интенсивно для разогрева организма: быстрый бег, атлетическая гимнастика. Летом путешествуйте, бегайте, плавайте, упражняйтесь на гибкость. Упражнения летом не должны приводить ваш организм к сильному разогреву.

3. Для лиц с конституцией «Ветра» (у них преобладают быстрота, резкость) общая направленность упражнений должна быть на замедленный темп: работа с отягощениями, упражнения на гибкость, плавание.

Для лиц с конституцией «Слизи» (малоподвижных, склонных к ожирению, инертных) больше подходят продолжительные упражнения: бег, выполнение атлетических упражнений с наибольшим отягощением в быстром темпе много раз (15—20). Это позволит уравновесить их природную склонность набирать вес, сделает стройными и живыми.

Для лиц с конституцией «Желчи» (склонных к перегреву организма) — умеренный бег, быстрая ходьба, плавание, аэробика, атлетическая гимнастика со средними отягощениями.

Только с учетом этого вы сможете уравновесить свою индивидуальную конституцию: не дать возбудиться сильному жизненному принципу и поддержать слабый.

Нельзя выполнять упражнения, противоречащие вашим жизненным принципам. Этим вы нанесете вред организму.

# ВОДНЫЕ ПРОЦЕДУРЫ

## ОСНОВНЫЕ МЕХАНИЗМЫ ВЛИЯНИЯ ВОДНЫХ ПРОЦЕДУР НА ОРГАНИЗМ ЧЕЛОВЕКА

- Водные процедуры доразвивают организм. Это один из основных механизмов влияния воды на человеческий организм, который приближает нас к внутриутробной стадии развития со всеми ее преимуществами.
- Водные процедуры способствует растворению и удалению' из организма разнообразных вредных отложений.
- Применение холодных и теплых водных процедур позволяет активизировать кровообращение, что приводит к его нормализации.
- Водные процедуры способствуют прогреванию организма и насыщению его водой.
- Благодаря воздействию воды на кожу мы добиваемся мощного стимулирования нервной и акупунктурной систем.
- Водные процедуры лечат. Во время водных процедур происходит всасывание воды и растворенных в ней

веществ, это вызывает особые реакции в организме в зависимости от свойств всосавшихся веществ.

### Практические рекомендации: доразвивающие водные процедуры

Человеческий организм начинает свое развитие в водной среде. Она наиболее благоприятна для этого по многим показателям. Оказывается, если ребенка после рождения почаще держать в водной среде (ванне), то он развивается гораздо быстрее и здоровье у него лучше, чем у «сухопутных» сверстников.

При контакте с водой задействованы многие важные развивающие механизмы:

• влажная кожа лучше «всасывает» свободные электроны, которых в воде гораздо больше, чем в воздухе;

• плавание и ныряние в воде с задержками дыхания приводит к накоплению и удержанию большого количества углекислоты в организме, что стимулирует биосинтез;

• уменьшение веса тела в воде позволяет ребенку гораздо больше и свободнее двигаться, что положительно сказывается на его общем развитии. Усиливается кровообращение, питательные вещества быстрее усваиваются организмом;

• поддержание генетической способности малыша свободно держаться на воде без посторонней помощи способствует тому, что ребенок начинает раньше плавать, чем ходить;

• малыши, получившие травму головного мозга в результате длительного родового удушья, благодаря интенсивным тренировкам в воде, могут восстановить свои умственные способности. Константин Бутейко объясняет это тем, что при частых и длительных погружениях младенцы задерживают дыхание. В результате в крови повышается содержание углекислого газа, а это вызывает рефлекторное расширение сосудов головного мозга, гемоглобин начинает лучше отдавать кислород нервным клеткам. Питание мозга резко улучшается — он может восстанавливать поврежденные структуры и создавать новые. Этому немало способствует интенсивный гидромассаж биологически активных точек, которые представляют на коже центральную нервную систему.

## ВОДНЫЕ ПРОЦЕДУРЫ, РАСТВОРЯЮЩИЕ И УДАЛЯЮЩИЕ ВРЕДНЫЕ ОТЛОЖЕНИЯ

Любые затвердения в человеческом организме указывают на перевозбуждение жизненного принципа «Ветра», который вызывает в организме сухость и холод, то есть условия, которые способствуют образованию плотных веществ.

Таким образом, в противовес сухости и холоду (либо жаре и сухости) в организм надо внести влагу и теплоту. Теплые и горячие процедуры, связанные с водой, как раз способствуют этому.

Для того чтобы удалить растворенное, необходимо расширить кровеносные и лимфатические протоки, а также поры кожи. Если в теплую (горячую) воду добавить летучие вещества, которые еще больше увеличивают проницаемость тела и к тому же способствуют «разбиванию» и «рассеиванию», то эффект от такого совмещения многократно усиливается. Для этого в воду добавляют отвары, содержащие летучие ароматные вещества.

Наиболее сильной процедурой, направленной на растворение вредных веществ в организме, является парная. Помимо достижения хорошего прогрева организма открываются поры кожи, способствуя обильному потоотделению и удалению растворенных веществ через кожу.

Теплые и горячие ванны действуют слабее. Но если их применять с добавлением летучих веществ, то есть с отварами трав и других веществ, то эффект растворения усиливается. Ввиду того что выделение через кожу будет не таким сильным, как в парной, основное выделение ляжет на почки. Поэтому, если у вас слабые почки, парьтесь, больная кожа, — принимайте ванны.

Контрастные процедуры, то есть сочетание тепла и холода, направляя кровоток то к коже, то в глубь организма, будут способствовать лучшему вымыванию всего ненужного.

### Практические рекомендации по применению ванн

1. Входят в ванну, настолько наполненную теплой водой, чтобы вода покрывала все тело. В ванне остаются 25— 40 мин. Затем быстро переходят в другую ванну — с холодной водой и погружаются до головы в воду; если нет такой, то по возможности быстрее обмывают тело холодной водой. Холодная ванна или обмывание должно быть закончено в 1 мин. Затем, не вытираясь, быстро надевают одежду и совершают движения в комнате или на воздухе до тех пор, пока тело совершенно не высохнет и согреется (по крайней мере полчаса).

2. Ванна наполняется, как в первом случае, но температура воды в ней выше — от 32 до 34 °C.

В теплую ванну входят не один раз, а три раза, так же и в холодную — не раз, а три раза. Длительность пребывания в ваннах следующая: 10 мин в теплой ванне, 1 — в холодной, 10 — в теплой, 1 — в холодной, 10 — в теплой, 1 — в холодной.

Процедуру всегда следует заканчивать холодной ванной. Здоровые, крепкие люди садятся в ванну с холодной водой и медленно погружаются по шею. Чувствительные люди садятся в ванну и быстро обмывают грудь и спину, не погружаясь. Обмывание всего тела может вполне заменить холодную ванну тому, кто боится холодной воды. Никогда не следует мочить голову. Если она случайно намокла, ее следует насухо вытереть.

После принятия ванны дальнейшие действия такие же, как при первом способе.

**Замечания.** Не следует принимать только теплые ванны без следующих за ними холодных ванн или холодных обмываний. Высокая температура, особенно если она действует долго, не укрепляет, а ослабляет весь организм, она не закаляет кожу, а делает ее гораздо чувствительнее к холоду; она, наконец, не предохраняет, а подвергает опасности. Теплая вода открывает поры; туда проникает холодный воздух, последствия чего проявляются уже очень скоро. Следующие за теплыми холодные ванны или холодные обмывания устраняют это: холодная вода укрепляет, снижая повышенную температуру; освежает, устраняет излишний жар и, наконец, предохраняет, закрывая поры и укрепляя кожу.

3. Для лучшего растворения вредных веществ можно применять отвары из следующих растений: сенной трухи, сосновых веток и овсяной соломы.

## Виды ванн

**Ванна из сенной трухи.** Мешочек с 1—1,5 кг сухого сена погружают в емкость с горячей водой объемом 7—8 л на 15—20 мин. Далее отвар выливают в ванну с теплой водой. Вода получается кофейного цвета, открывает поры и усиливает кровообращение. Эти ванны очень способствуют согреванию тела. Здоровые люди могут использовать их в любое время. Продолжительность процедуры 10—15 мин.

**Ванна из сосновых веток и еловых шишек.** Берут свежие сосновые иглы, мелко изрубленные веточки и изрезанные еловые шишки и, смешав это (около 1 кг сухого веса), кипятят полчаса в 7—8 л воды. Далее, как и в первом случае, выливают в ванну с теплой водой. Эта ванна оказывает хорошее действие на почки и мочевой пузырь. В основном она действует на кожу, стимулируя ее (а через нее стимулируется центральная нервная система), и укрепляет, очищает кровеносные сосуды. Ванна эта имеет приятный запах, полезна пожилым людям, у которых жизненные проявления ослаблены.

**Ванна из овсяной соломы.** Берут около 1 кг измельченной овсяной соломы, кладут в маленький мешочек и кипятят в 7—8 л воды в течение получаса. Далее, как обычно, выливают в ванну и принимают процедуру. Из вышеописанных трех ванн эта наиболее укрепляющая и полезная при болезнях почек, мочевого пузыря и при ревматических болях.

**Смешанные ванны.** Смешанными ваннами называются такие, в которых применяется отвар из нескольких растений, например, отвар сенной трухи и овсяной соломы. При этом желательно, чтобы оба компонента варились вместе.

Подобным образом готовятся и другие ванны: из мяты, ромашки, цветков липы и др.

Итак, для растворения шлаков и других вредных субстанций, осевших в организме, применяют общие водные процедуры: парную и ванны. Для воздействия на определенные участки тела применяют местные водные процедуры: ограниченное воздействие паром, полуванны и т. д.

**Теплые сидячие полуванны.** Эти полуванны великолепно прогревают органы малого таза и живота, помогая при разнообразных болезнях в этой области. Ввиду того что здесь скапливаются вредные субстанции (содержимое прямой кишки), их надо регулярно удалять. Поэтому для повышения эффективности используют отвары полевого хвоща, овсяной соломы, сенной трухи и многие другие. Приготавливаются отвары так же, как и для ванн, только в меньшем объеме. Продолжительность около 15 мин. Выполняются 2—3 раза в неделю.

Полуванна из отвара полевого хвоща помогает при различных заболеваниях почек, почечнокаменной болезни, затрудненном мочеиспускании, болях в пояснице простудного характера.

Полуванна из овсяной соломы — отличное средство от всякого рода ломоты (болезней «Ветра»).

Полуванна из сенной трухи действует несколько слабее предыдущих, но очень хороша при застоях крови, ослаблении желудка, запорах и при скоплении газов.

**Теплые ножные ванны.** Их несколько вариантов.

1. *Ванна с солью.* В теплую воду (25—26 °C) кладут горсть соли (можно к этому добавить две горсти древесной золы в качестве адсорбента) и хорошо перемешивают. Продолжительность ее 10—15 мин. Способствует появлению теплоты в теле.

2. *Ванна из сенной трухи* (стеблей, листьев, семян и пр.): 3—5 горстей сенной трухи заливают кипятком, посуду закрывают и дают охладиться до температуры 25—26 °C. Эти ванны действуют как растворяющее средство, оздоравливающее и укрепляющее ноги, и очень полезны при болезнях ног, ножном поте, открытых ранах,

при опухолях, подагре, хрящевых узлах, нагноениях между пальцами, повреждениях от тесной обуви и т. п.

3. *Ванна из овсяной соломы*: 3—5 горстей овсяной соломы варить около получаса, и отвар, охлажденный до 25—26 °C, употреблять в течение 20—30 мин для ножной ванны.

## Механизм удаления вредных отложений

Основан на том, что различные обертывания и компрессы воздействуют на организм гораздо дольше, чем вышеуказанные растворяющие процедуры (1—2 и более часов), и применяются многократно. При этом проявляется «сосущий» эффект на все вредное, имеющееся в теле. Это явление основано на осморегуляции: вода впитывается телом, а обратно в мокрую ткань впитываются шлаки, токсины и т. п. Это продолжается до тех пор, пока концентрации шлаков в организме и мокрой ткани не сравняются. Обычно на это уходит 1—2 ч. Далее через определенное время можно применять новое обертывание и продолжать удалять вредные вещества из организма. Простыни после этого надо обязательно стирать: они пропитаны токсинами и в некоторых случаях даже дурно пахнут.

Как и в предыдущем случае, существуют общие и местные процедуры. К общим относятся нижнее обертывание, короткое обертывание и мокрая рубаха. К местным относятся компрессы. Все эти процедуры можно и нужно использовать с отварами вышеуказанных трав.

Все процедуры, связанные с холодной водой или обертываниями, необходимо начинать с предварительного разогревания тела.

**Нижнее обертывание** назначается главным образом при болезнях ног и живота. Обертывание начинается с плеч (подмышек) и распространяется до конца ног. Голова, шея, плечи и руки свободны и должны быть прикрыты чем-либо теплым, чтобы не проникал наружный воздух.

Осуществляется оно следующим образом: на простыню, которая лежит на матрасе, в длину кладут широкое шерстяное одеяло. Холст для обертывания должен быть большой, чтобы им можно было обернуть 2—3 раза все тело и ноги. Сложив его вдвое, намачивают так, чтобы после этого не капало, и кладут в виде прямоугольника на разложенное шерстяное одеяло. Далее ложатся на этот холст и оборачиваются им вокруг всего тела, чтобы ни одно место туловища не осталось непокрытым. Затем плотно обертывается кругом шерстяное одеяло во избежание доступа воздуха, сверху еще кладется перина.

Суть этих действий состоит в том, что, когда в организме от холодного обертывания возбуждаются теплота и движение (активизируются обменные процессы), шлаки начинают впитываться в мокрый холст. Если нет контакта кожи с холстом, этого не происходит. К тому же надо сохранить кожу теплой и влажной, чтобы она лучше выделяла вредное и в теле накапливался жар. Материал, сделанный из шерсти, способствует удержанию теплоты и согреванию тела, а положенная сверху перина еще больше увеличивает теплосберегающий эффект.

Это обертывание производит очищающие и оздоравливающие организм действия. Выступление пота указывает на процесс очищения и является критерием эффективности этой процедуры. Если пота мало или его совсем нет, это означает плохое очищение.

Продолжительность данной процедуры 1—2 ч.

В воду для смачивания холста рекомендуется добавлять отвары сенной трухи, осоки, сосновых веток и овсяной соломы. Осока заменяет сенную труху и полевой хвощ и очень полезна при затрудненном мочеиспускании и как побочное средство при мочевых камнях в почках. Отвар из овсяной соломы оказывает отличное действие при ломоте, подагре, мочевых камнях, мочевом песке; сосновые ветки устраняют накопившиеся в животе газы.

**Короткое обертывание** можно применять самостоятельно. Оно увеличивает количество тепла в теле и унимает слишком сильный жар. Это обертывание начинается с подмышек и простирается почти до колен. Кусок холста складывается в 4—6 раз, затем смачивается, старательно выкручивается и плотно обертывается вокруг тела. Доступ воздуха преграждается шерстяным одеялом, необходимая теплота достигается укрыванием периной. В зависимости от здоровья и самочувствия применяют чуть теплую или ледяную воду. Продолжительность процедуры 1—2 ч.

Очень хорошо в качестве профилактики выполнять это обертывание раз в неделю, что предохраняет от многих болезней. Оно очищает почки, печень, живот, выводит накопившиеся газы, болезненные соки и излишние жидкости. Короткое обертывание совершенно устраняет болезни сердца и желудка, которые происходят от давления газов и прекращаются с их удалением. Можно даже спать в таком обертывании, причем сон будет превосходен. Такое обертывание очень подходит пожилым людям, у которых обезвоживается организм.

**«Мокрая рубаха»** — один из видов обертывания. Обыкновенную ночную рубаху из холста длиной до пят намачивают в воде, выкручивают и надевают, как обычно. Далее ложатся в постель, укрываются шерстяным одеялом и накрываются периной. Если человек не укрывается периной, то вряд ли будет достигнута необходимая теплота. Продолжительность действия 1—2 ч.

Действие мокрой рубахи состоит в открытии пор и вытягивании болезненных соков, успокоении, равномерном распределении тепла и улучшении общего состояния организма. Для того чтобы мокрая рубаха лучше «тянула», можете намочить ее в воде с уксусом или солью.

**Компрессы** делаются подобным образом: накладывается смоченная в воде ткань, обертывается шерстяным платком. Если компресс делается на туловище, то сверху еще кладется перина.

# ВОДНЫЕ ПРОЦЕДУРЫ, НОРМАЛИЗУЮЩИЕ КРОВООБРАЩЕНИЕ

## Скипидарные ванны по Залманову

Помимо нормализации капиллярного кровообращения они хороши при хронических заболеваниях опорно-двигательного аппарата, протекающих с выраженным болевым синдромом. Это не что иное, как сильные нарушения жизненного принципа «Ветра». Описание этих процедур приведено в главе «Очищение организма — путь к оздоровлению».

## Ванны для головы и глаз

Весьма важно поддерживать хорошее кровообращение в области головы и глаз, иметь чистыми гайморовы и лобные пазухи. С возрастом там накапливается много слизи, которая «утрамбовывается», вызывает массу заболеваний, приводит к преждевременной утрате зрения и памяти. Многие люди именно по этой причине теряют зрение, носят очки, а ведь его можно восстановить, очистив головной мозг. Для этого подходят простые и эффективные водные процедуры.

**Ванна для головы.** Она весьма хороша для поддержания сосудов головного мозга в здоровом, эластичном состоянии, а также для отслоения «утрамбованной» слизи и ее последующего удаления. Ванну надо делать контрастной. Сначала погружают голову в сосуд с теплой водой на 5—7 мин так, чтобы волосистая часть головы была погружена в воду. Затем сразу же погружают в прохладную воду на 15—30 с. Так повторяют 2—3 раза. После этой процедуры необходимо насухо вытереть голову и волосы и оставаться в теплом помещении без сквозняков. Применяют ее 2—3 раза в неделю до получения необходимых результатов. Замечено, что такая ванна укрепляюще действует на волосы.

**Ванна для глаз.** Она бывает холодной и теплой. Если ванна *холодная*, то погружают лицо в холодную воду и открывают в ней глаза на 15 с. Затем поднимают голову и через 15—30 с снова погружают в воду лоб и глаза. Это можно повторять 4—5 раз.

*Теплая* глазная ванна наполняется водой температурой 24—26 ˚С, за которой всегда следует холодная или просто умывание холодной водой. В теплую воду при этом можно примешивать отвар разных растений. Особенно хороший эффект дают пол-ложки растертого укропа.

При этом надо знать, что холодная вода отлично действует на здоровые, но слабые глаза. Она укрепляет и освежает зрительный аппарат снаружи и внутри. Теплая глазная ванна применяется для растворения и выведения наружу гноя из лобных и гайморовых пазух.

## СОГРЕВАЮЩИЙ И УВЛАЖНЯЮЩИЙ ЭФФЕКТ ВОДНЫХ ПРОЦЕДУР

### Влияние водных процедур на кожу

Кожа является самым большим и важным человеческим органом. Ее площадь в среднем составляет 1,5 м², а вес — 20 % от общего веса тела человека. Водные процедуры оказывают воздействие в первую очередь на кожу. Рецепторы, расположенные на коже, реагируют на это раздражение, подают сигналы в мозг, а через него осуществляется воздействие на внутренние органы. Согревающие и увлажняющие водные процедуры способствуют оздоровлению кожи, усиливают ее функции, тем самым приводят к оздоровлению всего организма.

### Жизненно важные функции кожи

- **Оградительная.** Кожа является тем «чехлом», в котором находится наш организм.

- **Теплорегулирующая.** Испаряя через поры кожи воду, организм защищается от перегрева. Сужение сосудов кожи и закрытие пор способствуют сохранению тепла внутри организма.
- **Связующая.** Кожа предназначена не только для того, чтобы защитить наше тело. Она является средством связи между нашим организмом и внешней средой. Внешняя среда постоянно действует на нас, а кожа — своего рода периферический мозг, который воспринимает эти влияния и передает дальше в головной мозг, дающий команду внутренним органам для максимальной приспособляемости к влиянию внешней среды.
- **Защитная.** Кожа обладает бактерицидными свойствами. В ней содержится лизоцим, губительный для многих бактерий. Однако только чистая, здоровая, влажная, эластичная кожа может успешно противодействовать натиску бактерий. В противном случае через кожу происходит заражение организма. Кожа активным образом участвует в формировании иммунитета.
- **Энергетическая.** Кожа — поставщик свободных электронов в акупунктурную систему. Но только чистая и увлажненная кожа способна поглощать значительное количество энергии.
- **Дыхательная.** Кожа дышит, тем самым помогая легким. Вообще если удается на должный уровень поставить кожное дыхание, человек может творить чудеса.
- **Выделительная.** Через поры кожи выводится масса веществ, вредных для организма. Полноценное кожное выделение значительно облегчает деятельность почек и других органов выделения, продлевая им срок жизни.

Через сальные железы выделяется особая эмульсия, благодаря которой кожа предохраняется от высушивания, делается эластичной, упругой и блестящей.

Но, если за кожей не ухаживать, она засоряется своими же собственными выделениями и перестает полноценно выполнять вышеуказанные функции. От этого страдает весь организм.

## Влияние согревающих процедур на организм человека

Из трех жизненных принципов только один — «Желчь» — создает в организме тепло. Поэтому внешнее тепло, особенно влажная парная, будет стимулировать этот жизненный принцип, а значит, и все функции, зависящие от него.

- **Пищеварительная.** Медики установили, что банные процедуры снижают кислотность желудочного сока и вместе с тем стимулируют аппетит. Банная процедура благотворно действует на больных сахарным диабетом. Диабет — болезнь не только обмена веществ, но и пищеварения. Банный жар стимулирует эти функции и способствует нормализации здоровья.
- **Иммунная.** Искусственное повышение температуры уничтожает или подавляет активность многих возбудителей болезней. Порог температурной чувствительности целого ряда болезнетворных микроорганизмов ниже порога температуры, который в состоянии перенести клетки человеческого организма.
- **Зрительная.** Банная процедура благотворно действует на остроту зрения. 10-минутное пребывание в бане вызывает увеличение световой чувствительности почти на одну треть.
- **Умственная.** Теплота стимулирует работу мозга, повышает качество умственного процесса.
- **Согревающий и увлажняющий эффект** от водных процедур способствует расслаблению мышц, связок, суставов. Когда человек плавает в теплой воде, уменьшается вес тела, при этом снижается нагрузка на все суставы, особенно позвоночника. Плавание и другие водные процедуры позволяют вправлять суставы, лечить от ушибов и растяжений.

# ЭНЕРГЕТИЧЕСКИЙ И СТИМУЛИРУЮЩИЙ ЭФФЕКТ ВОДНЫХ ПРОЦЕДУР

## Энергетический эффект

**Обливание холодной водой** издавна использовалось в целях закалки организма. Знающие люди черпают энергию из этих процедур и добиваются удивительных результатов. Очень широко обливание практиковал Порфирий Иванов.

Главный эффект холодных, а лучше очень холодных, обливаний заключается в воздействии на плазменное тело, которое несколько выступает за очертания физического и на всем протяжении — снаружи и в глубине — имеет одинаковую температуру. Когда идет быстрое и резкое воздействие очень холодной воды сразу на всю площадь кожи, то, естественно, охлаждается и плазма. Она идет внутрь организма, а на ее место поступает теплая. Возникает сильнейший ток, который мгновенно перезаряжает весь организм, гиперполяризует мембраны клеток, что, в свою очередь, вызывает активизацию генетического аппарата.

Воздействие должно быть кратким (2—3 с) и сразу на все тело. О том, что вы правильно произвели эту процедуру, говорят наступление вслед за холодовым ожогом теплоты и пар, который идет от кожи.

Такого эффекта можно добиться, нырнув в воду вниз головой и сразу выскочив, или встав под небольшой водопад, или облив себя ведром холодной воды. Эту процедуру можно заменить душем, но эффект будет слабее. Дело в том, что вода должна прокатываться по коже массой, а не в виде отдельных струй. Струи, пройдя по коже от головы до ног, успевают нагреться.

**Важно знать,** что применять обливание можно только на теплое тело. Поэтому перед процедурой предварительно разогрейтесь; после обливания зайдите в теплое помещение и, не вытираясь, интенсивно подвигайтесь, пока не согреетесь, а кожа высохнет. Если этого не делать, то со временем вы почувствуете, как тело «пугается» этой процедуры, сжимается, не хочет ее применять. Кожа становится сухой, шелушится, могут появиться боли в пояснице и тазобедренных суставах — признаки возбуждения «Ветра». Особенно много энергии впитывает в себя морская вода. Благодаря растворению в ней большого количества различных солей она приобретает определенную структуру, благоприятную для разгона электронов. Тело человека в воде является потребителем этой энергии и активно поглощает ее. Ввиду того что кожа содержит много минеральных веществ, соленая вода прекрасно подпитывает ее. В итоге смоченная и снабженная микроэлементами кожа гораздо лучше выполняет свою функцию поставщика энергии в организм.

## Стимулирующий эффект

Поскольку кожа — это периферический мозг, все сигналы с нее идут в центральную нервную систему. Там они попадают в «стыковочный узел» между внутренней и внешней средой — гипоталамус. Гипоталамус на это реагирует активизацией эндокринной системы, а та, в свою очередь, посредством гормонов активизирует работу каждой клеточки.

Стимулирующий эффект от воздействия водных процедур заключается в следующем: теплое воздействие расслабляет, а холодное активизирует жизненные функции. При этом холодное воздействие наиболее эффективно по следующей причине. На каждом квадратном сантиметре кожи примерно 12—14 нервных окончаний, которые реагируют на холод, и только 1—2 — на тепло.

*«Снежное пробуждение»* — одна из наиболее сильных стимулирующих процедур. Воздействие этой процедуры на организм заключается в том, что, когда выпадает первый пушистый снег, он в снежинках запасает, конденсирует огромное количество энергии. Когда человек в обнаженном виде ложится в такой снег, набрасывает его на себя сверху — «закапывается», этот снег прилипает к телу. Окутанный такой «шубой» человек входит в теплое помещение, и вот тут все и начинается. Снег тает — разрушается его структура, и освобождается энергия. Кожа,

наоборот, сильно охлаждается, увлажняется — активизируется и структуризируется. Все это, взаимно сочетаясь, дает такой эффект, с которым ничто не сравнимо.

**Внимание!** Не следует практиковать длительное воздействие холодовых процедур (более 1—2 мин), так как это угнетает и даже парализуют функции организма, способствуя тем самым внедрению в организм патологических биоклиматических энергий — холода, сухости и т. д.

## ЛЕЧЕБНЫЙ ЭФФЕКТ ВОДНЫХ ПРОЦЕДУР

Так как в воде находятся в растворенном виде различные вещества, они могут попадать в организм через кожу и вызывать полезный или вредный эффект.

Тепло воды расширяет поры кожи, активизирует рецепторы акупунктурных точек, что улучшает доставку внутрь тела свободных электронов. Усиление потока свободных электронов внутрь приводит к увеличению эффекта сверхтекучести в акупунктурных каналах. Расширение пор кожи и сверхтекучесть являются теми физиологическими механизмами, которые способствуют эффективной доставке разнообразных веществ с поверхности кожи внутрь организма. Таким образом, если окружающая вода насыщена какими-либо веществами, то они обязательно попадут внутрь организма. Ванная процедура реализует этот эффект.

Заболевший человек может излечиться, используя водные процедуры и собственную урину. Применять для лечения уриновые ванны нужно тогда, когда обостряется болезнь.

**Ванны из собственной свежей урины.** Для этого соберите собственную дневную мочу и, вылив ее в теплую воду, примите ванну тогда, когда обостряется болезнь. Используйте и другой вариант: соберите всю ночную мочу и в момент обострения болезни сделайте с ней ванну. Совсем не обязательно выливать всю мочу, можете ограничиться одним стаканом из собранной порции, а то и меньше. Вообще здесь широкое поле для творчества, но я рекомендую не выливать всю собранную мочу во избежание возможной передозировки.

**Ванны из урины детей или молодых, здоровых людей.** Для этого соберите дневную или ночную урину ребенка или молодого, здорового, обязательно однополого с вами человека. Вылейте ее в ванну с теплой водой и посидите в ней 10—20 мин.

Энергоинформационное излучение молодого организма, записанное на его урине, поглотится вашим организмом, и вы приобретете какую-то часть его молодых свойств. Если применять такие ванны регулярно, 1—2 раза в неделю в течение года, эффект омоложения будет ощутим.

**Ванны из упаренной урины.** Для этого надо собрать 0,5—2 л упаренной до 1/4 первоначального объема урины. Упаренная урина делается так: собирается моча в количестве 4 л (можно использовать урину всех домочадцев) и кипятится в открытой эмалированной посуде до тех пор, пока не останется 1 л, то есть 1/4 первоначального объема. Совсем не обязательно приготовлять его сразу, можно отдельными порциями. Например, упарить литр, получить 250 г и хранить в холодильнике. Она не портится в течение недели. Затем упариваете еще литр и т. д., пока не получите нужное количество. Упаренную урину вылейте в ванну с теплой водой и посидите в ней 10—20 мин.

При упаривании урины в ней концентрируются соли. Поэтому такие ванны способствуют насыщению нашего организма всеми необходимыми минералами. В рафинированной пище современного человека их очень мало.

В процессе упаривания урины в ней образуются биологически активные вещества небелковой природы, которые оказывают целебное воздействие в несколько раз более сильное, чем обычные стимуляторы белковой природы.

В упаренной урине имеются свои летучие вещества, которые легко проникают в тело, — ибо они родственны ему.

Сочетание вышеописанных и многих других механизмов воздействия оказывает ярко выраженный возрождающий эффект на организм человека. Улучшается функция кожи, усиливается энергетика, активизируются жизненные процессы.

### Основные правила проведения водных процедур

Неоспоримая важность, эффективность, доступность и простота применения делают водные процедуры одним из мощных природных оздоровительных факторов. Использовать водные процедуры необходимо, соблюдая основные правила и рекомендации, скрупулезно выверенные нашими предками.

1. Теплое купание завершайте прохладным. Теплая вода обессиливает и расслабляет; холодная стимулирует и укрепляет. Сочетание теплого и холодного закаляет тело и способствует здоровому развитию.

2. Применяйте холодные процедуры на теплое тело. Если не соблюдать этого правила, особенно в холодное время года, то рано или поздно биопатогенная энергия сухости или холода проникнет в ваше тело и вызовет неприятности.

3. Не вытирайтесь после применения водных процедур. На границах разделения сред образуется особая активная зона, в которой энергетические процессы значительно сильнее, чем в глубине. Поэтому после применения любой водной процедуры заходите в теплое помещение без сквозняков и активно двигайтесь, согревайтесь и обсыхайте. Можно на мокрое тело надевать одежду. Помимо этого, происходит равномерное и правильное распределение природного тепла.

4. На сильный жар не налагайте сильный холод. Если это жар от воспаления, то нужно поступать следующим образом: не сбивать его сильной холодной процедурой, а распределять кровь по всему телу, применяя водные процедуры на противоположные части тела. Например, от жара болит голова — делайте компрессы на ноги.

5. Холодные процедуры используйте чаще, чем теплые. Прохладные купания и обливания при правильном применении стимулируют наш организм. Их можно использовать в течение дня дважды, а в жаркое время года и чаще.

Теплое купание способствует очищению кожи. За сутки в нормальных условиях выделяется через поры 500 г пота, и его надо смывать. Кроме того, отмершие, ороговевшие клетки образуют слой, который затрудняет кожное дыхание и выделение шлаков. Для этого достаточно ежедневно принимать теплый душ, завершив процедуру холодным.

Ухаживайте за своей кожей, применяя раз в неделю горячие ванны или парную. Зимой это можно делать два раза в неделю, вытесняя заодно сухость и холод.

6. Применяя водные процедуры, всегда учитывайте свою конституцию.

Итак, лицам с конституцией «Слизи» больше подойдут теплые и сухие процедуры; с конституцией «Желчи» — умеренные; с конституцией «Ветра» — влажные и теплые. Лицам последнего типа водные процедуры нужно делать чаще, чем первым двум.

Начав регулярно применять водные процедуры, особенно закаливающего характера, вы убедитесь в ценности изложенных рекомендаций.

# ЗДОРОВЬЕ ПОЖИЛЫХ

## ПОСТАНОВКА ЗАДАЧ ОЗДОРОВЛЕНИЯ И ОМОЛОЖЕНИЯ

### ПРОЦЕССЫ СТАРЕНИЯ ОРГАНИЗМА

Специфика процессов старения человеческого организма многообразна, но можно выделить две большие группы. К **первой группе** необходимо отнести процессы, происходящие с телом человека на энергетическом уровне, в полевой форме жизни. Ко **второй группе** следует отнести биологические процессы, происходящие в теле человека: в органах, тканях, клетках. Причем следует учитывать, что происходящее в полевой форме жизни во многом объясняет явления в физическом теле.

В первые годы жизни человека происходит колоссальное наращивание массы тела человека: от яйцеклетки до 20-летнего возраста увеличивается в 120 миллиардов раз! Происходит нарастание жизненной силы. Это явление можно сравнить с пружиной. В самом начале нашей жизни «давление» пружины очень велико. Тело быстро набирает массу и формируется. Затем, от 20 до 40 лет, наблюдается стабильный период; потенциал ослабевает, но еще достаточно силен, чтобы поддерживать наш организм в стабильном состоянии. После этого начинается процесс увядания организма; сила давления «жизненной пружины» еще больше уменьшается.

**Внимание!** Запас жизненной силы у каждого человека свой и зависит от кармических причин. Чем лучше карма человека, тем мощнее его «пружина», тем продолжительнее и здоровее жизнь. Влияя на собственную карму, можно значительно улучшить качество жизни.

## ФАКТОРЫ, СПОСОБСТВУЮЩИЕ РАСХОДУ ЖИЗНЕННОЙ СИЛЫ

Наиболее существенный расход жизненной силы происходит при неконтролируемом эмоциональном поведении. После сильных эмоциональных переживаний человек чувствует себя опустошенным.

Другим фактором является способность человеческого организма накапливать радиоактивность; в старости радиоактивность нашего тела в 240—470 раз выше, чем в молодости.

Противостоять этому можно путем голодания — организм не только выводит из себя радиоактивные элементы, но и использует радиоактивность в качестве дополнительного источника энергии.

Одной из наиболее значительных причин старения является зашлаковка организма. При накоплении в организме шлаков начинается процесс внутреннего гниения; специфический старческий запах отражает это явление. Создаются условия для разного рода заболеваний. Отложение шлаков происходит сначала в толстом кишечнике. Оттуда шлаки попадают в кровь и отравляют организм. Затем постепенное накопление шлаков происходит в клетках. Чем сильнее отравлен организм, больше выражен процесс старения.

Нарушение работы организма и ускорение процессов старения происходит также при заражении организма паразитами.

Следует отметить, что на процессы старения оказывает влияние индивидуальная конституция человека.

У человека с индивидуальной конституцией «Ветра» в малом объеме пространства идут быстрые циркуляторные процессы, биологическое время в его организме течет быстро. Такой организм плохо удерживает воду и теплоту, быстрее обезвоживается, а ферменты из-за отсутствия должной температуры теряют активность. В результате люди с конституцией «Ветра» имеют самую малую продолжительность жизни и подвергаются в старости болезням, связанным с отложениями солей, ломкостью сосудов, тугоподвижностью суставов.

Лица с конституцией «Слизи», как правило, — тучные. Они находятся в несколько лучших условиях. Благодаря обилию пространства и гравитационной энергии их организм в старости хорошо держит воду, в нем лучше идут циркуляторные процессы. Эти люди живут значительно дольше. Но у них в старости преобладают онкологические болезни, сахарный диабет, а также снижен иммунитет.

Люди «Желчи» находятся в среднем положении между людьми «Ветра» и «Слизи». Организм людей конституции «Желчи» хорошо обогревается, активность ферментов достаточно высока. Но у них в пожилом возрасте проблемы со зрением и с выпадением или поседением волос.

В наилучшем положении в пожилом возрасте находятся лица смешанного конституционного типа «Слизь — Желчь».

Кроме того, скорость старения связана прежде всего с жизненной активностью. Там, где физиологические процессы протекают наиболее медленно, создаются предпосылки для зашлаковки и процессы старения ускоряются. И наоборот, те органы и ткани, которые умеренно и ежедневно функционируют, сохраняются лучше всего.

Таким образом, программа профилактики старости должна строиться, с одной стороны, на общих рекомендациях, с другой — с учетом индивидуальных особенностей конкретного человека.

## КАК ЗАМЕДЛИТЬ
## ПРОЦЕССЫ СТАРЕНИЯ ОРГАНИЗМА

Чтобы замедлить процессы старения, продлить молодость, необходимо проводить мероприятия по оздоровлению и омоложению организма. Они включают в себя комплекс задач.

На собственную карму мы можем повлиять праведной жизнью. На отрицательные эмоции, чрезмерные желания, дурные привычки надо влиять изменением черт своего характера.

Шлаки и радиоактивные вещества вовремя профилактически выводить из своего организма. Правильным распорядком дня согласовывать свой образ жизни с биологическими ритмами.

Питаться в соответствии с биологическими особенностями пищеварительной системы. Ввиду того что функции организма без работы угасают — разумно давать на них тренировочную нагрузку. И обязательно профилактически очищать организм от паразитов.

Праведная жизнь позволит человеку быть духовно здоровым, найти свое место в жизни и спокойно, осмысленно жить. Если человек этого не осознает, то в пожилом возрасте он испытывает разного рода неудовлетворения за прожитую жизнь, жалеет об упущенных возможностях, не видит дальнейшей перспективы жизни. Но если человек удовлетворен, живет духовно, он любит жизнь и ценит жизнь, бережно относится к собственному и чужому здоровью, то во всем он видит единение, старается жить умеренно и гармонично.

Главные заповеди духовного здоровья сводятся к правильному взаимодействию с Пространством (Богом, природой).

1. Не разрушайте природу отрицательными мыслями и неразумными действиями.

2. Потребляйте столько, сколько необходимо для полноценной жизни, и не более.

3. Не делайте другим людям то, чего не желаете себе.

# АКТИВНОСТЬ И ДОЛГОЛЕТИЕ

## ФИЗИЧЕСКИЕ УПРАЖНЕНИЯ В ПРОФИЛАКТИКЕ СТАРЕНИЯ

Двигательная активность — наиболее мощный «рычаг» воздействия на организм. Физическая нагрузка сопровождается перестройкой деятельности нервной, эндокринной, сердечно-сосудистой, дыхательной и других систем организма. Занимаясь физическими упражнениями, человек «заставляет» свой организм вырабатывать жизненную энергию, поддерживает на высоком уровне работоспособность всех систем организма.

Нормальная двигательная активность, тренируя системы организма, повышает уровень приспособления организма, делает его более устойчивым к действию внешних и внутренних повреждающих факторов и тем самым улучшает «качество» жизни.

Недостаток движений является фактором, предрасполагающим к развитию наиболее распространенных в пожилом возрасте болезней сердечно-сосудистой системы — атеросклероза, гипертонической болезни и инфаркта миокарда.

Таким образом, важной стороной влияния физических упражнений на организм людей 40—60 лет является улучшение деятельности сердечно-сосудистой и дыхательной систем. Это особенно ярко проявляется при обычных физических нагрузках. Регулярные тренировки улучшают кровоснабжение сердца; понижается свертываемость крови, уменьшается риск образования тромбов. При этом следует соблюдать сугубо дозированные тренировки — чрезвычайные нагрузки отрицательно сказываются на сердце.

Занятия физической культурой сопровождаются перестройкой процессов обмена веществ. Особенно важным является улучшение жирового обмена. Нормализуется вес. Под влиянием систематических физических упражнений заметно сокращается содержание холестерина, являющееся фактором риска заболеваний сердечно-сосудистой системы.

Активный двигательный режим оказывает положительное воздействие на центральную нервную систему. Повышается работоспособность двигательных нервных центров, устраняется нарушение координации движений. Улучшаются самочувствие, сон, настроение, уменьшается ощущение усталости.

Активный двигательный режим развивает состояние тренированности, служит наиболее эффективным средством предупреждения заболеваний и развития преждевременного старения. Человек становится психически уравновешенным, оптимистичным, уверенным в своих силах.

**Внимание!** Надо помнить, что в любом организме физическая нагрузка может вызвать как положительные изменения, так и отрицательные. Все зависит от состояния организма и силы воздействия. Пожилым людям следует подходить к освоению физических упражнений не спеша, постепенно увеличивать нагрузки. Помните: энергетические запасы организма восстанавливаются легко, гораздо труднее восстановить нервные запасы, заставляющие двигаться мышцы, побуждающие человека совершать напряжения. Поэтому в случае перетренировки резко уменьшите нагрузку, отдохните около 2—3 недель, оставив в режиме дня лишь пешие прогулки.

## ПЕШЕХОДНЫЕ ПРОГУЛКИ «ПО СУВОРИНУ»

Пожилым и ослабленным людям можно порекомендовать обычные пешеходные прогулки «по Суворину».

Суворин советует: ритмическое дыхание непременно соединять с ходьбой под открытым небом. Если у вас нет свободного времени, возьмите за правило: никогда не ложиться спать, не прогулявшись на чистом воздухе 6 км, все равно по какой погоде. Если часовая прогулка все-таки слишком утомительна, не спешите — начните с получасовой и постепенно продляйте. Добавьте полчаса ритмического дыхания утром и столько же вечером, это колоссально омоет кислородом и энергией весь ваш организм.

Ритм дыхания обязательно должен быть связан с ритмом ходьбы, это имеет свои очень важные последствия для глубины и легкости дыхания.

### Правила пешеходных прогулок

1. Держите рот плотно закрытым и дышите через нос. Тогда воздух сильно ударяется в слизистую оболочку носовой полости и она жадно впитывает из него магнетизм, первостепенно важный для ваших нервов. Вы должны знать, что слизистая оболочка носовой полости имеет особую способность впитывать из воздуха магнетизм.

2. Держите ключичные кости (на груди под шеей) по возможности высоко, как будто на подносе несете перед собой. Это обеспечит вам два важных условия:

а) голову при этом вы будете нести высоко, позвоночный столб выпрямится и грудь откроется для глубоких вдохов;

б) вы будете дышать верхней частью легких, но и нижняя будет глубоко вентилироваться.

Ритм дыхания должен соответствовать силе и емкости легких, он устанавливается так.

Держа голову высоко и корпус прямо, идите спокойно и свободно, считая про себя каждый шаг — по шестеркам: «Раз, два, три, четыре, пять, шесть!» и т. д. При этом, когда считаете первые три пары шагов, свободно и глубоко вдыхайте, а на второй тройке — выдыхайте.

Делайте переход от вдоха к выдоху свободно и без всякой задержки дыхания.

Дышите носом.

Обязательно следите, чтобы ни получасовая, ни часовая прогулка вас не утомляла. Ткань легких нежна, и ее легко утомить преувеличенно глубокими или слишком частыми вдохами.

Слабому, нервному человеку уже две первые вечерние прогулки дадут совершенно другие ощущения. Вставая утром, вместо слабости и вялости он будет ощущать бодрость и крепость. Но повторяю: в первые ночи сон может быть неровен вследствие естественного возбуждения.

## Бег

После того как вы освоите прогулки и они вам станут казаться легкими, переходите на бег трусцой. Бегать надо не менее 3—4 раз в неделю по 30—45 мин.

Вначале можно делать так: 10 мин — пробежать, 10 — пройти и еще 10 (или 5 мин) пробежать и пройти и т. д.

Бег трусцой или неторопливый, обычный бег задействует одновременно максимум систем организма. Для любого человека бег является средством единения с природой, гармонизации с ее ритмами. Регулярные беговые тренировки дисциплинируют человека. Сам процесс бега содействует снятию нервного напряжения и стрессов. Все негативное, что накапливается за время дня, легко уходит во время бега, что способствует естественному расслаблению и спокойному сну.

Можно использовать варианты медитативного бега, заранее создавая образ молодого организма и подпитывая энергетически его во время бега. Это дает выраженный омолаживающий эффект. Используя другой образно-волевой настрой, можно очищать свой организм и лечить слабые органы. Подобная лечебная, оздоровительно-омолаживающая работа может быть многократно увеличена, если бег сочетать с биоритмологией. А именно — бегать тогда, когда наиболее активен в лунном цикле и в течение дня тот или иной орган. Бег в это время даст энергию, а биоритм направит ее в нужный орган.

Бег босиком дополнительно оказывает благотворное оживляющее воздействие через стопы на все без исключения органы. Ведь на подошвах стоп расположены десятки зон, связанных невидимыми канальцами со всеми органами тела. Камешки, сосновые иголки, трава, гравий — словом, все, из чего состоит дорога, будут массировать, раздражать и тренировать весь ваш организм до последней клеточки.

Бег в обнаженном виде будет дополнительно тренировать терморегуляторную функцию организма, способствовать закалке.

Постоянная тренировка психофизического равновесия всех внутренних систем организма посредством беговой нагрузки способствует торможению процессов старения.

## МОДИФИКАЦИЯ РЕКОМЕНДАЦИЙ КАЦУДЗО НИШИ ДЛЯ ПОЖИЛЫХ

Можно творчески применить оздоровительные рекомендации К. Ниши для лиц пожилого возраста. Для этого главным фактором является самодисциплина — необходимо регулярно выполнять его шесть правил здоровья.

### Первое правило здоровья: твердая, ровная постель

Кровать, на которой спит пожилой человек, должна быть ровной и твердой. Одеяло должно быть легким и теплым. На постели надо лежать ровно. Когда тело лежит таким образом, вес его равномерно распределяется, мускулы максимально расслабляются, подвывихи или искривление позвоночника, вызванные вертикальным положением в течение дня, легко исправляются. Твердость постели сохраняет функциональную деятельность кожи, предохраняет печень от вялости. Облегчает возвратное движение крови к сердцу. Это, в свою очередь, ведет к увеличению активности работы печени, в результате чего все ненужные вещества, скопившиеся за день, выводятся из организма, а двигательные нервы сохраняются от нежелательного давления и напряжения. Кишечник стимулируется на нормальную работу.

Сон на твердой постели по вышеуказанным причинам способствует лучшему отдыху организма. Это особенно важно для пожилых людей, которые часто страдают от плохого сна, а значит, не могут полноценно отдыхать и выглядят хронически уставшими.

## Второе правило здоровья:
## твердая подушка

Слизистая оболочка носа рефлекторно связана с внутренними органами человеческого тела. Такие болезни, как сенная лихорадка, астма, миома, заболевания половых, эндокринных органов, паращитовидной, вилочковой желез, недержание мочи, боль при менструальных циклах, запор, энтериты, ослабление диафрагмы, болезни почек, желудка, печени, уха, а также раздражительность, беспокойство, головокружение — зависят от состояния слизистой оболочки носа.

Для нормализации слизистой оболочки носа Ниши предложил простой метод — класть под шею твердую подушку (она больше напоминает валик).

При использовании твердой подушки любое воспаление слизистой оболочки носа вылечивается, а значит, уничтожается и нарушение в той части тела, которая нервными окончаниями соединяется с ней. Эта простая рекомендация поможет пожилым людям наладить и сохранить свое здоровье на долгие годы.

## Третье правило здоровья:
## упражнение «Золотая рыбка»

Нарушения в том или ином отделе позвоночника приводят к специфическим болезням. Эти нарушения могут возникать самопроизвольно, в результате нормальной жизнедеятельности и носят названия подвывихов позвонков (небольшое смещение позвонков относительно друг друга). Такого небольшого смещения вполне достаточно, чтобы в этом отделе позвоночного столба развивались разного рода патологии. Впервые о подвывихах позвонков рассказал Ниши.

*Примечание.* Вот что пишет Ниши: «Если подвывих происходит в четвертом позвонке, вероятнее всего, будут поражены глаза, лицо, шея, легкие, диафрагма, печень, сердце, селезенка, надпочечники, зубы, горло, нос, уши и т. д., в то время как среди грудных позвонков, вероятнее всего, поражаются подвывихом 2-й, 5-й, 4-й, 10-й позвонки. Поэтому, если у вас не в порядке легкие и плевра, знайте: это происходит оттого, что вы, возможно, не позаботились об исправлении подвывиха 2-го грудного позвонка.

Если у вас не все благополучно со зрением, часто болят горло, живот, плохо функционирует щитовидная железа, — у вас, скорее всего, подвывих 5-го грудного позвонка.

Ваше сердце, почки, кишечник, нос, зрение, вероятнее всего, страдают из-за подвывиха 10-го грудного позвонка.

Среди поясничных позвонков обычно предрасположены к подвывиху 2-й и 5-й.

Мало кто знает, что заболевания мочевого пузыря (цистит), аппендицит, импотенция, патологические изменения предстательной железы у мужчин и гинекологические заболевания у женщин возникают в результате подвывиха 2-го поясничного позвонка. Если же подвывиху подвергается 5-й поясничный позвонок, возможны нарушения в заднем проходе — геморрой, трещины анального отверстия, рак прямой кишки».

К. Ниши для ликвидации возможных подвывихов позвоночного столба рекомендует оригинальное упражнение, которое он назвал «Золотая рыбка». Когда выполняют упражнение «Золотая рыбка», нарушения суставов позвоночника (подвывихи) исправляются. Это избавляет кровеносные сосуды и нервные окончания от ненужного давления и обеспечивает лучшую циркуляцию крови.

Это упражнение позволяет восстановить не только искривление позвоночного столба. Оно налаживает физиологические функции всех систем и органов, координирует работу внешней (парасимпатической) и внутренней (симпатической) нервных систем, улучшает кровоснабжение организма, исправляет осанку.

**Упражнение «Золотая рыбка».** Исходное положение: лечь на спину лицом вверх на ровную постель или на пол;

руки вытянуть за голову; ноги тоже вытянуть на полную длину, ступни ног поставить под прямым углом к туловищу (перпендикулярно телу); носки (пальцы ног) все время должны тянуться к лицу. Пятка и бедро (особенно подколенная область) усиленно прижимаются к полу.

Вначале несколько раз поочередно на счет 7 потянуться, осторожно растягивая позвоночник в разные стороны: пяткой правой ноги «ползти» по полу вперед, а обеими вытянутыми руками одновременно тянуться в противоположную сторону; затем то же самое проделать левой пяткой (левая пятка движется по полу вперед, обе руки одновременно растягивают позвоночник в противоположную сторону тоже на счет 7). Повторять так поочередно 5—7 раз каждой пяткой и обеими руками.

Положить ладони под шейные позвонки (локти согнуть, всем телом прижиматься к полу, ноги соединить, пальцы обеих ног потянуть к лицу, все «выпуклости» (то есть затылок, плечи, таз, икры, пятки) вдавить в пол).

В этом положении начинать быстрые колебания (вибрации) телом справа налево подобно быстро плавающей рыбке (рис. 26). Это упражнение надо делать ежедневно утром и вечером в течение 1—2 мин (или считая от 120 до 240).

При этом вытянутый, прижатый и вдавленный в пол позвоночник должен лежать неподвижно, колеблются справа-налево лишь ступни ног, стоящие перпендикулярно телу, и затылок.

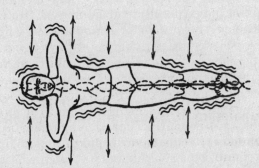

Рис. 26.
Положение тела и движения упражнения «Золотая рыбка»

## Четвертое правило здоровья: упражнение для капилляров

В пожилом возрасте люди имеют плохое капиллярное кровообращение. Например, можно видеть красненькие сосуды на ступнях ног, на лице, ощущать холод в конечностях. Это явное указание на то, что кровь застаивается в капиллярах, вызывает их расширение и не обогревает конечности. Ниши рекомендует усиливать капиллярное кровообращение в конечностях с помощью простого упражнения. Оно активизирует циркуляцию крови не только в конечностях, но и во всем теле.

**Упражнение для капилляров.** Надо лечь на спину на пол или на твердую ровную кровать, под шейные позвонки положить твердую подушку или валик, затем поднять вверх обе ноги и руки, так чтобы ступни ног держались параллельно полу или потолку (то есть горизонтально туловищу). В таком положении начинайте вибрировать (трясти) обеими руками и ногами одновременно (рис. 27). Это упражнение необходимо выполнять в течение 1—3 мин утром и вечером на счет 240—360.

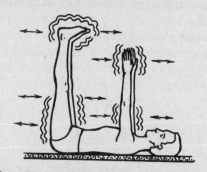

Рис. 27. Упражнение для капилляров

## Пятое правило здоровья: упражнение «Смыкание стоп и ладоней»

С помощью этого правила здоровья можно привести в гармонию общий заряд организма и нормализовать энергетическую циркуляцию между правой и левой половинами тела, а также между верхом (голова, плечи) и низом (ступни ног и ноги). Для этого К. Ниши рекомендует упражнение «Смыкание стоп и ладоней». Это упражнение очень полезно для координации функций мышц, нервов, сосудов правой и левой половин тела и, особенно, конечностей. Оно имеет важное значение для улучшения функции надпочечников, половых органов, толстого кишечника, почек. При беременности упражнение помогает нормальному развитию ребенка в утробе матери, корректирует его неправильное положение, облегчает роды.

**Упражнение «Смыкание стоп и ладоней».** Исходное положение: лечь на спину на пол или твердую постель, под шею положить твердую подушечку-валик, сомкнуть ступни и ладони и развести колени (рис. 28).

1. Нажимать подушечками пальцев обеих ладоней друг на друга (10 раз).

2. Нажимать подушечками пальцев, а затем всей ладонью на ладонь левой и правой руки (10 раз).

3. Нажимать на обе сомкнутые ладони (10 раз).

4. Руки с крепко сомкнутыми ладонями вытянуть на полную длину, закинуть за голову, затем провести ими медленно над лицом до пояса, как бы разрезая тело пополам, пальцы ладоней направлены вперед (к голове). Проделать вперед-назад 10 раз.

Рис. 28. Упражнение «Смыкание стоп и ладоней»

5. Перевернуть пальцы сомкнутых ладоней по направлению к ногам и двигать ими, будто разрезая свое тело пополам, но уже снизу вверх — от лобка до пупка (10 раз).

6. Сомкнутые ладони рук пронести над телом, будто рассекая воздух топором, руки вытягивать как можно сильнее (10 раз).

7. Вытягивать руки на полную длину с сомкнутыми ладонями вверх-вниз (10 раз).

8. Установить крепко сомкнутые ладони на груди над солнечным сплетением и двигать сомкнутыми ступнями ног на 1—1,5 длины ступни вперед-назад, не давая им разомкнуться (10 раз).

9. Двигать сомкнутыми ладонями и стопами одновременно вперед-назад, как бы желая растянуть позвонки (от 10 до 61 раза).

После этих предварительных упражнений сомкнутые ладони рук установить на груди перпендикулярно телу (как антенну). Подошвы ног сомкнуты, ноги в коленях согнуты. В таком положении лежать. Из этого положения надо перейти к основной части упражнения, которая заключается в следующем: закрыть глаза, оставаясь в покое в таком положении 5—10 мин. Лежать с сомкнутыми у груди ладонями и сомкнутыми подошвами ног, развернув колени как можно больше.

## Шестое правило здоровья: упражнение для спины и живота

С помощью этого упражнения Ниши рекомендует прорабатывать позвоночный столб, нормализовать осанку и массажировать органы брюшной полости. Это весьма важно для пожилых людей, имеющих в большинстве своем слабые для поддержания осанки мышцы, искривленный позвоночный столб, вялые органы брюшной полости.

**Упражнение для спины и живота.** Исходное положение: сесть на пол на колени; таз на пятки (можно и по-турецки). Позвоночник должен быть совершенно прямым. Опираясь всем телом на ноги, не отклоняться ни влево, ни вправо, ни вперед, ни назад. Уши прямо над плечами, язык касается нёба, губы плотно сжаты, глаза широко открыты, дыхание легкое и спокойное (рис. 29). Когда поза таким образом зафиксирована, сделать глубокий вдох и приступить вначале к подготовительной части упражнения.

1. Плечи поднять как можно выше и опустить (10 раз).

Далее сделать промежуточные упражнения. Человек, выполняющий упражнения, напоминает сидячую «змею» в хатха-йоге, которая выстраивает позвонки, предохраняя их от возможных подвывихов, а значит — лечит и страхует от всевозможных заболеваний. Эти упражнения следует повторять по одному разу в каждую сторону.

а) Руки вытянуть перед грудью параллельно друг другу и быстро оглянуться через левое плечо, посмотрев на копчик, затем мысленно провести взгляд от копчика вверх по позвоночнику до шейных позвонков, поставить голову прямо и так же быстро оглянуться через правое плечо на копчик, провести взгляд по позвоночнику вверх до шейных позвонков. (Пусть вас не смущает, что вначале вы не увидите своего копчика или весь позвоночник. Важно сделать это в воображении.)

б) Поднять руки вверх параллельно друг другу, вытянуть себя по осям вверх и быстро проделать то же самое, что и в упражнении «а».

2. Наклонить голову вправо и вернуться в исходное положение — прямо (10 раз), затем то же — влево (10 раз).

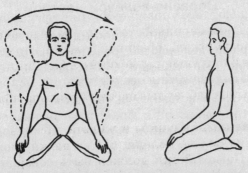

Рис. 29. Упражнение для спины и живота

3. Наклонить голову вперед (10 раз) и назад (10 раз) «до отказа», поставить ее прямо.

4. Повернуть голову вправо назад (10 раз), затем влево назад (10 раз).

5. Наклонить голову вправо (правое ухо «тяните» к правому плечу), затем, медленно вытягивая шею до отказа, перекатить голову назад до позвоночника (проверить, откинута ли голова до отказа), далее по 10 раз к каждому плечу.

6. Поднять руки вверх параллельно друг другу, затем согнуть их в локтях под прямым углом, сжать кисти рук в кулаки, откинуть голову назад до отказа так, чтобы подбородок смотрел в потолок. В этом положении на счет 7 отвести локти назад, держа согнутые руки на уровне плеч, как будто желая свести их у себя за спиной (как это делают бабочки, когда садятся на цветок, складывая крылышки), а подбородок одновременно с этим тянуть к потолку, будто пытаясь достать его (10 раз).

После подготовительной части упражнения для спины и живота расслабиться на некоторое время, затем проверить свою осанку и приступать к основной части.

Выпрямив тело, уравновесив его, сидя на копчике, начать раскачиваться вправо-влево, одновременно двигая животом вперед-назад, в течение 10 мин каждое утро и каждый вечер. При этом читать вслух следующий образно-волевой настрой.

## Образно-волевой настрой

При выполнении упражнений дополнительно можно читать образно-волевой настрой, например, следующего содержания: «Мне хорошо. С каждым днем становится лучше, лучше, лучше и лучше. Каждая клеточка моего организма омолаживается и обновляется; кровь становится чистой, здоровой и юной; железы внутренней секреции работают сильно и гармонично; мышцы, кожа, сосуды делаются эластичными, упругими, здоровыми, юными, сильными; кости — юношески крепкими, суставы — юношески гибкими и подвижными; все органы и системы слушаются сознания; сознание кристально чистое и ясное; все органы и системы моего организма работают по-юношески мощно. Я становлюсь здоровее, умнее, добрее, мудрее и моложе. Я способен творить добро и дарить счастье себе, своей семье и окружающим меня людям. Я чувствую себя прекрасно, юношески задорно, и с каждым днем мне будет лучше, лучше, лучше и лучше».

Такое самовнушение окажет благотворное влияние на разум и тело пожилого человека.

## ПРАВИЛА ПОДЪЕМА ТЯЖЕСТЕЙ

1. При подъеме тяжести перед собой на уровень, превышающий рост, спину надо выпрямить и ни в коем случае не горбиться. Стопы необходимо расположить на одной горизонтали, а по ширине — на расстоянии, равном длине стопы. Тогда опора на ноги и позвоночник будет равномерной, и при подъеме груза меньше опасность невольного поворота руки и позвоночника в ту или иную сторону.

2. При подъеме тяжелых грузов двумя руками (чтобы нести их на достаточно большое расстояние) ноги также должны стоять на одной горизонтали и на расстоянии длины стопы друг от друга. Сначала необходимо выпрямить и зафиксировать спину. Затем немного присесть, одновременно взять оба груза и выпрямить колени. При переносе грузов разного веса надо останавливаться и «менять руки»: недопустимо все время нести более тяжелый груз в одной и той же руке. Это вызовет резкое напряжение мышц не только руки, но и всей половины туловища, «оседание» позвонков на одну сторону.

3. При переносе груза в одной руке необходимо ставить ноги как обычно, а груз держать на уровне (по вертикали) наружного края стопы. Чтобы избежать несимметричной перегрузки позвоночника, следует часто останавливаться и брать груз другой рукой.

4. Два тяжелых груза лучше соединить достаточно широким куском мягкой и прочной материи (лучше всего полотенцем) и поднять на плечо; через 7—10 мин по-

менять плечо. Более тяжелый груз при этом должен быть спереди, а более легкий — сзади, так как во время переноски руки немного приподнимают передний груз. Тяжелый рюкзак надо нести с некоторым наклоном туловища вперед (в основном в тазобедренных суставах), чтобы он лежал на спине.

5. Подъем и опускание груза надо делать на небольшом вдохе. Передвижение груза по дому (холодильника, шкафа и др.) — тоже только на вдохе. При этом надо постоянно следить за позой (ноги на одной горизонтали и на ширине длины стопы, туловище — без наклонов в стороны).

# ПИТАНИЕ В ПОЖИЛОМ ВОЗРАСТЕ

## ПИТАНИЕ И ЗДОРОВЬЕ

Правильное питание занимает чрезвычайно важное место в поддержании и сохранении здоровья до глубокой старости. От того, какие продукты человек предпочитает, зависит многое. Обильно питаясь, потакая вредным привычкам, он может заработать то или иное заболевание и раньше состариться. При разумном питании, наоборот, излечиться от имеющихся болезней и продлить активную жизнь.

Чтобы жить долго и быть здоровыми, пожилым людям следует пересмотреть свою диету.

**Правила, связанные с употреблением и приготовлением пищи**

1. Важно следить за соответствием питания биоритмам органов пищеварения.

2. Важно соблюдать правильную последовательность поступления пищи в желудок.

3. Основу рациона должна составлять растительная пища.

4. Должно стать обязательным употребление грубой растительной пищи, содержащей неперевариваемые волокна — целлюлозу.

5. Необходимо уменьшить употребление блюд, содержащих жир, холестерин, сахар и поваренную соль, и увеличить содержание в пище крахмала и целлюлозы.

Главной особенностью диеты для пожилых является низкое содержание в пище холестерина (около 300 мг).

6. Пища должна соответствовать следующим требованиям:

— не обременять организм энергетически;

— поддерживать в организме тепло;

— предохранять организм от обезвоживания.

Для поддержания тепла в организме необходимо знать, как правильно приготовить пищу. Здесь существует одно правило: сырая пища вносит в организм холод, поэтому она предпочтительна в летнее время.

7. Пищу надо стараться готовить с минимумом потерь биологически активных веществ. Например, пищу можно приготовить на растительных «подушках» или методом антракта.

Правила и методы приготовления и употребления пищи более подробно изложены в главах «Законы оздоровления» и «Здоровое питание».

## Диета для пожилых

Данная диета содержит примерно 2,5 тыс. калорий. Включает следующие продукты питания:

- мясо (нежирное) — 150 г;
- кефир, простокваша, кислое молоко — 200—400 г;
- сыр или орехи — 50 г;
- хлеб из проросшего зерна — 200—300 г;
- масло сливочное (лучше топленое) — 20 г;
- масло растительное — 30 г;
- овощи (капуста, брюква, репа, морковь, редиска, помидоры, салат, тыква, кабачки) — до 600 г;
- картофель — 200 г;
- фрукты, сухофрукты и ягоды (яблоки, груши, абрикосы, бананы, сливы, мандарины, земляника, клубника) — до 500 г;
- крупы (овсяная, геркулес, гречневая) — 30 г;
- сахар — 15 г;
- яйцо (куриное) или белок — 1—2 в неделю.

# БИОЛОГИЧЕСКИ АКТИВНЫЕ ВЕЩЕСТВА И ПРОДУКТЫ, ИХ СОДЕРЖАЩИЕ

К биологически активным веществам относятся витамины, микроэлементы, ферменты, органические кислоты и ряд других веществ. Они способствуют поддержанию биологических процессов в организме на высоком уровне, выводят шлаки и т. д. В пожилом возрасте очень важно достаточное количество биологически активных веществ. Особенно организм нуждается в витаминах группы В, которые участвуют в основных биологических процессах обмена веществ и без которых вообще не мыслится нормальное существование.

К продуктам, содержащим витамины группы В, прежде всего относятся проросшие зерна и продукты, приготовленные из них, а также пивные дрожжи. Постарайтесь употреблять их ежедневно, и вы очень скоро почувствуете их благотворное влияние.

## Рецепты особо ценных блюд

2—3 стакана пшеничного зерна моют и кладут в эмалированную глубокую тарелку. Заливают примерно на 1/4—1/3 толщины слоя пшеницы протиевой водой. Сверху зерно прикрывают блюдцем или мокрой тканью. Тарелку оставляют при температуре 22—23 °С, время от времени увлажняя верхнюю ткань, пока зерна не проклюнутся. Обычно на это требуется 1,5—3 дня. Тарелку с проросшей пшеницей обертывают целлофановым пакетом и помещают в холодильник (не в морозильную камеру), чтобы приостановить дальнейший рост. Использовать по мере надобности. Этой порции хватит на 3—5 дней.

Таким же образом готовятся все остальные зерновые продукты: кукуруза, рожь и т. д. При длине ростка 1—1,5 мм отмечается максимальная биологическая ценность зерна.

Приготовленные таким образом зерна богаты витаминами, особенно группы В (в 6 раз больше, чем до прорастания) и Е (в сто раз и более, чем до прорастания), ферментами, микроэлементами (содержатся в оболочке), и к тому же при переваривании белков пшеницы образуются особые вещества — эндорфины. Крахмал превращается в солодовый сахар под действием ферментов, этот продукт ближе к углеводистым овощам, чем к крахмальным. Все эти вещества необходимы для лечения ряда серьезных заболеваний, построения клеток и укрепления психики.

Проросшие зерна пшеницы — сильнейший стимулятор жизненного принципа «Слизи» (вызывают охлаждение и увлажнение организма), поэтому в дождливую холодную погоду лицам, имеющим ярко выраженную конституцию «Слизи», употреблять их не надо.

### Хлебцы из проросшего зерна

Проросшие зерна размолоть на мясорубке, руками вылепить небольшие лепешки и слегка поджарить на сливочном или растительном масле.

Есть в теплом виде. Это один из самых лучших продуктов в зимнее время.

### Суп из проросшей пшеницы

Взять около 400 г протиевой воды, две средние головки лука, две морковки, несколько картошин. Измельчить картошку, нарезать лук и морковь, варить до готовности. Затем снять с огня и добавить 2—3 ст. ложки проросшей пшеницы, лавровый лист и другие специи по вкусу (солить нежелательно). Через 10—15 мин суп готов к употреблению.

Этот суп способствует резкому увеличению потенции и повышению иммунитета. Особенно рекомендуется в холодное и сухое время года для лиц конституции «Ветра».

### Котлеты из проросшей пшеницы

Котлеты из проросшей пшеницы готовятся так же, как и хлебцы. Разница в том, что во время перемалывания пшеницы на мясорубке нужно добавить в нее чеснок. Вкус полученного продукта сильно напоминает вкус мясных котлет.

### Оздоровление с помощью пивных дрожжей

Пивные дрожжи назначают внутрь при различных инфекционных заболеваниях, фурункулезе, сахарном диабете, болезнях кожи, желудочно-кишечных заболеваниях, а также с целью дезинфекции влагалища.

Установлено, что жидкие пивные дрожжи являются сильным возбудителем секреции желез желудка; улучшают поджелудочную секрецию и секрецию кишечных желез; улучшается всасывательная способность тонкого кишечника.

Дрожжи являются важнейшим источником витамина D. Применение дрожжей показано при лечении больных, которые нуждаются в повышенном введении полноценного белка и витаминов группы В, при заболеваниях желудочно-кишечного тракта, понижении тонуса органов желудочно-кишечного тракта и угнетении секреции пищеварительных желез. Это идеальный продукт для стимуляции жизненного принципа «Желчи» — «огня пищеварения».

Благоприятные воздействия пивных дрожжей: улучшение аппетита и самочувствия, прибавка в весе, нормализация секреции желудка, улучшение моторной функции желудочно-кишечного тракта (жизненного принципа «Ветра»), повышение их тонуса.

Симптомы непереносимости дрожжей: отрыжка, появление чувства тяжести в подложечной области, вздутие живота, иногда понос. Чтобы этого не было, надо сначала укрепить пищеварительный тракт соками овощей, а затем натощак утром понемногу пить дрожжи. Есть только тогда, когда появится чувство голода.

**Противопоказания**: болезнь почек, подагра и т. д.

### Фруктовые диетические блюда М. Бирхер-Беннера

Нижеуказанные блюда весьма способствуют оздоровлению и очищению организма. Лица пожилого возраста должны включать их в свой рацион.

1. Яблочное «желе». 1—3 размельченных яблока, 1—2 ст. ложки размягченных хлопьев овса, сок половины лимона, 1 ст. ложка сгущенного молока, пчелиного меда или фруктового желе. Смешать и есть в сыром виде.

2. Яблочно-морковное «желе». 1—3 размельченных яблока, 1—2 ст. ложки размягченных хлопьев овса, 1—2 ст. ложки тертой моркови, сок половины лимона (можно заменить яблочным уксусом. — *Г. М.),* 1 ст. ложка сгущенного молока (лучше меда. — *Г. М.),* 1—2 ст. ложки тертого миндаля. Смешать и есть в сыром виде. Вместо яблок можно использовать чернослив.

3. «Желе» из чернослива. 200—300 г размягченного и освобожденного от косточек чернослива, 1—2 ст. ложки размягченных овсяных хлопьев, сок половинки лимона, 1 ст. ложка сгущенного молока. Перемешать и есть в сыром виде.

4. Ягодный «мусс». 200—300 г раздавленных ягод (черника, малина, ежевика, земляника), 1—2 ст. ложки размягченных овсяных хлопьев, сок половинки лимона, 1 ст. ложка сгущенного молока. Перемешать и есть в сыром виде.

5. Салат из яблок и проросшей пшеницы. 2 ложки проросшей пшеницы, ложка меда, ложка тертых орехов и 2 натертых яблока. Хорошо перемешать.

Все эти смеси должны готовиться непосредственно перед приемом пищи. При приготовлении нужно сначала, тщательно мешая, соединить размягченные злаки со сгущенным молоком и лимонным соком, а затем уже добавить яблоки и все вместе перемешивать.

### Соки

Свежеотжатые соки овощей и фруктов имеют огромное лечебное и профилактическое значение. Они легко перевариваются и поэтому особенно хороши для лиц пожилого возраста.

Из овощных наиболее целебным является *морковный сок.* Он улучшает аппетит, пищеварение и структуру зубов, прекрасно способствует восстановлению зрения. Также хорошо способствует заживлению язв и снятию раковых образований, восстанавливает эндокринную систему, способствует поддержанию в норме кожных покровов.

*Свекольный сок* хорошо усваивается и улучшает состав крови, увеличивая количество красных кровяных телец. Ежедневное употребление свекольного сока в климактерическом периоде дает гораздо больший эффект, чем различные лекарства и гормоны.

*Яблочный сок* нормализует ослабленную функцию печени и содержание холестерина, а благодаря высокому содержанию пектинов (красящих веществ) является хорошим противорадиационным средством.

Из всех видов яблок наиболее ценные сорта: антоновка и Семеренко. Яблоки без вкуса и незрелые — бесполезны.

Яблочный сок следует пить сразу же после того, как его отжали, ибо он быстро окисляется и становится ржавым.

*Огуречный сок* является самым лучшим естественным мочегонным средством. Высокое содержание калия делает его очень ценным средством для нормализации давления. В сочетании с морковным он хорошо выводит из организма мочевую кислоту, что необходимо при заболеваниях, вызванных ее накоплением (подагра и пр.).

*Капустный сок* ценен прежде всего высоким содержанием серы, хлора и йода. Соединение серы и хлора очищает слизистую оболочку органов пищеварения. Именно поэтому он рекомендуется при язвенной болезни желудка и двенадцатиперстной кишки.

Сок капусты способствует похудению, вносит в организм сухость, холод и большое количество движения. Поэтому худым и постоянно мерзнущим людям его принимать надо очень осторожно, чтобы не перевозбудить в организме «Ветер».

*Картофельный сок* содержит легкоусвояемые сахара́, калий, серу, фосфор и хлор. Хорошо очищает организм. Вкус у него не совсем приятный, поэтому его лучше сочетать с морковным соком.

*Свежий томатный сок* — один из самых полезных соков, имеющих щелочную реакцию. В нем много натрия, кальция, калия, магния, лимонной, яблочной, а также щавелевой кислот. Эти кислоты необходимы при обменных процессах, если они находятся в органическом виде.

*Сок перца болгарского.* Использование этого сока нормализует рост ногтей и волос (в нем много кремния), а также работу сальных желез и слезных протоков. В сочетании с морковным соком (25—50% сока перца болгарского) очищает кожу от пятен.

*Сок петрушки* — один из самых сильнодействующих, его не следует пить отдельно. Лучше смешать с соками моркови, салата, шпината или сельдерея.

Свежий сок петрушки обладает свойствами, необходимыми для кислородного обмена и поддержания нормальной функции надпочечных и щитовидной желез.

*Сок из сельдерея* наиболее ценен высоким содержанием биологически активного натрия. А одним из замечательных свойств натрия является поддержание кальция в растворенном состоянии. Это способствует не только усвоению столь необходимого каждому организму кальция, но и удалению из организма скопившихся залежей неорганического кальция.

*Сок чеснока* полезен для быстрого очищения организма. Чеснок богат горчичным маслом и другими очищающими элементами, оказывающими благотворное влияние на весь организм.

Эфирные маслá чеснока очищают легкие и бронхи от скопления слизи. Они способствуют также выделению ядов из организма через поры.

Чесночный сок эффективен в борьбе против кишечных паразитов, а также при дизентерии.

*Настойка чеснока* уничтожает колонии микропаразитов в крови и очищает сосуды.

Взять 350 г чеснока, очистить и растолочь в деревянной ступке. Переложить в стеклянный сосуд и залить 96%-ным спиртом. Плотно закрыть и поставить в прохладное, темное место на 10 дней. Затем процедить и дать постоять 2—3 дня.

Принимать настойку с 50 г холодного молока 3 раза в день перед едой по следующей схеме:

1-й день — 1 капля — завтрак, 2 — обед, 3 — ужин;

2-й день — 4 капли — завтрак, 5 — обед, 6 — ужин.

На следующий день идет прибавка по одной капле, пока не дойдете до 15 к концу 5-го дня. Далее начинаете снижать по 1 капле, пока не дойдете до 1 капли перед ужином. На 11-й день начинайте принимать по 25 капель 3 раза в день, пока не будет выпита вся настойка.

Начинать прием лучше в начале лунного цикла. Профилактически повторять ежегодно в начале осени.

## ПОЛЕЗНЫЕ НАПИТКИ

В пожилом возрасте, особенно в жаркую погоду, работая на даче в огороде, люди устают, организм их обезвоживается. Бороться с усталостью и обезвоживанием организма помогают напитки (компоты, настои, отвары). Их можно приготовить на протиевой воде.

- Подогрейте воду до 50 °C и залейте ею вымытые предварительно свежие фрукты или ягоды. Желательно все это делать в большом термосе с широким горлышком. Примерно через 1—2 ч компот готов. Компот из сухофруктов настаивать необходимо в два раза дольше.

- 2 ч. ложки яблочного уксуса и 2 ч. ложки меда смешивают в стакане теплого кипятка и выпивают все 1—2 раза в день, лучше до еды, в зависимости от состояния организма, от умственной и физической нагрузки. Эта смесь имеет вкус яблочного сидра и содержит весь набор минеральных элементов, входящих в состав яблока; в меде находятся минеральные элементы, содержащиеся в цветах. Полезна всем.

- Корневища солодки голой в виде настоя или отвара принимают внутрь как сильное тонизирующее средство с действием женьшеня; обеспечивает долголетие, улучшает кровь и поднимает иммунитет.

*Настой:* 15—20 г корневищ настаивают 1—2 часа в стакане кипятка и пьют по 1 ст. ложке или 1/2 стакана теплого настоя 3—5 раз в день до еды.

*Отвар:* 1 ст. ложку корневищ варят 15 минут в стакане воды и выпивают за день глотками, лучше до еды.

• Корень заманихи высокой — 20 г, корнеплод родиолы розовой — 20 г, трава крапивы двудомной — 30 г, плоды шиповника — 30 г.

*Настой:* 2 ст. ложки сбора настаивают 3—4 часа в 0,5 л кипятка. Фильтруют, добавляют по вкусу мед и пьют по 0,5 стакана теплого настоя 3—4 раза в день до еды.

## ПИТАТЕЛЬНЫЕ СМЕСИ

Для восстановления сил народная медицина рекомендует питательные смеси. Приготовить их можно следующим образом.

• Положить в эмалированную кастрюльку урюка 3 шт., чернослива 5 шт., инжира 3 шт., изюма 1 ст. ложку, 2 яблока, 2 ломтика лимона. Все это покрыть водой, вскипятить и оставить в теплом месте на 15—20 мин настаиваться.

• Один желток разбавить соком лимона или апельсина, добавить 1 ч. ложку меда.

• 150 г тертых яблок перемешать с соком половины апельсина, добавить 10 очищенных грецких (или других) орехов. Вместо орехов можно взять несколько ложек взбитых сливок, а вместо апельсина — 2 ч. ложки лимонного сока и столько же меда. Порция для одного человека на день. Питает головной мозг.

• Лимонное масло. Один лимон опустить в кипящую воду на 1—2 мин, затем пропустить через мясорубку или натереть на терке с кожурой и семенами. Добавить несоленое сливочное масло, 1—2 ст. ложки меда, хорошо перемешать. Подавать к чаю.

• Настой овса. Зерна овса заливают кипятком из расчета 1 часть овса на 3 части воды. После настаивания в течение суток в комнате жидкость сливают. Хранить настой в холодильнике. Пить теплым, по 1/4 стакана 3—4 раза в день перед едой.

• Крупяное молоко. Составить смесь из равных частей: пшеница, овсянка, ячмень. Размолоть зерна в кофемолке, залить теплой водой из расчета 1 ст. ложка муки на стакан воды. Настаивать 2 ч, процедить и пить с медом. Употреблять при малокровии и упадке сил.

• Отвар овсяного молока. 1 стакан овса и 5 стаканов воды варить до густоты жидкого киселя. Процедить, добавить равное количество кипяченого молока (или прокипятить с сырым молоком), остудить. В эту массу добавить 4—5 ст. ложек меда. Принимать 1—2 стакана отвара в день.

## ЦЕЛЕБНЫЕ КОКТЕЙЛИ

Предлагаемые коктейли обладают мощным восстановительным свойством, укрепляют организм, оказывают мягкое лечебное воздействие.

Продукты перед приготовлением коктейля необходимо охладить. Готовить такой чрезвычайно полезный коктейль непосредственно перед употреблением.

• 2 ст. ложки сока красной свеклы, 250 мл кефира, 1 ч. ложка напитка из шиповника, сок половины лимона.

• 1 ст. ложка сока боярышника, 2 ст. ложки кефира, 0,5 ч. ложки пчелиного меда, 1 банан, взбитый до пены, корица на кончике ножа.

• 2 ст. ложки томатного сока, 1 ст. ложка кефира, базилик на кончике ножа.

• 2 ст. ложки сока черной редьки, 1 натертое яблоко, 0,5 чашки яблочного сока, 2 ст. ложки сметаны и немного лимонного сока.

• Варить в течение 3 ч в 1 л воды 500 г очищенного и измельченного лука, в конце варки добавить 50 г меда или 40 г сахара. Процедить, охладить и пить по 4—6 ст. ложек в день при сильном кашле.

• 2/3 стакана яблочного сока, сок одного лимона, 1 ст. ложка натурального меда, 2 кубика пищевого льда.

• 1 ст. ложка вишневого сиропа промышленного изготовления, 50 г молочного или молочно-фруктового мороженого, 0,5 стакана газированной или минеральной воды. Положить в миксер мороженое, добавить вишневый сироп, газированную воду и взбивать в течение 1—2 мин.

## ОМОЛАЖИВАЮЩИЕ ТРАВЫ

Организм пожилого человека ослаблен и имеет меньше жизненных сил.

Ему можно помочь, применяя травы, которые стимулируют пищеварение, питают и омолаживают организм, повышают половую потенцию.

**Стимулирующие пищеварение травы** оказывают на организм пожилого человека сильное согревающее действие и имеют жгучий вкус. К ним относятся специи: перец, имбирь, гвоздика, горчица, корица, лук, чеснок, хрен. Они повышают теплотворные способности организма, рассеивают и вытесняют холод, повышают обмен веществ и усиливают циркуляцию крови. Применяют их в качестве приправ к пище. Дозировка индивидуальная.

**Питательные травы** поставляют в организм полезные вещества, от которых растет вес и улучшается самочувствие. Они показаны пожилым людям, а также истощенным или ослабленным в результате болезни. Эти травы обычно сладкого вкуса, тяжелы, маслянисты или содержат слизь. Перевариваются они с трудом, поэтому их комбинируют со стимулирующими пищеварение травами. К питательным травам относятся: алтей, аралия, изюм, корень окопника, льняное семя, солодка, финики. Дозировка индивидуальная.

**Омолаживающие травы** предотвращают распад тканей тела и отодвигают процессы старения. Их действие направлено на поддержание наилучшего состояния различных органов в теле человека. Вкус у них различен, но в основном сладкий.

Омолаживающие травы для худощавых лиц (конституция «Ветра»): аир, женьшень, чеснок.

Омолаживающие травы для лиц с нормальным телосложением (конституция «Желчи»): алоэ, корень окопника, шафран.

Омолаживающие травы для полных лиц (конституция «Слизи»): девясил.

Омолаживающим эффектом обладают и другие травы: алтей, аралия, горец многоцветный, лук, ремания, солодка, солома овса, ямс.

**Травы, повышающие половую потенцию,** возвращают организму юношескую бодрость. Вкус у этих трав различен — сладкий, жгучий.

К этим травам относятся: асафетида, гвоздика, горец многоцветковый, женьшень, купена, лепестки роз, сырой лук, чеснок, пажитник, ремания, спаржа, шафран, ямс.

Травы, которые более выраженно действуют на омоложение женской половой сферы, следующие: алоэ, дудник, купена, пион, ремания, солодка, жасмин, роза, шафран, ямс.

Указанные травы можно использовать в виде свежего сока, отвара или настоя.

## Методы приготовления лекарственных средств из трав

Из свежих трав можно получить: сок, отвар, горячий или холодный настой. Сок обладает самым сильным действием, а холодный настой — самым слабым.

Из сушеных трав можно приготовить отвар, настой, порошок.

Сушеные травы обычно измельчают в разного рода мельницах, кофемолках до очень мелкого состояния. Порошок из трав надо готовить непосредственно перед употреблением. Заранее делать не надо по причине того, что фитонциды из измельченных трав улетучиваются гораздо быстрее.

Чтобы удобно было использовать порошок, его делают в виде пилюли. Для этого можно использовать мякиш хлеба.

**Свежий сок** травы получают следующим образом: растение срывают, очень мелко измельчают и отжимают через ткань.

Для этой цели можно использовать и соковыжималку.

Более слабый препарат делается из сухих трав: берут измельченную сухую траву или порошок из нее, добавляют в два раза большее по весу количество воды, настаивают в течение одних суток и отжимают. Полученная жидкость служит **заменителем сока**.

**Отвар.** Общее правило приготовления отваров таково. На одну часть сухих трав берут 16 частей воды, то есть на 250 мл воды около 15 г трав. Отвар кипятят на слабом огне, пока вода не выкипит до 1/4 первоначального объема (от 4 частей первоначального объема отвара останется одна часть). После этого отвар готов к употреблению (желательно процедить). Процесс упаривания занимает несколько часов, но в результате отвары получаются насыщенные и обладают большой силой.

Менее крепкий отвар, приготовление которого занимает меньше времени, готовят до испарения половины воды, а для слабого отвара времени нужно еще меньше — пока не останется 3/4 воды.

При таком способе приготовления отваров травы кипятят лишь один раз, после чего выбрасывают.

Метод приготовления трав в виде отваров лучше всего подходит для корней, стеблей, коры, плодов, особенно в сухом виде, поскольку выделение целебных веществ из более жестких и сухих частей растений требует более длительного приготовления.

При приготовлении отваров, в которых грубые части растений (корни, кора и т. п.) сочетаются с нежными (цветками, листьями и т. п.), следует нежные части растений добавлять на более поздней стадии. Например, положить корни и упарить до 1/2 первоначального объема. Затем положить цветки, листья и продолжать упаривать до 1/4.

**Настой.** Настои бывают горячие и холодные. Метод приготовления настоя подходит для нежных частей растений (листьев и цветков) и для сочных растений. Он предпочтителен при использовании ароматических трав и большинства специй, поскольку при кипячении разрушаются и улетучиваются эфирные масла́, а значит, теряется их сила.

В настоях соотношение трав и воды примерно 1 : 8 (30 г трав на 250 мл воды).

Для получения **горячего настоя** травы погружают в кипящую воду и настаивают от 30 мин до 12 ч. После этого настой процеживается и используется. Чем больше время настаивания, тем более сильным получается средство.

Для получения **холодного настоя** травы настаивают в холодной воде. Время настаивания — от 1 до 12 ч. Холодные настои делаются из ароматических и нежных трав, особенно из тех, которые обладают охлаждающим или освежающим воздействием (мята, жасмин).

Приготовляют холодные настои из сильно измельченных растений (если свежие) или из порошков (если сухие).

Используют холодные настои для охлаждения тела при высокой температуре, кризисах, нормализации функции печени.

## Посуда для приготовления напитков из трав

Растения хорошо сочетаются с глиняной посудой, поскольку они растут на земле. В ее отсутствие лучше всего использовать эмалированную посуду. Для придания дополнительных антибактериальных свойств отвару, настою, соку можно использовать металлическую посуду. Например, медная посуда обладает бактерицидными свойствами и подсушивает. Латунь или серебро способствует охлаждению организма. Серебро обладает антимикробными свойствами, которые можно применять при инфекциях в печени. Для истощенных лиц с ослабленным кроветворением можно использовать железо.

Считается, что качество отвара, настоя лучше, если они приготовлены на пламени. Электрический нагрев портит внутреннюю структуру действующих веществ отваров и настоев. Пламя дров лучше, чем пламя газа.

### Рекомендации по применению лекарственных растений

Применяя лекарственные растения, необходимо знать особенности воздействия растений на организм и соблюдать рекомендации по применению. Так, если средство приготовлено на воде или подается в организм вместе с водой, то оно свое действие распространяет по плазме крови. Средство, употребляемое с медом, передает действие в кровь и мышцы. Спиртовые или водочные настойки воздействуют на нервную ткань и энергетические поля организма.

Травы, принимаемые до еды (за 1—1,5 ч), оказывают свое действие на нижнюю часть тела. Отсюда правило: травы, омолаживающие половые органы, следует принимать перед едой.

Травы, принимаемые вместе с пищей, воздействуют на желудок и тонкий кишечник, способствуют пищеварению. Правило: травы, улучшающие пищеварение, питающие и омолаживающие, следует принимать во время еды.

Травы, принимаемые после еды, оказывают свое воздействие на верхнюю часть тела (легкие, горло, голову). Правило: травы, оказывающие воздействие на верхнюю часть тела, отхаркивающие, укрепляющие нервы, воздействующие на легкие, сердце, мозг, следует принимать после еды.

Методика использования омолаживающих трав такова: из перечисленных трав выбираете что-либо одно, делаете из него отвар или настой и употребляете в течение лунного месяца. Делаете месячный перерыв и используете другую траву. Делаете месячный перерыв и используете третью траву. В итоге вы подберете для себя наилучшую траву. Эту траву будете употреблять циклами, как описано: месяц пьете, месяц — перерыв.

Как можно шире используйте описанные травы для омоложения. Это особенно касается лиц старше 60 лет.

# ЛЕЧЕНИЕ И ПРОФИЛАКТИКА БОЛЕЗНЕЙ В ПОЖИЛОМ ВОЗРАСТЕ

## ОСТЕОХОНДРОЗ

Остеохондроз — одно из самых распространенных в пожилом возрасте заболеваний опорно-двигательного аппарата. Это заболевание хрящевых поверхностей костей опорно-двигательного аппарата, преимущественно позвоночника, а также тазобедренных и коленных суставов.

Наиболее часто в медицинской практике встречается поясничный остеохондроз, на втором месте — шейный, на третьем — распространенный.

При шейном и верхнегрудном остеохондрозе возникают самые разнообразные боли: в сердце (их нередко принимают за проявление ишемической болезни или стенокардию), в плечевом суставе и по всей руке с одной или двух сторон, в голове, а также головокружения с кратковременной потерей сознания (из-за нарушений кровоснабжения головного мозга).

Остеохондроз в среднем и нижнем грудном отделах позвоночника может порождать боли в подложечной области и в животе, что нередко ошибочно связывают с заболеваниями желудка, поджелудочной железы, желчного пузыря, кишечника.

При распространенном остеохондрозе, а иногда и при остеохондрозе в поясничном отделе позвоночника поражаются тазобедренные и коленные суставы: происходят изменения хрящевой поверхности, шиловидные костные разрастания и сужения суставных щелей.

При поясничном остеохондрозе нередко наблюдается выпадение и ущемление дисков.

## Профилактика и лечение остеохондроза

Профилактика и лечение остеохондроза требуют выполнения ряда требований.

Сон на спине или на животе на жесткой кровати. Для этого надо подложить под матрац щит — сантиметровой толщины фанеру или сбитые доски. Длина щита должна соответствовать длине кровати.

При остеохондрозе любой локализации надо избегать охлаждения организма. Вытирать и растирать тело рекомендуется льняным или хлопчатобумажным гладким полотенцем.

Для профилактики и лечения остеохондроза необходимо проводить лечебную гимнастику. В комплекс включаются упражнения для подвижности позвоночника, суставов рук и ног.

**Утренняя гимнастика проводится в течение 10— 15 мин.**

В течение дня работающим сидя рекомендуется делать физкультурные паузы продолжительностью 5— 6 мин (3—4 раза в день) в исходном положении стоя; для работающих стоя — 2—3 раза в течение рабочего дня в исходном положении сидя; для работающих сидя, стоя и в ходьбе — 1—2 раза в день в исходных положениях сидя и стоя. В комплексы занятий включаются упражнения для подвижности позвоночника в шейном, грудном и поясничном отделах во всех направлениях.

**Предостережение!** В период обострения остеохондроза противопоказаны прыжки, подскоки и бег, создающие большую нагрузку на межпозвонковые диски. Кроме того, больные остеохондрозом должны исключить из комплексов лечебной гимнастики упражнения для брюшного пресса. При занятиях физическими упражнениями необходимо помнить, что при сокращении мышц живота (при упражнениях на укрепление брюшного пресса) рефлекторно напрягаются подвздошно-поясничные мышцы, основные части которых (поясничные мышцы) начинаются от поперечных отростков и тела 12-го грудного позвонка и всех поясничных позвонков. Поэтому каждое напряжение этих мышц закономерно стремится переместить позвонок вперед. Здоровые межпозвонковые диски успешно противостоят этой тяге, а дегенеративно измененный диск удержать позвонок на месте не в состоянии. В результате — смещение позвонка, так называемый спондилолистоз. Поэтому вначале занятия физическими упражнениями следует проводить в фиксирующих повязках или корсете.

## Как снять боли при остеохондрозе

При возникновении боли надо принять такую позу, чтобы мышцы спины, поясничного и шейного отделов позвоночника были максимально расслаблены, попросту говоря, лечь на спину или на живот. В положении лежа на спине необходимо согнуть ноги в коленях и тазобедренных суставах и положить их на высокий валик (например, на скатанное одеяло), чтобы стопы при этом не касались постели (голени ног должны свисать расслабленными). Под поясницу следует подложить небольшую мягкую подушку так, чтобы поясничный отдел плотно прилегал к ней. Головной конец кровати от уровня лопаток должен быть слегка приподнят.

Расслабление мышц спины, поясничной и ягодичной областей, а также мышц нижних конечностей не только снимает боль, но и способствует постепенному устранению воспалительного процесса, рассасыванию отека, созданию благоприятных условий для рубцевания трещин и разрывов фиброзного кольца межпозвонковых дисков, вдвое снижая внутридисковое давление. Нужно соблюдать полный покой: ведь активные движения конечностями и туловищем в остром периоде значительно травмируют дегенеративный диск и усиливают раздражение нервного корешка. Если в шейном отделе позвоночника имеется прогибание, то под него также надо подложить валик (например, из скатанного полотенца).

Положение лежа на животе должно быть организовано соответственным образом, для чего понадобятся две подушки и плотный валик. Одну подушку, обязательно жесткую, надо расположить так, чтобы ее верхний край был на уровне гребешков подвздошных костей и пупочной линии. Вторая подушка кладется под голову и верхнюю часть груди до сосковой линии для того, чтобы живот был немного на весу. Под тыльную поверхность го-

Толчкообразными, постепенно усиливающимися движениями надавливайте головой на кулак (действие выполняется на вдохе).

Выдохните, отводя голову назад и разжимая правый кулак. Выполните точно такое же движение, поменяв руки местами. Повторите движение 3—4 раза.

**Упражнение 2.** Исходное положение прежнее. Положите ладони на затылок и сплетите пальцы. Вдохните, поднимая голову как можно выше вверх, мысленно представляя, что кто-то схватил один из ваших волосков и подтягивает вашу голову по вертикали вверх. Выдохнув, вернитесь в исходное положение. Повторите движение 3—4 раза.

**Упражнение 3.** Исходное положение прежнее. Положите руки ладонями на затылок таким образом, чтобы пальцы касались основания черепа у первых шейных позвонков. Вдыхая, поворачивайте подбородок вправо и вверх до тех пор, пока не почувствуете заметного напряжения мышц левой половины шеи. Выдыхая, вернитесь в исходное положение. Выполните такое же движение в другую сторону. Повторите оба движения 2—5 раз подряд.

**Упражнение 4.** Исходное положение прежнее. Наложите указательный и средний пальцы левой руки на третий шейный позвонок (то есть на его остистый отросток) и захватите подбородок кистью правой руки. На вдохе оттягивайте подбородок небольшими толчкообразными движениями вниз и вверх. Выдыхая, вернитесь в исходное положение. Затем выполните упражнение, поменяв руки. Повторите оба движения 2—5 раз.

**Упражнение 5.** Исходное положение прежнее. На вдохе медленно поверните голову влево. Когда она достигнет крайнего положения, постарайтесь продвинуть ее еще дальше 2—3 короткими толчкообразными движениями головы. Медленно выдыхая, вернитесь в исходное

леностопных суставов надо подложить валик (скат
легкое одеяло), чтобы ноги в коленных суставах б
расслаблены и полусогнуты (под углом 145—150°).

# ТЩАТЕЛЬНЫЙ УХОД
# ЗА ВСЕМИ ОТДЕЛАМИ ПОЗВОНОЧНИКА

Ниже дан комплекс упражнений, который позволяет тщательно прорабатывать все отделы позвоночника.
Вы можете в свою ежедневную оздоровительную программу включать только часть упражнений для проработки слабого (шейного, грудного, поясничного) отдела
позвоночника.

**Внимание!** Проработку любого отдела позвоночника всегда
следует начинать с массажа с целью согревания. Можно
также использовать наложение на 10—15 мин на этот отдел
позвоночника горячих салфеток, смоченных в упаренной
урине.

## Методы ухода за шейными позвонками

**Упражнение 1.** Сядьте на стул, выпрямите туловище
и надежно упритесь им в спинку стула. Позвоночный
столб — одной прямой линией. Голова располагается под
прямым углом к линии горизонта, взгляд устремлен прямо перед собой. Плечи должны быть опущены и расслаблены для того, чтобы устранить напряжение в спине и
затылке. Ступни ног плотно прилегают к полу, носки ног
слегка разведены.

Пальцы разжатых кистей расслаблены, ладони на-
ложены одна на другую. Закройте глаза и сохраняйте
в течение некоторого времени полную неподвижность,
прислушиваясь к своему дыханию и сосредоточив внимание на его ритме.

Согните левую руку в локте и наложите на рас-
крытую ладонь левой руки правый локоть. Кулак правой руки упирается в подбородок, играя роль опоры.

положение. Затем выполните такое же упражнение вправо. Повторите оба движения 3—4 раза подряд.

**Упражнение 6.** Исходное положение прежнее. Отклонив на вдохе голову влево, постарайтесь (достигнув крайнего положения) продвинуть ее еще дальше с помощью рук, одна из которых накладывается на затылок, а другая — на подбородок; выполните 2—3 коротких, но не сильных толчка. Выдыхая, вернитесь в исходное положение. Затем проделайте такие же движения вправо. Повторите движения в обе стороны 3—4 раза подряд.

**Упражнение 7.** Сидя с выпрямленным туловищем, подайте голову вперед так, чтобы она напоминала голову утки в полете. Достигнув крайнего положения, постарайтесь протолкнуть ее еще дальше 2—3 короткими движениями вперед. Повторите всю последовательность действий 3—4 раза подряд.

Бóльшая часть кровеносных сосудов, которые снабжают мозг, проходит по сторонам шеи и прикрыта несколькими слоями мышц. Упражнения этой группы способствуют расслаблению мышц, а следовательно — наилучшему функционированию сосудов.

При выполнении этого упражнения вы можете услышать легкий хруст, что свидетельствует о достижении цели: весьма желательных «подвижках» межпозвоночных хрящей. Упражнение полезно при чувстве усталости, мигренях и хронических ринитах.

**Упражнение 8.** Исходное положение прежнее. На вдохе медленно отклоните голову как можно дальше назад (стараясь избегать чрезмерного напряжения мышц). Задержав дыхание, широко откройте рот, как бы пытаясь проглотить целиком крупный персик. С выдохом верните голову в исходное положение. Повторите всю последовательность движений 2—3 раза подряд.

**Упражнение 9.** Исходное положение прежнее. На вдохе медленно наклоните голову как можно ниже вперед, стараясь коснуться груди. Достигнув крайнего положения, постарайтесь продвинуть ее еще дальше несколькими короткими, толчкообразными движениями. Выдыхая, вернитесь в исходное положение. Повторите всю последовательность движений 2—3 раза подряд.

**Упражнение 10.** Исходное положение прежнее. На вдохе разверните голову влево, а затем вправо. Из крайнего правого положения поверните голову снова в крайне левое положение, избегая чрезмерного напряжения мышц (движение выполняется на выдохе). Затем выполните подобное же вращение головы в противоположную сторону.

Выполните точно такие же вращения головы из одной стороны в другую, увеличивая амплитуду движений и их интенсивность, крепко упираясь одной рукой в подбородок.

*Примечание:* вращается не столько голова, сколько шея, которая в то же время остается выпрямленной.

## Методы ухода за грудными позвонками

**Упражнение 1.** Встаньте прямо, хорошо расслабив все тело сверху донизу таким образом, чтобы позвоночник располагался на одной прямой линии. Ноги должны быть выпрямлены и немного напряжены. Ступни ног расположены параллельно на расстоянии длины ступни друг от друга. Голова держится прямо, а взгляд направлен прямо вперед. Руки мягко свисают по сторонам тела.

Сгибая руки в локтях, мягко поднимите кисти на высоту плеч. Со вдохом мягко отбросьте руки назад, одновременно выставляя грудь вперед. Выдыхая, вернитесь в исходное положение.

Повторите 2—3 раза, согласуя эти движения с ритмом своего дыхания.

**Упражнение 2.** Исходное положение прежнее. Сгибая руки в локтях, положите левую ладонь на левое плечо, а правую — на правое. На вдохе потяните плечи вперед короткими толчкообразными движениями рук. Выдыхая, вернитесь в исходное положение. Повторите движение 2—5 раз подряд.

**Упражнение 3.** Исходное положение прежнее. Заведите руки за спину, соединив кисти ладонями и наложив их на позвоночник таким образом, чтобы большие пальцы располагались параллельно грудным позвонкам. На вдохе прижмите ладони друг к другу, надавливая краями ладоней на позвонки и продвигая их вниз. На выдохе вернитесь в исходное положение. Повторите движение 2—5 раз подряд.

**Упражнение 4.** Исходное положение прежнее. Заведя левую кисть за спину снизу, захватите ее правой кистью сверху, через правое плечо. На вдохе оттягивайте правую руку назад таким образом, чтобы левая надавливала на находящиеся под ней позвонки. Выдыхая, вернитесь в исходное положение. Выполните такое же движение, поменяв положение рук на прямо противоположное. Повторите последовательность движений 2—3 раза подряд.

**Упражнение 5.** Исходное положение прежнее. Сжав кисти рук в кулаки, заведите их за спину, надавливая ими на позвонки. На вдохе подайте грудь вперед, надавливая тыльной стороной кистей на позвонки и постепенно смещая кулаки вниз вдоль позвоночника таким образом, чтобы «обработать» возможно большее число позвонков. Выдыхая, вернитесь в исходное положение. Повторите упражнение 2—3 раза подряд.

## Методы ухода за поясничными позвонками

**Упражнение 1.** Встаньте прямо, хорошо расслабив все тело. Позвоночник должен находиться на одной прямой, а ноги следует выпрямить, несколько их напрягая. Расстояние между ногами равно длине стопы. Голова также должна быть выпрямлена, взгляд направлен прямо перед собой.

Наложите большие пальцы рук по обе стороны от центральной линии позвоночника (на уровне поясничного отдела).

Выполняя вдохи и напрягая мышцы живота, небольшими, толчкообразными движениями отклоняйте корпус назад, одновременно сильно надавливая большими пальцами на спину.

Выдыхая, вернитесь в исходное положение. Повторите упражнение несколько раз, постепенно смещая пальцы вниз таким образом, чтобы «обработать» весь поясничный отдел позвоночника.

**Упражнение 2.** Исходное положение прежнее. Наложите большие пальцы обеих рук на позвоночник, на уровне первого поясничного позвонка.

На вдохе медленно поверните туловище влево, одновременно с усилием надавливая большими пальцами на позвонки. Выдыхая, вернитесь в исходное положение. Повторите упражнение в другую сторону. Постепенно перемещая пальцы вниз, постарайтесь «обработать» подобным образом все поясничные позвонки. Закончите упражнение массажем поясничного отдела позвоночника.

**Упражнение 3.** Исходное положение прежнее. Сжав кисти рук в кулаки, расположите их одна над другой на уровне поясничного отдела позвоночника. На вдохе сильно вдавите кулаки в позвоночник. Медленно опускайте (сантиметр за сантиметром) кулаки вниз, стараясь как следует «промять» подобным образом весь поясничный отдел.

**Упражнение 4.** Упражнение сходно с предыдущим, но оба кулака располагаются на позвоночнике на одном и том же уровне. После нескольких энергичных надавливаний кулаки перемещаются ниже, на следующий позвонок. Закончите упражнение массажем всего крестцового отдела позвоночника при помощи правого кулака. При этом левая рука надавливает на правую, обусловливая «перекатывание» кулака слева направо. Это упражнение следует выполнять особенно тщательно, поскольку оно хорошо противодействует усталости.

**Упражнение 5.** Лицам, у которых состояние позвоночника не вызывает никаких опасений, достаточно выполнять ежедневно «ролик», то есть перекатывания на спину из положения сидя, согнувшись и обхватив руками колени ног.

## РЕВМАТИЗМ

**Ревматизм** — это общее инфекционно-аллергическое заболевание с системным воспалительным поражением соединительной ткани. Процесс может развиваться в суставах, сердечно-сосудистой системе, а также во внутренних органах.

В борьбе с этим грозным заболеванием прекрасно зарекомендовали себя: очистительно-противопаразитарное лечение, уриновое голодание по фракционному методу, питание с преобладанием в рационе продуктов повышенной биологической ценности (см. разделы «Полезные напитки», «Целебные коктейли»).

Кроме того, хорошо помогает регулярная физическая нагрузка, которая прогревает организм (бег, гантели) и насыщает его энергией.

Итак, первым делом необходимо провести курс очистительно-противопаразитарного лечения, уринотерапию — питье, компрессы, массажи. Полезно попить настой от стрептококковой инфекции.

## СТРЕПТОКОККОВАЯ ИНФЕКЦИЯ

### Настой для лечения стрептококковой инфекции

Лист подорожника — 1 ч. ложка.
Огуречная трава — 2 ч. ложки.
Спорыш — 1 ч. ложка.
Березовые почки — 2 ст. ложки.

Залить 0,5 л кипятка и настоять час. Пить по 1/3 стакана перед едой два раза в день.

## ОНКОЛОГИЧЕСКИЕ ЗАБОЛЕВАНИЯ

Лечение онкологии должно включать в себя многоплановый подход.

1. Очищение организма от шлаков и паразитов.
2. Стимуляция защитных сил организма.
3. Разрушение опухоли (выведение продуктов ее распада из организма).

## ОЧИЩЕНИЕ ОРГАНИЗМА ОТ ШЛАКОВ И ПАРАЗИТОВ

Организм человека в течение жизни постепенно зашлаковывается. Это является причиной того, что в организме создаются благоприятные условия для размножения всевозможных паразитов. Человек начинает болеть. В ответ на лечение паразиты сначала прячутся, а после окончания лечения усиленно размножаются. Кроме того, они становятся еще более опасными, так как приспосабливаются, вырабатывают иммунитет на лекарства. Они внедряются в ткани, которые менее всего доступны лекарствам, поселяются там и усиленно размножаются. Причем размножаются не как взрослые особи, а путем деления «в детской стадии». В результате этого процесса и образуется опухоль.

Если на опухоль воздействуют непосредственно, целенаправленно, путем химиотерапии, хирургии, облучения, то она быстро перерождается в злокачественную. При этом химиотерапия подрывает иммунитет организма и делает его беззащитным. Хирургия не может все вырезать, а лишь провоцирует опухоль на последующее быстрое деление. Облучение, ослабляя организм, на самом деле своей энергетикой стимулирует рост клеток раковой опухоли.

Итак, если у человека онкология, это означает, что его организм уже достаточно ослаблен, достаточно загрязнен и поражен паразитами. Поэтому первым делом надо выполнить очистительно-противопаразитарное лечение.

**Для очищения на клеточном уровне** рекомендуется пить отвар хвои.

• Взять 5 ст. ложек молодой хвои, залить 0,5 л активированной воды, добавить 2—3 ст. ложки сухого шиповника и 2 — луковой шелухи. Вскипятить и варить на малом огне 10 минут. На ночь поставить настаиваться в теплое место. Хотя это питье и безвредно, употреблять его более 4 мес. не рекомендуется, чтобы организм не привыкал.

• Взять пол-лимона, очистить от кожуры, измельчить, залить отваром хвои и принимать за час до еды или через час после. До двух лимонов в день. Лимон усиливает снабжение клеток кислородом, насыщает окислительными ферментами и приостанавливает их отмирание.

## СТИМУЛЯЦИЯ ЗАЩИТНЫХ СИЛ ОРГАНИЗМА

Одновременно с началом очистительно-противопаразитарного лечения начинаем всемерную стимуляцию защитных сил организма.

Ввиду того что опухоль обособляется от тканей организма и действует как огромный слизистый паразит типа грибницы или колонии, надо всемерно препятствовать ей осуществить это обособление.

• Активируйте полевое, энергетическое воздействие со стороны организма.

• Увеличьте как общую, так и местную циркуляцию жидкостей (крови, лимфы).

• Насыщайте ткани кислородом и веществами-регуляторами, активируя нервное управление со стороны организма.

Если человек сможет голодать и пить собственную урину, — это будет одним из самых лучших способов устранения общей интоксикации организма и стимуляции его защитных сил.

## Противоонкологические микроклизмы

Как при профилактике, так и во время противоопухолевого лечения можно использовать противоонкологические микроклизмы. Их действие основано на том, что хлорофилл активно подавляет патогенную микрофлору кишечника, способствует обеззараживанию и нормализации крови, оказывает общее стимулирующее действие на весь организм.

В дополнение к противоонкологическим микроклизмам рекомендуется принимать лук и чеснок — обладатели мощных фитонцидов. Для этого мелко перемалывают лук с чесноком (в равном количестве), заливают растительным маслом и перемешивают. Обычно на 100 г луково-чесночной кашицы добавляют от 50 до 150 г масла. В зависимости от обстоятельств и переносимости лука и чеснока организмом в день съедают от 100 до 500 г (без учета масла). Закончив микроклизмы, заканчивайте и прием лука с чесноком.

**Приготовление микроклизм.** Соберите зеленые части растений: крапива, укроп, сельдерей, петрушка, чистотел, листья свеклы, виноград, малина, грецкий орех, полевой хвощ. Если нет каких-либо растений, возьмите то, что есть, но полевой хвощ обязателен (если его нет, то можно воспользоваться его сухим настоем — 1 ст. ложка на 200 г кипятка, после остывания процедить и применять по 1 ст. ложке). Крайне желателен и лист грецкого ореха.

Зеленые части растений перекручиваете на мясорубке или соковыжималке и отжимаете сок. У вас должно набраться 2 ч. ложки зеленого сока. Размешайте его в 100 г теплой кипяченой воды (можно свежей мочи), наберите в 100-граммовую резиновую грушу и введите в прямую кишку. Процедуру лучше всего делать на ночь. Продолжительность — неделя. На следующую неделю делаете то же самое, но через день, с 4 ч. ложками зеленого сока и 200 г воды.

Зеленый сок указанных растений надо готовить непосредственно перед процедурой. Заранее приготовленный, он быстро теряет свои целебные качества. Наиболее целебны из рекомендованных листья полевого хвоща, грецкого ореха и чистотела. В полевом хвоще много кремния, который в организме поддерживает особую структуру, обеспечивающую подавление микроорганизмов и грибков. Грецкий орех содержит йод, за счет чего он в естественной форме прекрасно подавляет бактерицидные и грибковые инфекции. Сок чистотела обладает отличными противоопухолевыми свойствами. Фитонциды остальных растений достаточно сильны, эффективны и взаимодополняют друг друга. Поэтому лучше всего использовать весь сбор, чем часть его.

## Пилюли из прополиса

При раке желудка и кишечника можно принимать прополисные пилюли.

Берете 100 г прополиса, 100 г свежего сливочного масла, 2 ст. ложки меда. Все растапливаете на водяной бане, перемешиваете и делаете однородную массу. Из полученной массы скатываете шарики размером с кукурузное зерно. Чтобы они не слипались между собой, обкатываете в муке.

Принимать по 1 пилюле 3 раза в день до еды.

## РАЗРУШЕНИЕ ОПУХОЛИ

Как мы уже выяснили, опухоль представляет собой колонию микропаразитов или тело грибницы. Опухоль может быть покрыта капсулой. Нам необходимо, чтобы она разрушилась, отмерла. Что мы можем предпринять с этой целью?

Использовать природные яды, которые избирательно подавляют грибницу или колонию микропаразитов. Замечено, что дозы природного яда, безвредные для клеток организма, являются пагубными для опухоли.

**Внимание!** Помните: раковые клетки существуют за счет патологической среды в вашем организме и быстроты собственного деления. Вышеуказанные методы лишают их этой среды, нормализуя ее, и блокируют их быстрое размножение. Неуклонно следуйте этим рекомендациям.

## ПОЛИПЫ

В пожилом возрасте часто появляются полипы в пищеводе и желудке. Полипы — особые паразиты, типа моллюсков, которые поселяется в грязном организме на слизистой оболочке внутренних органов. Нижеследующее средство поможет от них избавиться.

• Руками нащипать 60 г прополиса и растворить его в 250 г 96-процентного спирта. Взбалтывать до тех пор, пока не разойдутся кусочки прополиса. Настаивать неделю.

Принимать по 1 ч. ложке на 100 г горячей воды за час до еды, только утром. Пить небольшими глотками, чтобы соприкосновение лекарственного начала с полипами было более длительным. Курс лечения 2—3 недели.

На время лечения исключить спиртное.

Этот же рецепт хорошо помогает и при язве желудка, язве и воспалении 12-перстной кишки, геморрое.

## САХАРНЫЙ ДИАБЕТ

При сахарном диабете рекомендуется методика, восстанавливающая связь между полевой формой жизни и физическим телом посредством вызывания тепла, покалываний и холода. Эти ощущения вы должны вызвать в поджелудочной железе. Применяйте уринотерапию. Кроме этого, пройдите очистительно-противопаразитарное лечение и измените питание (употребляйте только естественные сахара́ и крахмалы). Не забывайте о физической нагрузке на организм — она позволяет лучше усваивать глюкозу.

Можно применять от диабета и травяные сборы.

• Для снижения сахара в крови используют водочный настой. 75 г корней родиолы заливают 0,5 л водки. Настаивают 10 дней в теплом и темном месте, периодически взбалтывая. Принимают по 0,5 ч. ложки утром и вечером в течение двух недель. После месячного перерыва можно повторить.

• Для усиления функции поджелудочной железы принимают три раза в день по 1 ст. ложке клюквы. Если нет клюквы, можно использовать сбор трав: золототысячник, листья земляники и черники. Травы берут в равных частях (по 100 г) и смешивают между собой. Используют 3 ст. ложки сбора, заливая их в термосе 3 стаканами кипятка. Утром отцеживают и принимают за час до еды по 100—150 г.

• При ухудшении зрения от сахарного диабета можно использовать настой корней пырея. 2 ст. ложки корней пырея заливают в термосе двумя стаканами кипятка. Настаивают ночь. Пьют по 50—70 г за час до еды.

## КЛИМАКС

При климаксе можно использовать сборы трав.

• Взять цветки боярышника, лист ежевики и лаванду в равных частях по 100 г. 3 ст. ложки сбора положить в термос и залить 3 стаканами кипятка. Настаивать ночь. Утром процедить и принимать по 100—150 г за час до еды.

• Смешать пустырник, шишки хмеля и корень алтея в равных частях по 100 г. Приготовление и употребление, как в первом рецепте.

• Смешать лист ежевики, смородины и крапиву в равных частях по 100 г. Приготовление и употребление, как в первом рецепте.

## ЦИРРОЗ ПЕЧЕНИ

При циррозе печени помогают следующие травяные сборы:

• Корень цикория — 100 г, крапива — 100 г, бессмертник — 75 г. 3 ст. ложки сбора залить в термосе 3 стаканами кипятка. Настаивать ночь. Утром процедить и принимать по 150 г перед едой.

• 2 ст. ложки корней спаржи аптечной залить в термосе 2 стаканами кипятка. Настаивать ночь. Утром процедить и принимать по 150 г перед едой.

• Кора крушины, корень пырея, корень одуванчика в равных частях по 100 г. 3 ст. ложки сбора залить 3 стаканами холодной протиевой воды. Поставить на медленный огонь и кипятить под крышкой полчаса. Процедить и принимать за час до еды по 100—150 г.

## УХОД ЗА ПОЛОСТЬЮ РТА И ЗУБАМИ

Помимо чистки зубов вечером и полоскания рта после каждой еды можно применять такую очистительную процедуру, как сосание подсолнечного масла. Эту процедуру проводят утром до чистки зубов (можно и вечером, также до чистки зубов). Масло связывает бактерии в ротовой полости и способствует их выведению. Сосать масло необходимо до тех пор, пока оно не станет жидким как вода, затем выплюнуть в канализацию. После этого прополоскать рот отваром шалфея, дубовой коры или скумпии.

Для укрепления зубов применяют водочные настойки прополиса и аира. Используют для полоскания рта после еды.

• Водочная настойка делается так: взять 0,5 л водки и положить в нее полстакана сушеных корней аира. Настаивать неделю. Точно так же делаете настой прополиса — в 0,5 л водки положить мелко настру́ганные 20—30 г прополиса.

**Применение.** Взять 1 ч. ложку того и другого, смешать и полоскать рот 1—3 мин. Далее можно проглотить, а можно сплюнуть.

Сосание масла желательно применять постоянно, а водочными настойками аира и прополиса пользоваться курсами по 30 дней (повторить через месяц и т. д.).

# ИНДИВИДУАЛЬНАЯ СИСТЕМА ОЗДОРОВЛЕНИЯ

## ЧТО НЕОБХОДИМО УЧИТЫВАТЬ ПРИ СОЗДАНИИ СОБСТВЕННОЙ СИСТЕМЫ ОЗДОРОВЛЕНИЯ

### СОСТОЯНИЕ ПОЛЕВОЙ ФОРМЫ ЖИЗНИ ЧЕЛОВЕКА И ЕГО ФИЗИЧЕСКОГО ТЕЛА

В большинстве оздоровительных систем главный упор делается на оздоровление физического тела. Результаты получаются малоэффективные. Но люди с серьезными нарушениями в полевой форме («раковины», умственные и эмоциональные шлаки, кармические долги), как правило, не получают радикального улучшения здоровья от использования подобных систем.

При построении собственной системы оздоровления существует и другая крайность: упор делают на оздоровление полевой формы жизни, при этом пренебрегают физическим телом. Подобное происходит, если человек обращается к экстрасенсу. Чаще всего это оборачивается серьезным расстройством организма. «Накачивание» человека энергией — внешне эффектное и быстро устраняющее симптомы болезней — в дальнейшем оборачивается еще большей бедой. Человек становится безвольным и зависимым. Подобным образом действует и иглоукалывание — оно борется не с причиной, а со следствием.

Для получения полноценного результата оздоровления человеку необходимо нормализовать связь полевой формы жизни (сознания) с физическим телом. Для этого в первую очередь надо почистить свою полевую форму.

Правильный подход к оздоровлению и укреплению вашей полевой формы будет таков: вначале надо очистить полевую форму, а затем ее укреплять. Одновременно с этими мероприятиями необходимо провести очистительные процедуры для физического тела, затем наладить правильное питание и провести другие оздоровительные мероприятия: водные процедуры, дыхательную гимнастику, поддерживать на высоком уровне биоэнергетику и биосинтез.

**Внимание!** Создавая собственную систему оздоровления, необходимо нормализовать связь полевой формы жизни с физическим телом. Очищение полевой формы жизни следует проводить совместно с оздоровлением физического тела.

## ИНДИВИДУАЛЬНАЯ КОНСТИТУЦИЯ И ПСИХОЛОГИЧЕСКИЕ ОСОБЕННОСТИ

Древние врачеватели — аюрведисты, тибетцы, врачи Средней Азии и даже некоторые европейцы — никогда не начинали лечения, предварительно не определив индивидуальную конституцию больного.

Определите свою индивидуальную конституцию, чтобы с помощью простых оздоровительных средств вернуть «Слизь», «Желчь» и «Ветер» в гармоничное состояние. Понаблюдайте за своими психологическими особенностями: почему вы так реагируете на ту или иную ситуацию в жизни, каковы мотивы того или иного вашего поступка, какие инстинкты у вас резко выражены и требуют проработки. Подберите соответствующие средства для очищения полевой формы жизни, физического тела, питания, процедур и т. д. Вам необходимо решить свои проблемы специально подобранными для этого средствами.

Люди, которые считают себя учителями и рекомендуют другим оздоровительные средства, с помощью которых они решили свои жизненные проблемы, по своему незнанию могут нанести вам вред. Вы совершенно иной человек, и то, что подошло для них, не подойдет для вас. Особенно это относится к работе с характером и кармой. То, что касается физического тела, очищения и питания, также должно выполняться с учетом комбинации в вашем организме жизненных принципов.

Типы конституций, характеристики жизненных принципов и правила оздоровления с учетом индивидуальной конституции приведены в главах «Законы оздоровления», «Очищение организма — путь к оздоровлению» и др.

**Внимание!** Учитывайте типы индивидуальной конституции при создании собственной системы оздоровления.

## ВОЗРАСТНЫЕ ОСОБЕННОСТИ ПОЛЕВОЙ ФОРМЫ ЖИЗНИ И ФИЗИЧЕСКОГО ТЕЛА

Как известно, всю жизнь человека можно разбить на три больших периода: период «Слизи» — от рождения до 25 лет; период «Желчи» — от 25 лет до 60; период «Ветра» — от 60 лет до конца жизни. Таким образом, в каждый период жизни в человеческом организме происходят те или иные процессы, свойственные данному периоду. Чтобы поддержать свой организм, препятствовать процессам, угнетающим ваш жизненный принцип, создавайте собственную систему оздоровления с учетом возрастных особенностей организма.

**Период «Слизи».** В это время преобладают анаболитические процессы, организм растет, в нем много воды. Жизненный принцип «Слизи» состоит из первоэлементов Воды и Земли, которые в это время создают форму будущего организма. Они не способствуют развитию тепла в организме, а наоборот, угнетают его. Любое привнесение влаги и прохлады извне (изменение погоды) и с пищей будет способствовать накоплению излишка слизи и приводить к заболеваниям «слизистой» природы. Особенно сильно это выражено у детей с преобладанием в конституции «Слизи». Обостряются заболевания весной и осенью (в прохладную в сырую погоду). У детей с дошей «Ветер», наоборот, этот период жизни может пройти безболезненно.

**Период «Желчи».** В это время процессы синтеза и распада тканей уравновешиваются, организм находится в относительно стабильном состоянии. В это время доминирование получает жизненный принцип (доша) «Желчи», который состоит из первоэлементов Воды и Огня. Причем если в доше «Слизь» преобладает Вода, то здесь Огонь преобладает над Водой. Умственные и пищеварительные процессы наиболее сильны. Любые воздействия теплоты в этот период — жаркое время года, «разогревающая» пища, неадекватные эмоции — будут способствовать накоплению «Желчи» в организме и вызывать «желчные» расстройства — подъем температуры, воспаления, болезни органов пищеварения, психические расстройства. Особенно сильными эти нарушения будут у людей с преобладанием доши «Желчь», с пиками обострения летом. А вот у людей с преобладанием доши «Слизь» в конституции этот период пройдет весьма гладко, так как слабая пищеварительная и умственная способности будут получать усиление и «вытаскивать» слабые функции на вполне нормальный уровень работы.

**Период «Ветра».** В этот период преобладают катаболические процессы (распад тканей над их синтезом, организм обезвоживается), ведь доша «Ветер» состоит из первоэлементов Эфира и Воздуха, которые дают сухость и холод телу. Отсюда любое привнесение сухости и холода — холодное и сухое время года, сухая пища и т. д. — будет способствовать уменьшению теплоты и обезвоживанию организма. Это наиболее плохой период для лиц с дошей «Ветер». У них кризисы будут наблюдаться в сухие, холодные зимы. Люди с преобладанием в собственной конституции «Слизи» и «Желчи» будут иметь преимущество и проведут остаток жизни в неплохом состоянии.

**Внимание!** С возрастом следует менять направленность собственной оздоровительной системы для создания препятствий негативным возрастным процессам.

# БИОРИТМОЛОГИЧЕСКИЕ ФАКТОРЫ

Согласуя собственную трудовую и оздоровительную деятельность с процессами, происходящими в природе, вы легко и просто оздоровите и укрепите свой организм.

**Внимание!** Собственное оздоровление организма обязательно необходимо согласовывать с суточными, лунными и годовыми биоритмами. Тогда успех обеспечен.

**Суточные биоритмы.** Если человек не ест после 16 ч, то его организм начинает сам очищаться и увеличивать мощь полевой формы жизни. Организм такого человека ночью отдыхает, полноценно восстанавливается. И наоборот, еда на ночь извращает нормальную циркуляцию энергии по органам, срывает процесс чередования активности-пассивности. Вместо качественной работы в других органах энергия оттягивается в пищеварительные органы. Организм усиленно работает ночью над перевариванием пищи, нарушается сердечный ритм, ухудшается сон. В итоге человек утром встает не свежий и отдохнувший, а вялый, разбитый, отекший. Так постепенно в организме накапливаются усталость и шлаки, что приводит к болезням и преждевременной старости.

**Лунные биоритмы.** Голодая в дни экадаши (11-й и 26-й лунные дни), вы естественно и хорошо очищаетесь. Давая большую физическую нагрузку в первую и третью фазы лунного цикла, вы не перерасходуете свой «энергетический бюджет». И наоборот, выполняя в особые дни лунного цикла голодание или ударные тренировки, вы перенапрягаете свой организм, налагая один стресс (внутренний) от смены расширения на сжатие или наоборот на внешний — от физической нагрузки, голода и т. п. Это отрицательно сказывается на вашем здоровье и может привести к серьезным последствиям.

**Годовые биоритмы.** Неудачно выбранное время для очищения или укрепления того или иного органа даст половинчатые результаты. А такие виды оздоровительных процедур, как обливание холодной водой в сухое и холодное время года, длительное голодание не в дни постов, могут способствовать внедрению патогенной биоклиматической энергии в организм и вызвать то или иное заболевание. И наоборот, правильно выбранное время для очищения и укрепления того или иного органа, голодание с учетом космической энергии способствуют более качественному оздоровлению с наименьшими затратами энергии самого организма.

**Внимание!** Создавая собственную систему оздоровления, согласовывайте оздоровительные мероприятия с биологическими ритмами природы.

## СЕМЕЙНЫЙ МИКРОКЛИМАТ — ВАЖНЫЙ ЭЛЕМЕНТ ЛЮБОЙ ОЗДОРОВИТЕЛЬНОЙ СИСТЕМЫ

Каждый человек живет в окружении других людей, которые оказывают на него большое влияние. В первую очередь это родители, члены семьи, сослуживцы. Такое влияние может быть как благотворным для нашего духовного и физического существования, так и разрушительным.

Так, очень часто родители своими необдуманными поступками или словами формируют у детей разного рода эмоциональные зажимы и запреты, навязывают (неосознанно) шаблон собственного поведения. Многие наследственные болезни есть не что иное, как передающееся порочное поведение, образ мышления и питание, приводящие к появлению определенного заболевания, которое передается из поколение в поколение.

Не секрет, что человек, решивший заняться собственным здоровьем, находит непонимание со стороны сослуживцев, друзей, членов семьи. Кроме того, окружающие могут мешать ему. Абсолютно не разбираясь в оздоровительном процессе, члены семьи, сослуживцы и друзья в моменты кризисов, естественной ломки старого стереотипа, когда состояние человека ухудшается, своими высказываниями типа: «Как ты похудел», «Не болен ли ты», «Твое оздоровление — это ерунда» и т. д. сбивают человека, мешают процессу перестройки, сеют сомнения, что в итоге мешает нормальному течению оздоровительного процесса. И наоборот, поддержка, одобрение, создание благоприятных условий помогают человеку стать здоровым, крепким, сплотить семью, воспитать здоровых и умных детей.

**Внимание!** Занимаясь оздоровлением, не ищите поддержки у окружающих, не спрашивайте совета. Стройте свою оздоровительную систему с учетом законов оздоровления и тех рекомендаций, которые были изложены выше. Кроме того, не советуйте и не рекомендуйте другим заниматься по вашей системе оздоровления.

### Основные рекомендации по созданию собственной системы оздоровления

В основу создания вашей личной оздоровительной системы оздоровления в первую очередь должны быть положены законы оздоровления.

Перечислим основные положения и законы оздоровления, которые были изложены ранее:

1. Оздоровление должно строиться с учетом индивидуальной конституции.

2. Оздоровительные мероприятия должны охватывать все уровни человеческого существа: первичное сознание, полевую форму жизни и физиологию тела.

3. Научиться владеть собственным сознанием — главное условие оздоровления. Сплав воли и знания позволяет заново создавать человеческий организм.

4. С возрастом должна меняться направленность собственной оздоровительной системы для препятствия возрастным процессам.

5. Оздоровительная система должны быть построена так, чтобы препятствовать быстрому рассеиванию полевой формы жизни, разумно тратить жизненную энергию.

6. Оздоровительные мероприятия должны быть согласованы с биологическими ритмами природы.

7. Занимаясь оздоровительными мероприятиями, необходимо создать здоровое окружение вокруг себя, благоприятный микроклимат в семье.

# ЧТО ВКЛЮЧАЕТ В СЕБЯ ИНДИВИДУАЛЬНАЯ СИСТЕМА ОЗДОРОВЛЕНИЯ

Чтобы создать свою систему оздоровления, в первую очередь необходимо вести здоровый образ жизни. В понятие «здоровый образ жизни» входит забота о своем здоровье на разных уровнях: духовном, психическом и физическом.

**Вопросы духовного здоровья** человека решаются им в трех плоскостях: отношение человека со Вселенной (Богом); с природой; с окружающими людьми. Главные заповеди духовного здоровья сводятся к правильному взаимодействию с Пространством.

Оздоровление организма на **психическом уровне** — это прежде всего работа над дурными чертами своего характера, освобождение от дурных привычек, привязанностей, ликвидация последствий душевных травм, освобождение от «раковин».

Создание собственной системы оздоровления должно решать также вопросы **физического здоровья**. Оно зависит от внутренней чистоты и тренированности организма (что в сумме составляет потенциал жизненной силы). Для поддержания своего физического здоровья необходимо:

* проводить очищение организма;
* правильно питаться;
* заниматься физическими упражнениями;
* проводить дыхательную гимнастику.

Все оздоровительные мероприятия необходимо проводить с учетом индивидуальной конституции и биоритмов.

**МАЛАХОВ ГЕННАДИЙ ПЕТРОВИЧ**

**ПОЛНАЯ ЭНЦИКЛОПЕДИЯ ОЗДОРОВЛЕНИЯ**

*Присланные рукописи не возвращаются и не рецензируются*

Лицензия ИД № 06295 от 16 ноября 2001 г.
Подписано в печать 07.07.06. Гарнитура Школьная.
Формат 60 × 90/16. Объем 25 печ. л. Печать офсетная.
Доп. тираж 8000 экз. Заказ № 2574.

*Налоговая льгота — общероссийский классификатор продукции*
*ОК-005-93, том 2 — 953000*

Издательство «Крылов».

Адрес для писем: 190068, СПб., а/я 625.

Отдел сбыта: (812) 235-70-87, 235-61-37, 235-67-96;
тел./факс (812) 714-68-46, 235-70-87.

E-mail: sales@nprospect.sp.ru; sf@nprospect.sp.ru
kv@npr.sp.ru; mp@npr.sp.ru

http://www.vkrylov.ru

Отпечатано с готовых фотоформ
в ООО «Типография Правда 1906».
195299, Санкт-Петербург, Киришская ул., 2.
Тел.: (812) 531-20-00, (812) 531-25-55

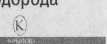

Судьба этой книги очень непроста и весьма необычна. Ее записала земная женщина Инна В. под диктовку человека, который покинул наш мир более ста пятидесяти лет назад. Это был житель Саратова Николай Осеёв, конторский служащий и малоизвестный поэт, чья земная жизнь трагически оборвалась 4 сентября 1851 года.

Спустя много лет, по соизволению Свыше, он вышел на контакт с Инной и сумел передать ей свой опыт постижения мира Иного. Николай просит донести до всех людей на Земле свой рассказ о жизни в мире Ином. И рассказ этот поражает воображение.

Девять дней было дано Николаю, чтобы он смог попрощаться со всеми, кто остался на Земле. Потом он стал Путником — так в мире Ином называют тех, кто готовится стать жителем Небесной Страны и проходит испытания. Очень скоро Николай предстал перед Всевышним, и ему был показан весь его земной путь и определено место в Небесной Стране. Так Николай обрел новую удивительную жизнь. У него есть уютный дом, работа, приносящая радость. Он окружен родственниками, близкими людьми и добрыми друзьями. Он счастлив.

Непостижимая реальность — так можно обозначить жанр повествования. Ведь нас знакомят с миром, который на Земле называют потусторонним и куда все мы рано или поздно попадем, когда закончится наш земной путь. Верим мы в него или нет — другое дело, но в любом случае полезно узнать о нем как можно больше. Не верите — воспринимайте публикацию как художественное произведение. А у нас есть основания считать, что книга документальна, и это совершенно меняет ее значимость для людей на Земле.

**Эта книга послана с Небес людям.**
**Каждый на Земле должен прочесть ее — книгу о Мире,**
**где всех нас рассудят и дадут кров и жизнь вечную.**

**КНИГА-ПОЧТОЙ**
«Ареал» 192242, Санкт-Петербург, а/я 300;
тел. (812) 774-40-63; e-mail: postbook@areal.com.ru
**www.vkrylov.ru**

# ВАШ СЕМЕЙНЫЙ ВРАЧ

«Ваш семейный врач» придет на выручку всем, кто нуждается в медицинской помощи! Наши авторы — врачи-профессионалы с огромным опытом работы просто и понятно расскажут о причинах возникновения того или иного заболевания, его симптомах, особенностях диагностики и лечения, возможных осложнениях.

В книги серии «Ваш семейный врач» попадают только:

- **самые эффективные методы диагностики, профилактики и лечения;**
- **самые современные лекарственные препараты;**
- **самые надежные рецепты народной медицины!**

Исцеление начинается с грамотного лечения! Зачем болеть, если можно быть здоровым?

## В серии «Ваш семейный врач» выходят книги:

**Сергей Орлов**
**Проверьте свое пищеварение**

*Алла Рождественская*
**Головокружение? Проверьте сердце, сосуды, нервы**

# ЛУЧШИЕ РЕЦЕПТЫ ЗДОРОВЬЯ

Каждый раз, сталкиваясь с заболеванием, мы стремимся найти эффективное средство. Теперь у вас под рукой библиотека лучших рецептов. В книгах серии то, что необходимо знать каждому:

- эффективные средства от самых разнообразных заболеваний;
- доступные советы, следовать которым может каждый;
- самые разнообразные рекомендации, вы можете выбрать то, что подходит именно вам;
- безопасные рецепты, методики и советы.

*Будьте здоровы!*

## В серии «Лучшие рецепты здоровья» выходят книги:

Средства для быстрого и эффективного лечения
**ЩИТОВИДНОЙ ЖЕЛЕЗЫ**

Средства для быстрого и эффективного лечения
**ПРИ БОЛЯХ В ЖИВОТЕ**

Средства для быстрого и эффективного лечения
**ПРИ БОЛЯХ В СУСТАВАХ**

www.vkrylov.ru

# КОДЫ СЧАСТЬЯ И УДАЧИ

Слова обладают великой силой. А **словесный код** — это формула создания вашей реальности, вашей судьбы. Мысли и слова влияют на будущее, формируют события завтрашнего дня.

**Думайте об успехе, и вы будете преуспевающим человеком.**

**Думайте о силе, и вы обретет силу.**

**Думайте позитивно, и ваша жизнь наполнится гармонией.**

Словесные коды и ритуалы в книгах Людмилы-Стефании! Создайте для себя тот мир, который вам нравится!

## В серии «Коды счастья и Удачи» выходят книги:

*Людмила-Стефания*
**ДЕНЕЖНЫЕ КОДЫ.**
Слова и мысли, притягивающие богатство

*Людмила-Стефания*
**КОДЫ ЗДОРОВЬЯ.**
Слова и мысли, которые исцеляют

*Людмила-Стефания*
**ЭНЕРГЕТИЧЕСКИЕ КОДЫ.**
Слова и мысли, защищающие от негативной энергии

www.vkrylov.ru